U0622376

权威·前沿·原创

皮书系列为
"十二五""十三五"国家重点图书出版规划项目

BLUE BOOK

智库成果出版与传播平台

深圳蓝皮书

BLUE BOOK OF
SHENZHEN

深圳市社会科学院／研创
深圳市法学会

深圳法治发展报告
（2020）

ANNUAL REPORT ON THE RULE OF LAW IN SHENZHEN
(2020)

主　编／罗　思
副主编／李朝晖

社会科学文献出版社
SOCIAL SCIENCES ACADEMIC PRESS (CHINA)

图书在版编目（CIP）数据

深圳法治发展报告. 2020 / 罗思主编. -- 北京：
社会科学文献出版社，2020.8
（深圳蓝皮书）
ISBN 978 - 7 - 5201 - 7022 - 2

Ⅰ. ①深… Ⅱ. ①罗… Ⅲ. ①社会主义法治 - 研究报
告 - 深圳 - 2020 Ⅳ. ①D927.653

中国版本图书馆 CIP 数据核字（2020）第 140776 号

深圳蓝皮书

深圳法治发展报告（2020）

主　　编／罗　思
副 主 编／李朝晖

出 版 人／谢寿光
责任编辑／张丽丽　徐崇阳
文稿编辑／李惠惠　李　璐　王　娇

出　　版／社会科学文献出版社·城市和绿色发展分社（010）59367143
　　　　　地址：北京市北三环中路甲 29 号院华龙大厦　邮编：100029
　　　　　网址：www.ssap.com.cn
发　　行／市场营销中心（010）59367081　59367083
印　　装／天津千鹤文化传播有限公司

规　　格／开　本：787mm × 1092mm　1/16
　　　　　印　张：23.5　字　数：350 千字
版　　次／2020 年 8 月第 1 版　2020 年 8 月第 1 次印刷
书　　号／ISBN 978 - 7 - 5201 - 7022 - 2
定　　价／128.00 元

《深圳法治发展报告（2020）》
编 委 会

主要编撰者简介

罗　思　中山大学法律系毕业，先后在深圳市工商行政管理局（物价局）、中共深圳市委政策研究室、深圳市政府发展研究中心、深圳市社会科学院工作。长期从事公共政策和社科理论研究，尤其关注城市发展战略、法治建设和人才政策领域，参与"深圳质量研究""提升深圳法治化建设水平研究""深圳人才发展研究""深圳社会组织发展和管理体制研究""深圳建成现代化国际化创新型城市研究""城镇化过程中珠三角村居治理模式及路径研究""深圳市供给侧政策效果评估"等 20 余个深圳市重大课题，推动形成一批具有前瞻性、可操作性强的研究报告，多项调研成果获省、市主要领导批示，被评为哲学社会科学优秀成果。

李朝晖　深圳市社会科学院政法研究所所长、法学研究员。近年主要关注个人征信、个人信息保护、特区法治、基层治理等领域问题。承担完成"证券市场法律监管比较研究""社会信用体系建设中的法律问题研究""个人信息保护法律问题研究""借鉴国际经验，提高深圳法治化建设水平""新时期深圳社会主义民主法治建设研究""深圳市大部门制改革研究""深圳政府管理层级改革研究""深圳率先建设社会主义现代化先行区研究"等数十项课题研究；出版《个人征信法律问题研究》《证券市场法律监管比较研究》等个人专著，参与十多部著作撰写；在《法学评论》《学术研究》等刊物上发表论文数十篇。

摘　要

《深圳法治发展报告（2020）》由深圳市社会科学院和深圳法学会共同编撰。本书对深圳在建设中国特色社会主义现代化先行示范区背景下，2019年立法、政府法治、司法、社会法治、大湾区自贸区法治、智慧法治等方面的发展状况及主要特征进行了梳理总结，并对2020年深圳法治发展进行展望和提出建议。

2019年8月，《中共中央国务院关于支持深圳建设中国特色社会主义先行示范区的意见》发布。该意见中"法治城市示范"战略定位的提出，激发了深圳各界积极研究探索创建"法治城市示范"的热情。深圳探索用足用好特区立法权，通过制定立法规程、立法评估办法等完善立法体制机制，通过修改物业管理条例、创新商事登记制度等加强优化城市治理和营商环境方面的立法。政府法治建设愈加精细化，以标准化优化行政审批和行政服务，以信息化加强行政执法监督，以制度化完善行政复议工作，政府信息公开、商事信用监管等具体工作也有新探索。司法改革继续深化，司法工作质效持续提升，商业秘密司法保护、司法建议、检察机关公益诉讼等工作取得新实效。社会法治取得新进展，在法律服务行业加快发展和公共法律服务能力水平不断提高的同时，社会组织参与法治建设以及城市公共安全、住房制度、产业用地供应等方面的法治发展与完善受到重视。大湾区自贸区法治、智慧法治等成为法治发展的热点和重点。

2020年深圳将加快创建"法治城市示范"，在法治建设方面先行先试，努力形成可复制可推广的经验，为法治国家、法治政府、法治社会建设贡献深圳智慧、深圳方案、深圳经验。

关键词：法治　政府法治　社会法治　智慧法治　先行示范区

目 录

I 总报告

II 立法篇

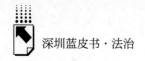
Ⅲ 政府法治篇

Ⅳ 司法篇

Ⅴ 社会法治篇

Ⅵ 大湾区自贸区法治篇

Ⅶ 智慧法治篇

Ⅷ 附录

皮书数据库阅读**使用指南**

总 报 告

General Report

B.1

2019年深圳法治发展状况
及2020年展望与建议

李朝晖*

摘 要： 2019年8月发布的《中共中央国务院关于支持深圳建设中国特色社会主义先行示范区的意见》赋予深圳建设"法治城市示范"的战略定位，以加速推进深圳法治建设。2019年，深圳用足用好特区立法权，完善法规体系，政府法治建设精细化，司法改革不断深化，智慧司法建设全面铺开，社会法治建设取得新进展。2020年，深圳将加快创建"法治城市示范"，在法治建设方面先行先试，努力形成可复制的经验，为法治国家建设贡献深圳智慧、深圳方案、深圳经验。

* 李朝晖，深圳市社会科学院政法研究所所长、研究员，主要研究方向为经济法、特区法治、信息法。

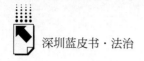

关键词： 法治　政府法治　社会法治　智慧司法　法治城市

一　积极探索创建法治城市示范

2019 年 8 月发布的《中共中央国务院关于支持深圳建设中国特色社会主义先行示范区的意见》（以下简称《意见》）赋予深圳建设"法治城市示范"的战略定位，为深圳法治建设指明了前进方向、提供了根本遵循、注入了强大动力。《意见》出台后，深圳各政法部门、法学法律界迅速行动抓落实，认真研究创建法治城市示范的具体路径和措施，全方面探索开展法治创新，争取在法治领域先行示范。为落实《意见》精神，2019 年 12 月深圳市委、市政府印发的《深圳市建设中国特色社会主义先行示范区的行动方案（2019 - 2025）》，从"用足用好经济特区立法权""率先营造彰显公平正义的民主法治环境"等方面提出了一系列关于"法治城市示范"的建设举措。

"全面提升法治建设水平，用法治规范政府和市场边界，营造稳定公平透明、可预期的国际一流法治化营商环境"是"法治城市示范"战略定位的总要求。党的十八大以来，深圳一直高度重视营商环境的改善，在不断推进行政审批改革和优化行政服务的同时，也十分重视通过立法和司法保障优化营商环境。2019 年深圳加快了关于优化营商环境的立法，2019 年 3 月发布的《深圳市人大常委会 2019 年度立法计划》中，直接关系营商环境的立法有"深圳经济特区优化营商环境若干规定""深圳经济特区商事登记若干规定"（修改），与优化营商环境密切相关的法规还有"深圳经济特区数据条例""深圳经济特区前海蛇口自由贸易试验片区条例""深圳经济特区前海深港现代服务业合作区条例"（修改）等，均列为预备项目。2019 年 6 月发布的《深圳市人民政府 2019 年度立法工作计划》，则将这五个项目列为"拟提请市人大常委会审议的法规草案"，显然加快了相关法规的立法工作。为确保科学立法、民主立法，在优化营商环境立法中，负责法规起草的深圳市司法局召开了五场由商会、企业代表参加的立法调研系列座谈会，收集各行各业对于优化营商环境的意见和建议。《深圳经济特区优化营商环境若干规定（征求意见稿）》公布后，起草机关又邀请全市12个立法联系点及多家立法联系意向单位进行座谈，进一步听取社会各界的意见和建议，优化营商环境的司法保障也不断加强。深圳市中级人民法院研究制定保障深圳先行示范区建设的意见，将优化法治化营商环境作为其中重要内容，主动对标世界银行营商环境评价指标体系，制定了4个专项方案，并对20项审判执行工作制度进行修改完善，通过公正司法和提高司法效率，有效降低商事纠纷解决成本，切实维护民营企业合法权益，依法保护民营企业家人身财产安全，依法稳定社会资本投资预期。深圳检察机关强调以司法文明为引领，当好一流法治化营商环境的建设者和保障者，平等保护民营企业合法权益，依法打击破坏市场经济秩序、侵犯知识产权等破坏营商环境犯罪行为，为优化营商环境提供高质量的保障。

用足用好经济特区立法权，是创建法治城市示范的重要一环。《意见》指出"在遵循宪法和法律、行政法规基本原则前提下，允许深圳立足改革创新实践需要，根据授权对法律、行政法规、地方性法规作变通规定"。为此，深圳市人大常委会开展"深入学习贯彻《中共中央国务院关于支持深圳建设中国特色社会主义先行示范区的意见》，努力在坚持和完善人民代表大会制度上勇于实践创新当好先行示范"大学习大讨论大提高活动，在深入学习领会《意见》的基础上，探讨如何在坚持和完善人民代表大会制度上勇于实践创新、当好先行示范。在《意见》出台后的几个月时间里，深圳市人大常委会就进一步坚持和完善人民代表大会制度、用足用好特区立法权、增强人大监督的刚性等方面进行了充分的讨论，向社会征求到一批意见建议。特别是在如何用足用好特区立法权方面，深圳从坚持有效管用、提高立法质量和效率出发，着力健全立法工作机制，制定《深圳市人民代表大会常务委员会立法评估办法》，同时召开多场座谈会，到各部门调研，研究如何做好改革决策与立法决策衔接，如何聚焦重点领域，制定或修订一批需要变通国家法律、行政法规规定的特区法规，提出推进个人破产条例、深港科技创新合作区（深圳）条例、环境公益诉讼若干规定等涉及重大改革事项的专项立法，并立足先行先试，梳理向国家提请需要暂时调整或者暂时停止适用法律法规的部分规定的目录清单以及专项立法需求。

优化政府管理和服务是创建法治城市示范的关键环节。为完善重大行政决策程序制度，深圳市制定了《深圳市重大行政决策过程记录和立卷归档工作指引》，启动修订专家咨询论证、公示等相关制度，进一步规范重大决策程序，政府各工作部门、各区门户网站均开设重大行政决策信息发布和公众参与专题栏目，方便公众查询重大行政决策信息和提出意见建议。深圳市司法局制发了《深圳市2019年法治政府建设重点工作安排》，根据2019年新形势和往年法治政府建设中发现的情况，从27个大方面、分列70个小项，部署2019年法治政府建设重点，并开展督导，以考评推进薄弱环节的指引、提升，带动全市法治政府建设工作。利用中央全面依法治国委员会办公室开展法治政府建设示范地区评估认定的契机，全面梳理提升法治政府建设各领域工作，并通过评选国家、省法治政府建设示范点的机会，以法治政府建设示范创建工作的推进，促进各部门对法治政府建设进行经验总结并予以完善。加强领导干部法治教育培训，建立市政府常务会议"局长讲法"工作机制，让市政府工作部门主要负责人宣讲本系统的重要法律法规，以此使市政府领导学习专业法律知识，也增进了部门负责人对本系统法律法规的了解，提高其依法行政能力。持续深化"放管服"改革，权力清单、责任清单不断调整优化，强化权力制约和责任管理；市场准入负面清单进一步压缩，市场开放度不断提升；规章、规范性文件公平竞争审查工作进一步改善，创造公平竞争环境；"双随机、一公开"监管覆盖面不断扩大，监管制度公正性日益增强；信用监管不断加强，各类市场主体守法诚信经营持续改善。

"智慧法治"建设是法治城市示范的必要组成部分。2019年深圳"智慧城市"和"数字政府"建设提速，大数据、云计算、人工智能、区块链等技术广泛应用于政府工作的各环节，"数字政府""智慧政法""智慧法院""智慧检务"等发展迅速。政府网站的集约化程度大幅提升，整体式、智能化、精准的政府管理和服务模式逐步形成。初步建立全市统一的行政执法和执法监督双平台，全市行政执法数据在平台汇集，向"大平台共享、大系统共治、大数据慧治"的目标迈出关键一步。基础社会管理出现块数据智能化底板，社会治理智能化、专业化水平得到较大提高。

正是从党委政府到社会各界对法治建设的高度重视，使得深圳的法治建设工作得到社会的高度认可。2019年中国社科院等单位发布的《中国营商环境与民营企业家评价调查报告》的评估结果显示，深圳法治环境指数得分为81.49，位居全国第一。

二　立法工作不断加强

（一）推进法规的立改废工作

2019年深圳市人大立法计划包含继续审议项目3项、拟新提交审议项目7项（含现行法规技术性修改）、预备项目13项、调研项目13项，内容涉及经济、社会、文化、生活各方面，以城市管理、基层治理、民生建设、生态环境、营商环境等项目居多。[①] 当年制定完成法规3项，修订法规6项，技术性修改法规120项。[②]

1.制定法规保障城市文明和生态文明

2019年深圳市人大常委会新制定三部特区条例，即《深圳经济特区科学技术普及条例》《深圳经济特区文明行为条例》《深圳经济特区海域使用管理条例》。《深圳经济特区科学技术普及条例》树立了"大科普"概念，从建立科普人才队伍建设和管理体系、科普基地管理体系、监测评估制度等方面创建一套完善的科普标准体系，为科普工作提供指引服务，推动科普工作走上"法制化"轨道。《深圳经济特区文明行为条例》针对《深圳经济特区文明行为促进条例》软性规定过多、可操作性不够强的问题，在《深圳

---

① 根据《深圳市人大常委会2019年立法计划》整理而得。
② 根据深圳市人大常委会决议整理而得。

经济特区文明行为促进条例》有关内容和实践发现的问题基础上，重新制定的法规，特别是优化了监管措施和法律责任，增强了可操作性。《深圳经济特区海域使用管理条例》是深圳生态法治建设的又一成果。该条例按照"保护优先、合理开发、陆海统筹、规划先行和节约集约利用"的基本原则，将具体要求落实到海域使用规划、海岸线保护管理、海域使用权取得、海域使用管理等各个环节。

2. 对实施中存在较大问题的法规进行修订

2019 年深圳市人大常委会完成对《深圳经济特区物业管理条例》《深圳经济特区股份合作公司条例》《深圳经济特区道路交通安全违法行为处罚条例》《深圳经济特区创业投资条例》《深圳经济特区控制吸烟条例》《深圳经济特区注册会计师条例》的修订。其中，《深圳经济特区物业管理条例》《深圳经济特区股份合作公司条例》因为涉及群众根本利益、一些具体内容争议较大，修订工作历经多年，终于在 2019 年完成。《深圳经济特区物业管理条例》制定于 2007 年，《物权法》出台后该条例经历了一次较大修改，中间又经过一次技术性修改。该条例对业主大会法律地位、业主委员会成立、共有财产归属与管理以及政府监管等相关规定进行了修改，并重新公布。《深圳经济特区股份合作公司条例》制定于 1994 年，由于原条例中关于股权和公司治理方面的规定不能适应股份合作公司的发展和维护股东利益的需要，所以对相关内容进行修改，完善股权结构、公司治理的规定，并赋予政府更强的监管职权，以期强化自主管理，促进公司股权能够通过改革实现有序流转，推进股份合作公司建立现代企业制度和实现转型升级。《深圳经济特区道路交通安全违法行为处罚条例》的修订也受到广泛关注，其修订后进一步厘清了交通安全违法行为处罚对象，进一步明晰了电动自行车驾驶人、行人、乘客的处罚标准，加大了对各种交通安全违法行为的处罚力度。此外，修订后的《深圳经济特区创业投资条例》明确禁止创投机构从事担保和房地产业务，并规定创投机构的注册资本不低于 3000 万元人民币。修订后的《深圳经济特区控制吸烟条例》首次将电子烟纳入控烟管理。修订后的《深圳经济特区注册会计师条例》一方面降低行业准入门槛，创新港澳执业注册会计师准入制度，另一方面加大对"有照无证"事务所的处罚力度。

3. 对现行有效法规进行一揽子技术性修改

近年来，国家推行"放管服"改革和国家机构改革，许多政府部门名称改变，职能发生变化。为此，2019 年深圳立法计划拟对 167 项现行有效法规进行技术性修改。2019 年 4 月 24 日，深圳市第六届人民代表大会常务委员会第三十三次会议通过《关于修改〈深圳经济特区医疗条例〉等二十七项法规的决定》，《关于修改〈深圳市制定法规条例〉等十三项法规的决定》（2019 年 7 月 25 日经广东省第十三届人民代表大会常务委员会第十三次会议批准）；2019 年 8 月 29 日，深圳市第六届人民代表大会常务委员会第三十五次会议通过《关于修改〈深圳经济特区人才工作条例〉等二十九项法规的决定》，《关于修改〈深圳市市、区人民代表大会常务委员会执法检查条例〉等六项法规的决定》（2019 年 9 月 25 日经广东省第十三届人民代表大会常务委员会第十四次会议批准）；2019 年 10 月 31 日，深圳市第六届人民代表大会常务委员会第三十六次会议通过《关于修改〈深圳经济特区人体器官捐献移植条例〉等四十五项法规的决定》。全年对现行有关法规中关于机构名称、职能的表述、部分文字表述，以及条款顺序进行了相应的修改和调整，完成 120 项现行有效法规的技术性修改。2019 年是党的十八大以来深圳修改法规最多的一年，也是深圳首次对所有现行有效法规进行一揽子技术性修改（见表 1）。

表1　2014～2019 年深圳市人大及其常委会制定修改法规情况

单位：项

	2014 年	2015 年	2016 年	2017 年	2018 年	2019 年	合计
制定法规	1	1	3	3	5	3	16
修改法规	6	3	1	16	23	126（120）	175（169）
废除法规	0	1	4	1	1	0	7

注：2019 年修改的 126 项法规中，有 120 项是分 5 批对现行有效法规进行一揽子技术性修改。

资料来源：根据深圳市人大常委会公报整理而得。

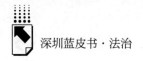

（二）推进政府规章的制定修改

1. 探索新兴领域立法

深圳无人机产业发达，且无人机在生产生活中应用广泛。无人机的广泛应用带来新的安全问题，为了规范民用无人机的使用，2019 年 1 月，深圳市人民政府常务会议审议通过了《深圳市民用微轻型无人机管理暂行办法》。该办法结合国家低空空域管理改革和深圳无人机管理试点的要求，确立了针对微轻型无人机飞行及其管理的规则，明确了禁飞区域、飞行审批管理以及法律责任等，通过规范使用、预防事故、明确责任等，有效引导合法飞行，维护公共安全和飞行安全，既加强对民用无人机飞行监管，又便利民用微轻型无人机使用，促进无人机产业健康发展。在此之前，2018 年深圳已试点启动无人机监管综合系统，并制定了公开统一的监管标准，为该办法规定的无人机合法飞行监管能够切实落地奠定基础。

2. 适时开展城市管理方面政府规章的立改废工作

2019 年，深圳市政府制定了《深圳市房屋安全管理办法》，加强房屋安全管理，特别是对建筑幕墙安全的管理有明确的规定。以废旧立新模式重新制定了《深圳市校外托管机构管理办法》，改变校外托管机构管理模式，使校外托管机构管理更符合社会实际。为适应新形势的发展和保持立法统一性的需要，修订了《深圳市出租屋管理若干规定》，明确了人口和房屋综合管理机构职责，完善了房屋编码信息制度，建立了出租信息申报和安全隐患信息排查制度。为适应绿色出行理念，统一出租车行业准入门槛的要求，修订《深圳市网络预约出租汽车经营服务管理暂行办法》，规定新注册的网约车须为纯电动汽车，并要求网约车条件不低于巡游车，同时加强了对行业的监督和执法管理。因深圳仲裁机构改革和机构合并，其业务内容、运行模式和管理发生了一定变化，相应地对《深圳国际仲裁院管理规定》也进行了修订。此外，因部分内容不符合上位法的有关规定，且上位法已有相关规定，深圳市政府决定废止《深圳市城市建设档案管理规定》。

（三）完善立法体制机制的探索

1. 建立全流程立法评估制度，提高人大立法科学化

2019年8月，深圳市人大常委会通过了《深圳市人民代表大会常务委员会立法评估办法》（以下简称《立法评估办法》）。早在2013年，深圳市人大常委会就制定了《深圳市人大常委会立法后评估暂行办法》（以下简称《立法后评估暂行办法》），规定法规实施单位在法规实施后一定年限，应当根据立法目的，对法规的立法内容、实施效果、立法技术等进行全面调查和综合评价。该办法实施以来，已对多个法规开展了立法后评估。《立法评估办法》是在总结《立法后评估暂行办法》经验基础上，结合科学立法的需要而制定的。该办法覆盖立法前、立法中和立法后的立法评估，探索建立起全过程立法评估机制。除规定立法评估类型外，《立法评估办法》还明确了立法评估指标、立法评估报告格式及使用，系统规范立法评估工作。

在政府规章的立法评估方面，深圳市多个部门已开始立法后评估工作，如深圳市市场监督管理局对《深圳市基本农田保护区管理办法》《深圳市组织机构代码管理办法》进行立法后评估，深圳市生态环境局对《深圳经济特区污染物排放许可证管理办法》进行立法后评估，深圳市水务局对《深圳市防洪防风规定》进行立法后评估，深圳市交通运输局对《深圳市绿色出租小汽车管理规定》进行立法后评估。立法评估工作在完善立法工作中发挥的作用越来越大。

2. 制定政府立法工作规程，规范政府立法工作

2019年，深圳制定《深圳市人民政府立法工作规程（试行）》，规范政府规章的制定工作以及深圳经济特区法规和深圳市法规起草工作。早在2010年，深圳市政府就制定了《深圳市人民政府制定规章和拟定法规草案程序规定》，该规定对规范市政府立法工作、保证立法质量发挥了积极作用。但是随着国家法治建设的发展，该规定已经不适应科学立法、民主立法、依法立法的新形势新要求，为此深圳市政府在原规定基础上进行重新设计和细化，制定了新的规程。该规程从立法工作计划的确定、法规规章的起草，到法制审查、审议、公布、解释、清理、后评估以及档案管理等方面均规定了详细的程序，

实现政府立法工作规范化。该规程非常重视立法的公众参与和部门协调，对公众参与的环节、方式等有非常详细的规定，对涉及多部门职责的立法规定了详细的审议前协调程序和方式。为进一步拓展社会各方面有序参与政府立法的途径和方式，根据立法工作规程，深圳市司法局专门制定了《深圳市司法局立法征求意见工作指引》，对征求意见的范围、方式，意见采纳与反馈等都做了详细规定，从细节上推进科学立法、民主立法。

三 政府法治建设精细化

（一）严格管理好规范性文件

严格按照《深圳市行政机关规范性文件管理规定》的要求，由市司法局严把规范性文件制定关，2019 年深圳市司法局共收到市政府工作部门提请审查的规范性文件 189 件，审查通过 169 件，通过率为 89.4%（见表 2）。建立立法机关、行政机关共同参与的公平竞争审查工作部门间联席会议制度，对规范性文件中涉及营商环境的规定开始公平竞争审查。开展优化营商环境文件专项清理工作，对涉及机构改革、涉企涉民办事证明文件"兜底规定"等文件进行清理，对 12 件市政府及市政府部门规范性文件、137 件区政府及其部门制定的规范性文件进行修改或废止。

表 2　2014～2019 年深圳市司法局 * 审查市政府工作部门规范性文件情况

单位：件，%

	2016 年	2017 年	2018 年	2019 年
市政府工作部门提请审查规范性文件数	196	188	204	189
市司法局审查通过数	176	165	165	169
审查通过率	89.8	87.8	80.9	89.4

＊ 2018 年及以前为深圳市政府法制办公室。

资料来源：深圳司法局官网，http：//sf. sz. gov. cn/xxgk/xxgkml/tjsj_ 190472/tjsj/。

从表 2 可以看出，2016 年以来，深圳市政府工作部门每年提交市政府法制部门审查的规范性文件总量相差不大，通过率除 2018 年较低外，其他各年份也较稳定。可见在规范性文件管理不断严格的情况下，政府工作部门能够紧紧跟上管理要求。

（二）行政审批和行政服务不断优化

深圳继续优化调整行政职权，2019年1～10月，市级部门调整行政职权事项274项，其中下放80项，取消79项。推进行政审批服务标准化管理，全面梳理行政审批服务事项，明确所有行政审批服务事项（共2879个）的实施标准并向社会公布。深化审批制度改革，不断扩大"秒批""不见面审批""全城通办"事项范围，2018年推出全程网上申请、后台无人干预全自动数据对比、审批结果秒出的"秒批"模式，2019年扩大到商事登记，个体工商户注册登记、企业注册登记先后实现"秒批"。截至2019年10月，"秒批"事项达158项，"不见面审批"事项达468项，"全城通办"事项达501项。清理证明事项，梳理出深圳市自行设定的证明事项共111项，全部予以取消。

（三）行政执法规范化水平不断提升

2019年，深圳通过加强执法信息公开、执法监督信息化管理，不断提升行政执法规范化水平。探索建立"分级审慎包容"监管机制，各执法部门在门户网站设立行政执法公示专栏，向社会公开事前和事后执法信息以及前一年行政执法数据，接受社会监督。制定公布行政执法全过程音像记录清单、重大执法决定法制审核清单，推行执法全过程记录和清单事项法制审核全覆盖。梳理公布涉企检查事项清单，规范执法主体行政检查行为，保障企业合法权益。以"大平台共享、大系统共治、大数据慧治"为目标，建立全市统一的行政执法和执法监督双平台，推动全市行政执法数据汇集。

（四）通过制度完善行政复议工作

2019年4月9日，深圳市司法局印发了《深圳市人民政府行政复议办公室行政复议听证规则》（以下简称《行政复议听证规则》）和《深圳市人民政府行政复议办公室在互联网公布行政复议文书的规定》（以下简称《规定》），将 2017 年以来推行的以听证方式审理复议案件的工作规定进一步优化形成制度。《行政复议听证规则》规定了听证范围、听证通知程序、听证组成员构成、听证参加人的权利义务、回避制度、听证的一般程序等，充分保障听证参加人的合法权益。《规定》主要为需要在互联网公布的行政复议文书提供统一、规范的技术处理标准，促进行政复议办案水平的提升及行政复议的透明度和公信力的提高。具体内容包括行政复议文书公布的统一平台，应当公布的行政复议文书类型和不予公布的情形，在互联网公布行政复议文书的时间、编号方式以及责任人，对行政复议文书进行技术处理的标准和规则等。

2019 年，深圳市政府复议办受理行政复议案件数量较上年有大幅上升。登记复议申请数为 2159 宗，较上年增长 33.7%。其中，受理 1755 宗，占 81.3%；不予受理 193 宗，占 8.9%；告知处理 26 宗，占 1.2%；申请人撤回 185 宗，占 8.6%。

2019 年，深圳市政府行政复议办公室办结行政复议案件 1544 宗，其中维持 985 宗，占 63.8%，较上年提高 17.5 个百分点；驳回 106 宗，占 6.9%，较上年降低 14.8 个百分点；终止 349 宗，占 22.6%，较上年提高 0.9 个百分点；撤销 80 宗，占 5.1%，较上年降低 1 个百分点；确认违法 21 宗，占 1.4%，较上年降低 1.7 个百分点；责令履行 3 宗，占 0.2%，较上年降低 0.9 个百分点（见表 3 和表 4）。行政复议直接纠错率为 6.7%，行政复议综合纠错率为 29.3%（见图 1）。直接纠错率连续 4 年下降，显示依法行政的质量不断提高；但综合纠错率下降缓慢，说明还要在细节上不断提升依法行政、依法执法的能力和水平。

表 3　2014~2019 年深圳市政府行政复议办公室受理行政复议案件及办结情况

单位：宗

	2014 年	2015 年	2016 年	2017 年	2018 年	2019 年
登记申请	2204	2236	3017	3148	1615	2159
受理并办结	1846	1693	2209	2880	1147	1544

资料来源：历年深圳市人民政府行政复议办公室办理行政复议案件情况。

表4　2019年深圳市政府行政复议办办理行政复议案件情况

单位：宗，%

类型	处理情况	数量	占比
登记复议申请 （2159）	受理	1755	81.3
	不予受理	193	8.9
	告知处理	26	1.2
	申请人撤回	185	8.6
办结复议案件 （1544）	维持	985	63.8
	撤销	80	5.1
	确认违法	21	1.4
	责令履行	3	0.2
	驳回	106	6.9
	终止	349	22.6

资料来源：深圳司法局业务统计数据。

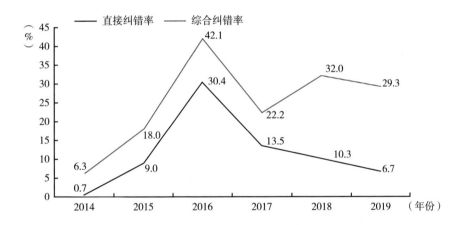

图1　2014~2019年深圳市法制办行政复议办结案件纠错情况

四　智慧司法建设全面铺开

2019年，深圳围绕保障深圳先行示范区建设，通过审判工作，依法化解纠纷，提升社会治理水平；依法惩治犯罪，维护国家安全和社会稳定；持续深化司法改革，推进智慧司法建设，司法工作质量效率双提升。

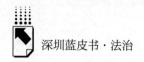

（一）法院工作情况 *

1. 2019年深圳法院收结案数再创新高

2019年，深圳法院新受理案件和办结案件的数量持续快速增长，全市法院全年共受理各类案件599223件，较2018年的483116件增加了116107件，增长24.0%；办结各类案件504138件，较2018年的410378件增加了93760件，增长22.8%（见图2）；全市法院法官人均结案数高达492件，比2018年增加40件，增长8.8%（见图3）。结案数的增长速度低于受理案件数量的增长速度造成收结案差进一步扩大，已经达到9万多件，而同时法官人均结案数再创新高，已是全国平均水平的两倍多，说明案多人少问题极为突出，解决司法资源不足问题迫在眉睫。

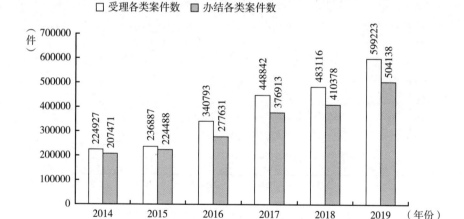

图2 2014~2019年深圳法院收结案情况

2. 持续深化司法体制综合配套改革

2019年，深圳法院持续深化司法体制综合配套改革，《深圳法院2018–2019年改革规划》所确定的60项改革任务基本完成。在全面落实司法责任

---

* 本部分数据来源于历年深圳市中级人民法院工作报告。

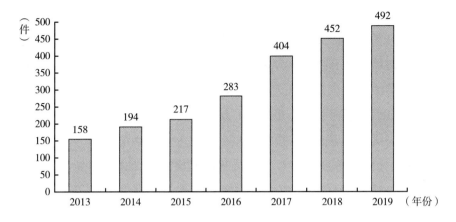

图3　2014~2019年深圳法院法官人均结案数

制、智慧法院建设、审判专业化探索、完善审判执行制度等方面均取得实质性进展。

全面落实司法责任制。深圳法院确定2019年为"审判质量全面提升年"，为此建立了由30项评估指标组成的审判质量监控体系，对开庭、合议、送达、保全等办案全流程各节点实行动态监控，根据时限自动预警、实时督办，实现案件流程管理智能化。探索统一裁判标准，制定裁判指引8个，发布典型案例55个，努力推进"同案同判"。对长期未结、二审改判、重大信访案件开展评查，邀请人大代表、专家学者参与评查工作，对评查中发现的问题，及时纠正、严肃问责。全面落实司法责任制工作取得良好效果，全市法院办案质量稳步提升，一审服判息诉率达96.4%，二审改判案件下降30%。

智慧法院建设加速。2019年，深圳法院进一步深入探索运用大数据、云计算、人工智能等技术重塑办案和案件管理流程，使诉讼服务更便捷、法官办案更高效、司法管理更科学。进行智慧法院一体化平台建设，以系统"集成"推进全业务、全流程、全方位智能化应用。在促进诉讼服务便捷化方面，通过完善"一网通办"诉讼服务平台，实现全流程网上办理诉讼事项；在提高法官办案效率方面，通过推广类案智能检索、裁判文书智能分析，促进法官精准适用法律，实现办案"提质"；在提升案件管理科学化方面，不断完善电子卷宗系统，推广全流程无纸化办案，在全国率先实行上诉案件一键移送电子卷宗，实现办案"提速"。各区法院也积极探索智慧法院建设的具体模式，龙华区人民法院探索建立了以数据为依托的信息化、科技化庭审综合管理平台，并首创了参审数据管理、在线阅卷、在线培训、线上评测、线下活动辅助、排期信息自动写入业务系统、书记员人事档案管理、书记员速录数据管理、书记员智能考核、合议庭跨时空合议、庭审数据管理等功能。龙岗区人民法院率先探索以电子送达、网格化送达、EMS 邮寄送达为基石的"E 网送达"平台，全年接收送达任务 125074 件，完成送达任务 123359 件，司法辅助送达人员由原来的 24 人减少到 4 人，送达车辆由原来的 21 辆减少到 2 辆。在送达成本降低的同时，送达成功率和效率大幅提高，对被告首次送达成功率由 15% 提升到 89%，平均送达时间由 10 天缩短到 4 天，较好解决了法院法律文书"送达难"中"门难找、人难寻"的问题。2019 年底，这一送达模式在全市法院系统中得到推广。南山区人民法院启用民商事速裁中心，该中心设诉讼服务、诉调对接、速裁审判三个功能区，从纵横两个维度划分工作单元，纵向有诉讼服务、诉前联调、庭前准备、庭审裁判、结案事务 5 个单元，横向有小额审裁、劳动争议、知识产权、金融信贷、综合审判 5 个单元，纵横结合、分层递进、衔接配套，全流程智能化，形成"简案快办 + 诉调对接 + 智慧审判"全新司法服务模式。

审判专业化探索。2019 年 1 月，深圳成立全国第一家破产专业审判机构——深圳破产法庭，负责办理深圳辖区内地市级以上工商行政管理机关核准登记企业的强制清算和破产案件及其衍生诉讼案件、跨境破产案件和其他依法应当审理的案件，探索健全破产审判机制。同年 2 月，深圳市龙岗区人民法院大鹏法庭加挂"深圳市龙岗区人民法院环境资源法庭"牌子，集中管辖深圳市应由基层法院受理的涉环境资源一审民事、刑事、行政案件和所产生的执行案件，实行环境资源案件"三审合一"，以破解环境资源案件区域管辖难题，统一裁判尺度，提升环境资源案件的执行效率。

完善审判执行制度。2019年6月，深圳市人民法院会同市人民检察院、市公安局、市司法局联合印发了《深圳市办理刑事案件排除非法证据规程（试行）》《深圳市办理刑事案件庭前会议规程（试行）》《深圳市刑事案件第一审普通程序法庭调查实施规程（试行）》《深圳市刑事案件出庭作证工作规程（试行）》等刑事诉讼制度改革规范性文件，推进"以审判为中心"的刑事诉讼制度改革。此后，深圳又出台了全国首个全流程精细规范刑事裁判涉财产部分的相关执行工作的规程——《深圳市中级人民法院关于刑事裁判涉财产部分的执行指引（试行）》。该指引参照民事执行相关规定，在法律框架内落实司法解释的具体要求，从审判阶段开始全流程精细规范刑事裁判涉财产部分的相关执行工作，促进刑事裁判涉财产部分执行质效的提高。

（二）检察工作情况[*]

1. 全市检察机关捕诉案件办理情况

2019年深圳检察机关办理各类捕诉案件总数与2018年相比略有下降，社会安全总体稳定。全市全年共受理审查逮捕刑事犯罪嫌疑人28807人，比2018年减少255人，降低0.9%；批准和决定逮捕23968人，比2018年增加110人，增长0.5%（见图4）；受理审查起诉33130人，比2018年减少2611人，降低7.3%；提起公诉28504人，比2018年减少58人，下降0.2%（见图5）。受理审查逮捕刑事犯罪嫌疑人减少的同时，批准和决定逮捕的人数略有增加；受理审查起诉人数减少2611人的同时，提起公诉的人数仅减少58人，申请获批准的比例上升，说明公安机关办案质量进一步提高。

2. 公益诉讼办案力度加大

深圳检察机关2016年开始试点办理公益诉讼案件，当年办理公益诉讼案件49件，2017年办理公益诉讼案件62件，2018年办理公益诉讼案

---

[*] 本部分数据来源于历年深圳市人民检察院工作报告。

图4　2014～2019 年深圳检察机关办理逮捕案件情况

图5　2014～2019 年深圳检察机关办理起诉案件情况

件 719 件，2019 年办理公益诉讼案件 1684 件（见图 6）。公益诉讼案件的受理范围从 2016 年主要针对生态环境保护、国有土地使用权出让、国有资产保护、食品药品安全等领域暴露的问题，到 2019 年扩展到城市管理、国有资产管理、公共安全、英烈和文物保护等领域。在工作机制上，深圳检察机关创新组建了公益诉讼检察部，与案件相关部门建立重大案件联合调查协作机制等，推动形成工作合力。注重发挥诉前程序作用，

2019年提出诉前检察建议1589件，督促相关部门健全制度和工作机制，发挥公共利益守护者作用。

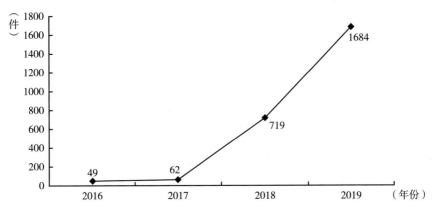

图6　2016～2019年深圳检察机关办理公益诉讼案件情况

3. 深化检察改革

加强检察监督工作，建立健全对久侦不结、久审不决等超期办案情况的监督机制。建设未检工作社会支持体系，制定并发布《未检工作规范》《未检工作绩效考核办法》《精准帮教指引》《社会服务绩效考核办法》4个规范性文件，从检察官工作规范、检察官和部门绩效考核、专业司法社工工作规范、社工组织绩效考核四个方面形成集工作规范、管理规范、考核规范于一体的"涉罪未成年人精准帮教深圳标准"，对全市涉罪未成年人开展全覆盖、全流程精准帮教。各区检察机关也在不同工作领域积极探索，南山区检察院在2018年"捕诉一体"的办案模式改革基础上，2019年在全国率先实行"侦捕诉一体化"办案模式，完善侦捕诉衔接机制。刑事检察官全面深入侦查一线，与公安部门的侦查单位"办案同在、取证同力、协调同时、监督同步"，全程介入公安派出所主要侦查活动，实现侦查过程中的同步和动态监督，使检察工作的瓶颈得以突破，2019年批准和决定逮捕率有所提高。

4. 加快智慧检务建设

深圳检察机关探索建立了一流的智慧检务体系，应用大数据、云计算、人工智能等现代科技，搭建起由"一云""一平台""三大应用""十三个子系统"构成的智慧检务系统,并与公安、法院等其他政法机关、行政执法机关案件信息同步开放共享,实现以科技促规范、强监督。目前在公益诉讼、未检帮教、知识产权检察、非公经济保护等领域的智能化已取得突破。"智慧未检帮教云服务"移动工作平台,将涉罪未成年人精准帮教标准全部规范固化,对所有数据实时自动分析考核,提供智能服务。龙华区人民检察院深耕"5G+"智慧检务应用研发,探索5G在四大检察业务、刑事诉讼、司法监督、信息公开等多个场景的应用,推动"5G+"远程互动检察的广泛运用,建立大数据分析平台、智慧社区矫正管理平台、智慧民行公益诉讼综合应用平台、"E检通"平台,实现案件智能管理、案卡自动录入、检察文书智能生成、远程送达。

五 社会法治建设取得新进展

(一)运用新技术有针对性地提供公共法律服务

2019年深圳市、区司法局运用人工智能、大数据、云计算、移动互联网等新技术,有针对性地提供公共法律服务。针对民营企业法律风险意识不强的问题,组织法律文化传播公司建设了"法律服务云",推出"民营企业法治体检自测系统",为民营企业提供普惠式、便捷化的涉诉风险智能检测服务,帮助民营企业防范法律风险。针对创客创新创业中遇到的问题,组织律师事务所、咨询管理机构编写了《深圳创客法务指引》,对深圳市创新创业政策进行解读,并提供典型案例作为参考。龙岗区公共法律服务中心搭建了基于互联网、大数据、云计算等技术的"互联网无人律所",整合全国律师资源,为市民提供快速咨询、材料共享、文书服务、约见律师等公共法律服务。

(二)推进调解工作专业化发展

调解工作的专业化是调解工作效果的重要保障。深圳市重视吸纳专业人士与人民调解工作专家，2019 年制定《深圳市人民调解工作专家库管理办法》，明确调解专家的条件、聘任方式及任期，调解专家在参与调解活动中的权利与义务，以及回避原则等。具体工作中，在传统的街道、社区等基层组织设立的人民调解委员会继续发挥良好的解纷作用的同时，公安派出所、交警、法庭、婚姻家庭、医疗机构等领域的专业调解委员会，以及许多行业协会的行业调解在解纷中的作用日益凸显，法律、经济、医疗、婚姻、劳动等领域的专家在调解工作中的作用越来越突出。2019 年底，全市有调解委员会 1280 个，调解员 6633 名，比 2018 年略有减少。其中专职调解员 1977 名，比 2018 年增加 295 名；兼职调解员 4656 名，比 2018 年减少 489 名，调解员专职化程度略有提高。2019 年共受理调解案件 127402 件，比 2018 年增加 10982 件；涉及当事人 330820 人，比 2018 年增加 51505 人；调解成功 121474 件，调解成功率达 95%；协议涉及金额 554414.09 万元，比 2018 年增加 102283.7 万元。受理调解案件数、调解成功案件数、协议涉及金额分别比 2018 年增长 15.3%、13.8% 和 22.6%。[①]

（三）法律服务行业持续快速发展

2019 年深圳律师行业规模继续保持快速增长，全市共有律师事务所 909 家，比 2018 年增加 65 家，增长 7.7%；执业律师 15226 名，比 2018 年增加 2091 名，增长 15.9%。其中，专职律师 14520 人，比 2018 年增加 1540 人，增长 11.9%；非专职律师 746 人，比 2018 年增加 571 人，大幅增长 326.3%。律师参与办理的法律援助案件数量也快速增长，全市律师全年办理法律援助案件 28120 件，比 2018 年增加 5282 件，增长 23.1%。其中，办理民事案件 18333 件，比 2018 年增加 4607 件；办理刑事案件 9577 件，比 2018 年增加 617 件；办理行政案件 160 件，比 2018 年增加 8 件。[②] 2019 年 1 月，深圳市律师行业党校、深圳律师学院正式揭牌成立，成为律师行业开展

---

① 深圳司法局官网，http://sf.sz.gov.cn/xxgk。

② 深圳司法局官网，http://sf.sz.gov.cn/xxgk。

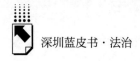

培训、提升律师思想素质和业务水平的重要平台。律师行业向国际化发展，2019 年美国最大知识产权律所——斐锐律师事务所落户深圳南山区。

（四）公证业务大幅增长

2019 年，深圳继 2018 年增加一个公证处后再增一个公证处，全市公证处达到 10 个，执业公证员达 143 名，比 2018 年增加 4 名。全年共办结公证案件 434644 件，比 2018 年增加 100603 件，增长 30.1%。其中，国内经济案件 33883 件，比 2018 年增加 1711 件，增长 5.3%；国内民事案件 322538 件，比 2018 年增加 81305 件，增长 33.7%；涉外经济案件 3147 件，比 2018 年减少 317 件，降低 9.2%；涉外民事案件 75076 件，比 2018 年增加 17904 件，增长 31.3%。①

（五）构建基层治理块数据智能化底板

近年来深圳一直致力于运用技术支撑提升基层治理的效率和规范化法治化水平。2019 年，深圳运用块数据体系和以块数据为内核的"一基五柱、百平台、千应用"智能化支撑体系，在 2018 年建立的统一地址库基础上，建立人口、法人、房屋、通信、事件五大基础数据的分级分类标准，形成"五码关联"的块数据库。块数据库联通公安、税务、市场监管、劳动社保、教育、民政等政府部门的业务数据，形成动态更新的社会治理大数据库，为社会治理和公共服务提供了精准信息资源，促进基层各类问题早发现、早解决，行政服务和行政执法精准度大幅提升。

（六）法治文化活动内容形式更丰富多样

在继续推行"谁执法谁普法"的同时，为丰富法治文化产品，增强法治宣传教育效果，全面提升公民的法律素质，深圳市司法局出台《深圳市公民法律素质提升项目资助计划管理办法》，以向社会组织、企业及个人提

---

① 深圳司法局官网，http://sf.sz.gov.cn/xxgk。

供资金资助的方式，发动社会组织、企业及个人参与提供法治文化产品、承办法治文化活动，并形成制度。深圳法院开展"天天直播、当庭宣判"活动，通过直播庭审、公开裁判文书开展生动的普法活动。

六 2020年展望与建议

《中共中央国务院关于支持深圳建设中国特色社会主义先行示范区的意见》的发布为深圳未来一段时间的工作指明了方向，深圳要积极落实国家对深圳的战略定位和要求，加快法治城市示范建设，率先营造彰显公平正义的民主法治环境，为建设全球标杆城市提供保障和推力。

（一）用足用好特区立法权，完善法规制度体系

先行立法保障改革是深圳过去40年重要发展经验，经济特区立法权的变通性为敢闯敢试的深圳在许多领域率先改革提供了制度保障。《中共中央国务院关于支持深圳建设中国特色社会主义先行示范区的意见》再次强调经济特区立法的变通性，为深圳继续发挥立法引领、推动和保障改革创新注入勇气。深圳立法应当主动适应新时代改革和经济社会发展的需要，通过立改废和加强重点领域立法，以高水平的法治保障建设先行示范区。

一是进一步加强优化营商环境的立法。深圳在优化营商环境方面已经进行大量探索，取得一些经验。但相关政策措施大多是政府规范性文件的形式，也有一些专门领域的法规规章存在衔接不足问题。因此，有必要加快制定综合性的优化营商环境条例，形成关于营商环境的总理念、总原则和一般性规定，为各方面工作提供总指南。与此同时，对于目前相关政策措施中欠缺的关于科技创新、社会信用、地方金融监督管理、税收征管服务保障等方面可以制定专门法规，进一步修改完善知识产权保护、商事登记的有关法规，从总体环境到各具体方面协同完善营商环境。

二是探索制定完善试验区、合作区立法。前海深港现代服务业合作区、前海蛇口自由贸易试验片区、深港科技创新合作区深圳园区等是深圳探索扩

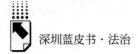

大对外开放的重要试验场，其具体定位、管理体制、管理方式、发展模式等均需要通过制定专门的法规予以明确，为国家扩大对外开放探索出可复制可推广的经验。

三是加强应急和安全立法。深圳一直十分重视城市安全管理立法，从特区成立以来，深圳已经制定100多项关于城市公共安全的法律规章和规范性文件，内容涉及道路交通安全、公共设施安全、食品药品安全、社会治安和自然安全等各方面。随着经济社会的发展，深圳对安全管理的要求不断提高，新问题新现象也不断出现，在原有法规及规范性文件不断修改完善的同时，电梯使用安全、公共安全视频图像信息管理、文物建筑改造消防管理、自然灾害防治等方面的立法也提上日程。

四是满足民生领域立法需求。随着人民生活水平的提高，健康、养老、教育、住房等问题越来越受到关注，关于健康、户外运动、全民健身、公园管理、养老服务、社会养老保险、职业教育等涉及民生领域的立法需求不断增长，相关部门应该从立法调研进入实质立法阶段，通过立法保障市民享受更优质的民生服务。

（二）深化法治政府建设，继续优化法治化营商环境

政府机构是法律的具体执行者，政府行为模式是营商环境的重要组成部分。要以法治化为基础，充分利用人工智能、大数据、云计算、区块链等新兴技术及先进管理理论，创新政府管理方式，推进法治政府建设，不断优化营商环境。

一是把握好政府在市场中的地位。深化行政体制机制改革，借鉴国际先进行政管理经验，重新梳理界定政府权力边界，明确"三张清单"制定规则，规范政府权力清单、责任清单和市场准入负面清单的制定行为，使权力清单每一项来源可靠、责任清单每一项主体明确、市场准入负面清单每一项均为必要，使政府真正成为市场的服务者和维护者。政府一方面为市场提供高效服务，另一方面发挥好市场秩序维护者的作用，通过强监管实现对市场行进路线的纠偏。当前重点是建立部门间信息共享平台，打通部门间存在的

数据壁垒，整合政府管理数据，构建企业信用监管与风险监测预警指标体系，开展精细化的动态管理；运用大数据分析，为改革提供思路和突破口，提高管理工作的合理性和科学性；加强对新产业、新业态的运行监测和研究分析，探寻新经济监管的合理模式；加强部门间的协作和制约，形成管理和监督合力。

二是积极对接国际规则。要在制度上积极对接国际贸易规则，并积极参与国际事务和规则制定过程，特别是包括技术壁垒设置、检验检疫标准等在内的各种技术标准、行业标准的制定，使深圳经济真正融入国际贸易格局。

三是创造公平的市场环境。淡化财税激励作用，改变以政策补贴和财税激励为主的产业引导方式，改变产业政策指向主要是产业、产品或建设项目的状况，实行符合国际准则的资源分配方式和产业引导方式，使共性技术和通用技术研发成为产业政策资源的主要支持方向。同时加大对人力资源的教育培训投入力度，推动一般产业政策向创新型和竞争型政策转型，形成公平竞争前提下的创新产业政策体系和竞争产业政策体系。

四是提高政府透明度。强化对各市场主体知情权的保障，推动包括行政审批、行政服务、行政措施及行政过程的透明化和公开化，推进政府运作和城市管理中对人工智能、大数据、云服务、物联网、区块链等新技术的运用，定期检视和不断修正政府工作流程，以信息化促进政府权力运行的提质增效和透明化，实现行政管理机制的完善和行政公信力的提高，建立有限型、阳光型、诚信型、高效型、服务型的法治政府。

（三）推动法律服务行业专业化高端化发展，满足先行示范区建设对法律服务的需求

随着深圳经济社会的发展，深圳律师行业持续快速发展，社会美誉度和影响力不断提高，并开始走向国际。新时代，深圳律师行业应当积极探索新型专业化法律服务模式，提高服务"一带一路"、粤港澳大湾区和深圳先行示范区建设的能力水平。律师行业的专业化发展要从粗放式、数量型增长向

精细化、质量型发展，非诉业务需求的迅速增长，要求法律服务提供由以诉讼为主转向诉讼与非诉业务并重；法律服务对象对律师的业务能力水平的要求不断提高，要求律师由多面手向专业化发展；法律服务内容的复杂化，要求律师开展业务由"单打独斗"向"团队作业"发展。实现这一转型，法律服务行业至少应从四个方面提升能力水平。

一要加强法律服务内容创新和促进服务能力提升。适应经济转型升级和经济复杂化对法律服务的新需求，提升提供知识产权服务、互联网金融、企业购并、企业"走出去"等方面的法律服务能力，提升新技术应用下新型法律关系的法律服务能力，促进法律服务产品的开发。特别是在中美贸易摩擦背景下，法律服务行业要跟上新需求和新要求，更好地为我国经济发展和对外开放服务。

二要加强法律服务人才培养和引进。随着深圳全球标杆城市建设的推进，知识产权、融资租赁、企业上市并购相关的法律服务需求将不断增长，因此，深圳应当注意引进与培养高端法律人才，发挥本地律师事务所和律师服务本地企业的主体作用。特别是培养和引进能够提供境外投资、境外上市、涉外纠纷处理等高端业务服务的律师人才，培养能够适应深圳经济高质量发展的高素质法律服务人才队伍。

三要做大做强律师事务所。积极推进与律师行业发展领先的北京、上海等地的合作与交流，学习、借鉴和改进深圳律师事务所管理模式和分配体制，提高律师事务所的管理水平；利用毗邻香港的地理优势，结合本地特色产业，促进深圳律师素质的提升，创造良好的执业环境；借鉴美国和英国的发展经验，培养一批律所战略顾问、职业经理人和管理顾问等高级管理人才，推动深圳律师行业的发展。鼓励律师事务所做大做强，探索发展公司制律师事务所，与合伙律师事务所共同构成深圳律师事务所规模化马车的双轮。

四要提升律师行业自我管理水平。充分发挥深圳市律师协会在行业的引领作用，开展业务创新活动，设立专项青年发展基金、培训基金，提高律师素质，培养律师职业尊荣感，为行业规范和持续发展提供动力。

（四）支持社会组织参与法治建设，筑牢法治的社会支持体系

深圳社会组织比较发达，人均社会组织数在全国位居前列，社会组织在社会建设中发挥越来越重要的作用，在深圳法治建设中的作用也逐渐凸显，在立法、监督、司法服务、普法及法治文化建设等各领域发挥越来越重要的作用。新时代，深圳应当更加重视社会组织在法治建设中的作用，筑牢法治的社会支持体系。

一是充分发掘社会组织参与立法对于提高立法科学性民主性的价值。社会组织涉及领域广，即便同一领域的社会组织，往往也可能基于不同目标成立，在具体领域有不同的价值追求。随着立法精细化的发展，应当充分调动社会组织参与立法的积极性，让代表不同利益的社会组织参与立法讨论、立法听证、立法辩论，使不同观点得到充分表达，在立法过程中更好平衡各种利益，在增强立法民主性的同时提高立法的科学性。

二是充分发挥社会组织服务在执法司法和公共法律服务中的独特作用。社会组织具有服务专业性、回应群众需求灵活性的特点，执法司法机关在案件办理、纠纷调处、法律援助、社区矫正、安置帮扶等工作中，应当增加通过购买服务方式让社会组织参与其中提供有针对性、专业化的服务，更好实现制度目标，达到法律效果。

三是充分尊重社会组织的监督作用。社会组织作为一定利益的代表，在日常工作中通过与相关领域公共机构互动客观上形成社会监督。随着法治政府建设的推进和政府开放度的提高，社会组织的社会监督应当由自发走向制度化，应当通过立法为社会组织监督赋权，更好利用社会组织的专业性优势开展制度性监督和维护公众利益，特别是发挥其推动法律实施的作用。

四是充分发挥社会组织提供丰富多彩的法治文化活动的作用。目前的普法活动以政府主导型为主，形式较为单调。社会组织参与普法工作丰富了普法的形式，效果较好，应当充分挖掘社会组织开展普法和法治文化活动的潜力，推动普法教育、法治文化建设从政府主导型向社会化转变，以经费支持

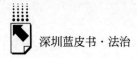

方式调动社会组织开发设计多样化的普法和法治文化活动，以丰富多彩的法治文化活动浸润群众，培育市民法律信仰。

参考文献

陈甦、田禾主编《中国法治发展报告（2019）》，社会科学文献出版社，2019。

李林、田禾主编《中国法治地方发展报告（2019）》，社会科学文献出版社，2019。

中国政法大学法治政府研究院主编《中国法治政府发展报告（2018）》，社会科学文献出版社，2019。

杜文峻主编《上海法治发展报告（2019）》，社会科学文献出版社，2019。

苏力：《法治及其本地资源》，北京大学出版社，2015。

柳正权：《法治类型与中国法治》，武汉大学出版社，2015。

立 法 篇

Legislation

B.2

深圳完善立法工作机制的
探索实践与展望

张 京*

摘　要： 以法治思维和法治方法加快推进建设中国特色社会主义先行示范
区，是深圳当前法治建设面临的重要任务。在当前和今后一个时
期，深圳市人大及其常委会要紧紧抓住提高立法质量和效率这个
关键，坚持党对立法工作的领导，坚持科学、民主和依法立法，
发挥人大在立法工作中的主导作用，完善深圳地方立法工作机
制，为先行示范区建设提供强有力的法治保障。

关键词： 立法　法治建设　经济特区立法权

---

* 张京，中国政法大学法学学士，武汉大学管理学硕士，深圳市人大常委会办公厅机关党委
（人事处）副处长，主要研究方向为特区立法。

党的十八大以来，习近平总书记围绕新时期社会主义法治建设和地方立法工作，提出了一系列新的重要思想和重要观点，为新时期加强和改进立法工作提供了根本遵循。习近平总书记在中央全面依法治国委员会第二次会议上提出，发展要高质量，立法也要高质量。"法治兴则国兴，法治强则国强。"立法工作是为社会生活建章立制的国家行为，是严格执法、公正司法的前提，是全民守法的基础。① 近年来，深圳市人大及其常委会认真贯彻落实习近平总书记重要讲话和指示批示精神，坚持从地方改革和经济社会发展的实际出发，发挥立法的引领和推动作用，完善地方立法工作机制，贯彻落实科学立法、民主立法、依法立法，发挥人大及其常委会在立法工作中的主导作用，在推动规范性文件备案审查以及强化队伍建设等方面都取得了积极成效。

一　深圳经济特区立法工作的主要情况

自 1992 年获得经济特区立法权以来，深圳市人大及其常委会在全国人大常委会以及广东省人大常委会的有力支持和悉心指导下，在市委的正确领导下，积极探索、勇于创新，积极运用两个立法权，制定了一大批质量较高的法规。在早期中国特色社会主义法律体系尚不完备的情况下，运用经济特区立法权为深圳改革发展提供了重要的法治保障。截至目前，深圳市人大及其常委会共制定法规 229 项（其中经济特区法规 189 项），现行有效法规 168 项（其中经济特区法规 130 项），覆盖了经济社会发展的各个方面，推动了"五位一体"总体布局在深圳的贯彻落实，初步形成了与国家法律体系相配套、与国际惯例相接轨、与深圳经济社会发展相适应的法规框架，助推深圳发展成为中国影响力最大、现代化程度最高的经济特区，有力促进了深圳的改革开放和经济社会发展。其中，经济领域的法规有 82 项，政治文明领域的法规有 32 项，文化建设领域的法规有 14 项，社会建设领域的法规有 75 项，生态文明领域的法规共 26 项。有 41 项是早于国家法律、行政法

① 李适时：《进一步加强和改进地方立法工作》，《中国人大》2016 年第 18 期。

规出台的，有 67 项是国家尚无法律、行政法规规定的。

深圳 40 多年来充分发挥试验田作用，通过先行先试、灵活变通与立法创新推动体制机制创新，实现了从经济试验区向经济、法治双重试验区的转变。正如全国人大宪法和法律委员会主任委员李飞同志所说的，深圳经济特区立法"形成了不少可复制推广的经验和做法，其中很多都以国家立法的形式予以确认，为完善深化改革、扩大开放等领域的法律制度提供了重要的支撑"，"为国家层面立法积累成熟经验"，既填补了国家立法层面的空白，又为兄弟省市的地方立法提供了有效借鉴。

二 深圳经济特区立法工作的主要成绩和基本经验

（一）推动了把党的主张转化成国家意志

党的领导是立法工作应当坚持的基本原则，是全面推进依法治国的重要保证。自获得立法授权以来，市人大及其常委会始终坚持把党的领导贯彻到地方立法工作的全过程。一是贯彻中央和省、市的重大决策部署，围绕市委的中心工作开展立法工作，努力通过法定程序将党的主张转化为社会一体遵循的行为规范和准则。二是依靠党的领导，高效推进深圳经济特区立法工作进程。面对立法过程中多元利益主体之间的博弈，在市委的正确和有力领导下，正确处理新时代人民群众的各项诉求和各类利益之间的关系，制定了一批为社会所广泛认可、能切实推动深圳经济社会发展的法规。

（二）发挥了人大对特区立法工作的主导作用

一是在广泛征集立法项目的基础上，全面论证、科学选择、通盘考虑、统筹安排、编制五年立法规划以及制定年度立法计划。二是加强与起草单位的沟通联系，在起草阶段提前介入，及时把握立法进展和热点动态，参加起草阶段的调研活动，了解法规相关利益方的各类诉求，针对法规重点问题提出意见建议。三是深入审议重点法规的关键条款，关注重大制度设计和其中的难点问题，通过充分听取意见、加大研究论证和立法协商的力度，努力形成共识，确保制度设计科学合理、法规及时出台。四是紧紧围绕提高立法质量这个关键，组织人大代表开展调研论证，通过基层立法联系点以及报纸、网站等媒体公开征求意见，借助立法调研基地和立法咨询专家库等加强对法规草案的研究论证。

（三）正确把握和运用了两个立法权

拥有经济特区立法权和设区的市立法权，是深圳的重要优势。一是在用好经济特区立法权方面进行探索。随着国家改革开放的不断深入，运用经济特区立法权立法，发挥经济特区立法权在解决经济社会深层次矛盾、突破改革发展瓶颈方面先行先试和创新变通的优势，引领和推动改革发展。二是在用好设区的市立法权（较大的市立法权）方面进行探索。根据法律、行政法规和广东省地方性法规的规定，市人大及其常委会根据本市实际制定相关法规，依法报省人大常委会批准实施。先后出台了《深圳市养犬管理条例》《深圳市建筑废弃物减排与利用条例》《深圳市无障碍环境建设条例》等法规，这些法规体现了深圳特色，适应了深圳城市建设与管理、环境保护、历史文化保护等方面的需要，发挥了设区的市立法对上位法的实施、补充和细化作用。

（四）突出了立法对改革的引领和推动作用

深圳市人大及其常委会始终坚持主动适应改革需要，紧密围绕特区改革进程中涉及的深层次矛盾和问题，推进重点领域立法工作，通过立法提供制度性解决方案，并呈现出与时俱进的鲜明特征。从获得特区立法权至《中华人民共和国立法法》（以下简称《立法法》）出台，这一时期特区经济发展中还存在一些制度困局，立法工作主要围绕制定经济领域的各类法规进行；从《立法法》出台至党的十八大召开，在这一时期为了解决社会建设和经济发展步伐不一致的问题，立法工作主要围绕制定社会建设和社会管理法规进行；党的十八大召开至今，这一时期面临国家发展战略的调整，立法工作主要围绕推进中国特色社会主义事业总体布局和战略布局进行。

（五）完善了立法工作的体制机制

完善立法工作的体制机制是提高立法质量和效率的重要途径。2000 年《立法法》出台后，市人大常委会根据《立法法》的精神和深圳实际，于2001 年及时制定了《深圳市制定法规条例》，之后又根据工作实践和《立法法》的修改精神进行了两次完善，对立法工作体制机制进行了进一步优化。如明确了地方性法规的立法权限，改进了法规案列入人大常委会会议议程的处理机制，增加了表决前评估等规定，力求通过规范立法程序，促进立法质量的提升，使立出来的法规"站得住、行得通、真管用"。在此基础上，近年来，就如何规范立法工作，市人大常委会还出台了一系列配套文件，如立法计划编制和实施办法、立法技术规范、立法工作指导意见、立法联系点管理办法等，有效促进了立法工作的规范化、制度化。

三 进一步完善深圳特区立法工作机制的思路和举措

在中国特色社会主义进入新时代的关键时期，2019 年 7 月 24 日中央全面深化改革委员会会议审议通过了《中共中央国务院关于支持深圳建设中国特色社会主义先行示范区的意见》（以下简称《意见》），要求深圳要"用足用好经济特区立法权"。在大力推进全面深化改革和全面依法治国的新的历史阶段，在深圳建设中国特色社会主义先行示范区的新征程中，深圳经济特区在创新方面的优势以及在改革开放中的特殊作用仍在延续，肩负着在新时代中国特色社会主义建设中发挥好窗口、试验田、排头兵和示范区作用的历史使命。

在取得一定成绩的同时，也要清醒地看到，立法工作中还存在以下问题：经济特区法规创新力度不足；立法对改革的引领和推动作用发挥得还不充分；立法在破解影响高质量发展的体制性、资源性、结构性问题，助推粤港澳大湾区建设，优化法治化国际化营商环境方面的作用还有待进一步提升等。在当前和今后一个时期，要坚持党对立法工作的领导，坚持科学、民主

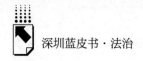

和依法立法，发挥人大在立法工作中的主导作用，完善深圳开展地方立法的工作机制，紧紧抓住提高立法质量和效率这个关键，为推动深圳建设先行示范区提供强有力的法治保障。

（一）坚持党对立法工作的领导

在特区立法工作中坚持党的领导，重点在于坚决贯彻党中央、省委和市委的重大决策部署，坚持和完善立法重大事项向党委报告制度。

1. 完善重大决策部署专项研究工作机制

立法工作中，要将贯彻党中央和省委、市委的重大决策部署作为"第一议题"，进行专项研究。专项研究成果可以作为立项、编制立法计划的重要参考，对立法工作的动态调整也具有指导意义。对立法中涉及重大制度设计或利益格局调整的核心问题、深刻影响部门权力责任和公民权利义务的关键问题、可能引发国内外广泛关注的敏感问题，要下大气力和苦功夫，组织力量集中攻关。①

2. 完善政策文件转化为地方立法工作机制

党的十八届四中全会提出，要善于使党的主张通过法定程序成为国家意志。一是要认真审查、研究法规草案内容是否与党的基本路线、基本纲领、基本经验相符，审查、研究法规草案内容是否正确把握和统筹兼顾人民群众的根本利益、共同利益和特殊利益。② 二是研究如何将政策要求转化为立法中可操作、可推动的制度安排。这一转化应当是创造性的转化。三是研究如何将政策性表述转化为立法语言，提升转化能力。对立法语言的要求是"明确、具体"，风格应庄重、严肃、朴实。

3. 探索建立改革计划和立法计划相衔接机制

深圳市年度改革计划是由市委全面深化改革委员会牵头制定，涉及经济体制、生态文明体制、民主政治等领域改革的纲领性文件。市委全面深

---

① 李适时：《进一步加强和改进地方立法工作》，《中国人大》2016 年第 18 期。
② 廖健、宋汝冰：《加强党对立法工作领导的路径分析》，《红旗》2015 年第 5 期。

化改革委员会在制订改革方案时，对需要通过立法层面推动的改革举措的认识还不够充分。立法部门在立法工作中往往不得不根据需要再去研究改革创新举措，不利于立法对改革的引领和推动作用的充分发挥。相关部门在草拟改革项目方案的同时应做好对立法需求的研究，提出是否需要变通有关法律、法规的意见和建议。将改革计划和立法计划衔接起来，梳理改革计划中需要立改废释等立法工作支持的项目，同步提请市人大常委会启动立法程序。

（二）坚持科学立法、民主立法和依法立法

科学立法、民主立法和依法立法是《立法法》的基本原则，也是提高立法质量的根本途径，更应是深圳经济特区立法工作的重点。

1. 明确客观规律的具体范畴

要达到全面依法治国总目标，首先要实现科学立法，以促进国家治理体系和治理能力现代化。[①] 具体而言：一是要掌握深圳地方经济发展情况，特别是法规所调整的社会关系领域的发展情况；二是根据发展情况，研究相关领域所存在问题的发生原因和发展规律；三是对重大技术问题进行严格专业论证，探索由市司法局针对立法草案的必要性和可行性形成专题报告，同议案及说明一并提交审议；四是综合考虑立法的成本与效益关系，要将法规制定出台后的执行效益和立法所消耗的成本进行综合对比，只有前者远大于后者的立法，才可以说是科学的立法；五是充分考虑立法的可执行性，法规的执行需要依靠特定的执法主体，制定时要充分考虑其执法能力、执法环境等因素，即法规可能的执行效果。

2. 完善立法信息公开工作机制

为保障公众全面详细了解立法信息、提高公众对立法的参与度，发布的征求公告中，除常规内容外，还应一并将法规的起草背景、相关的上位法依

---

① 全国人大常委会办公厅、中共中央文献研究室编《人民代表大会制度重要文献选编（四）》，中国民主法制出版社、中央文献出版社，2015。

据、立法的必要性和可行性、法规中的重点条文和争议较大的问题等一并进行公告。如果法规草案中涉及一些专业术语，也应对其进行专门解释和说明。征求意见公告的发布方式也应多元化。充分考虑到不同群体在信息接收方式上的差异，应尽量选择广覆盖、多层次、有实效的公开方式，除例行在政府官网、法治相关网站上发布外，还可以探索在本省、本市有影响力的各类媒体和微信公众平台、微博等媒介上发布法规征求意见公告。如果法规规定的公权力行为可能对某类行政相对人的权利义务造成直接影响，还应通过多种方式，对该类行政相对人实行定向公告，加强立法信息公开的精准性和实效性。

3. 明确经济特区立法变通权的范围

依法立法的基本要求是维护社会主义法制统一，地方立法工作要严格按照授权范围和法定程序进行。对于经济特区法规对上位法的变通，在具体操作中应当把握以下原则。一是遵守《立法法》第八条有关全国人大及其常委会专属立法权的规定。二是遵循宪法的规定以及法律和行政法规的基本原则。三是体现党的路线方针政策的基本要求，符合当前改革的方向。四是切合地方经济社会发展的实际。五是变通内容已经有较为广泛的社会共识。只有满足以上五项基本原则，才可以采用经济特区立法的方式对上位法的规定做出变通。

（三）发挥人大及其常委会在立法工作中的主导作用

发挥人大及其常委会在立法工作中的主导作用是坚持和完善人民代表大会制度的应有之义，是立法工作与时俱进、适应改革发展的迫切需要。

1. 完善收集立项建议工作机制

探索设立常态化、周期化的调研工作机制，了解全市重点领域发展状况，收集信息并研究其中亟须通过立法解决的问题，及时回应社会关切；完善立法项目建议的公开征集机制，除政府及有关部门可提出立法项目建议外，应当通过各种类型的媒体和渠道向社会广泛征集立法项目，力争全面系统地掌握社会立法需求；建立法工委与市司法局联席会议制度，增强政府立法计划与人大常委会立法计划的协调性，确保立法计划无缝对接。① 提前介入市政府法制部门的立项论证，提前进行对立法相关内容的社会影响、立法效果方面的调研；政府部门在提出立项请求时，应提交立项论证报告，围绕立项形式、立项必要性和可行性等标准开展立项论证；设立立项论证会议机制，② 邀请立法工作者、专家学者、人大代表、政协委员等参加论证会、发表意见建议。

2. 完善提前参与法规起草工作机制

探索建立法规起草多方联动工作机制，制定相关实施办法和工作规范，在法规起草过程中，法规起草部门和市司法局要主动邀请市人大相关工委提前介入，共同研究、论证立法的必要性、草案体例、草案内容的合法性和可操作性等，着力提高草案质量和起草效率。在法规草案提交市政府常务会议审议前，市司法局应当梳理法规起草的情况、选择制定特区法规或设区的市法规的理由、法规中的重点条文和主要争议焦点基本情况等，并向市人大常委会相关工委征求意见建议；探索实行多元化的起草机制，完善人大自主起草工作，人大常委会应探索牵头起草综合性、全局性、基础性的重要法案，③ 也可以探索由法工委、政府法制部门、有关部门和专家联合起草。

3. 完善法规草案初审工作机制

《深圳市制定法规条例》规定，法规草案初审的审查重点是立法必要性、采用特区法规或设区的市法规的理由、法规草案征求意见情况及主要争议问题等。负责初审工作的委员会应当在初审报告中列明法规草案在上述审查重点方面的审查结果，包括是否存在问题，并有针对性地提出意见建议。初审报告应重点阐明法规草案中的重点、难点、热点问题，起到引导审议的作用。对于在上述审查重点方面存在重大不适当的情形，经初审委员会提出意见，并在常委会会议期间对其进行充分讨论后，负责第二次审议的法制委员会可以书面要求市司法局在一定时限内会同起草部门对法规草案进行修

① 李适时：《进一步加强和改进地方立法工作》，《中国人大》2016 年第 18 期。
② 柯旭、吴章敏：《地方性法规立项论证若干问题研究》，《地方立法研究》2017 年第 4 期。
③ 汪全胜、卫学芝：《人大工作机构起草法案析论》，《地方立法研究》2018 年第 3 期。

改。立法决策是一个科学的、完整的价值判断过程，在立法的每个阶段都应当集适当分权和集体决策于一体，决策者根据法定职权做出决策。① 法规草案一般涉及多个政府部门的职责范围，为确保决策的科学性和民主性，修改后的法规草案应当报市政府办公厅审批，按程序签批后报市人大常委会办公厅审批。修改后的法规草案经法制委员会会议审议同意后，继续接受第二次审议工作的修改。

4. 完善立法后评估工作机制

围绕公正、科学、规范的基本原则，评估工作应广泛引入公众参与，注重工作实效，主要通过问卷调查、实地调研等方法对法规的实施绩效进行分析，应建立整体评估与单项评估相结合的机制，明确规定立法后评估的主体、对象、内容、方法和目的，② 以评价法规设计是否合理、可行、管用，着重对条例的合法性、针对性、可操作性、实效性和规范性进行评估，全面了解把握法规在现实生活中的运行情况和问题，并提出意见建议。建立立法后评估报告与法规"立改废"间的联动机制。③ 根据立法后评估情况，及时修改、废止与改革发展不适应、与上位法规定不一致、与同位法规不协同的内容。

参考文献

周旺生：《立法学教程》，法律出版社，2006。

李适时：《进一步加强和改进地方立法工作》，《中国人大》2016 年第 18 期。

任才峰：《科学立法、民主立法、依法立法的理论与实践》，《人大研究》2019 年第 1 期。

汪全胜、卫学芝：《人大工作机构起草法案析论》，《地方立法研究》2018 年第 3 期。

---

① 周旺生：《立法学教程》，法律出版社，2006，第 465 页。
② 王方玉：《地方立法前评估的内涵与主体模式解析——基于对立法后评估的借鉴》，《西部法学评论》2018 年第 6 期。
③ 谢天：《完善立法后评估制度的若干建议》，《人大研究》2017 年第 3 期。

王言：《人大主导下的立法信息公开与公众参与的构想——基于〈立法法〉修改后的思考》，《法制与社会》2015 年第 34 期。

王方玉：《地方立法前评估的内涵与主体模式解析——基于对立法后评估的借鉴》，《西部法学评论》2018 年第 6 期。

柯旭、吴章敏：《地方性法规立项论证若干问题研究》，《地方立法研究》2017 年第 4 期。

廖健、宋汝冰：《加强党对立法工作领导的路径分析》，《红旗》2015 年第 5 期。

谢天：《完善立法后评估制度的若干建议》，《人大研究》2017 年第 3 期。

B.3
深圳立法评估机制的演进及优化

张弨　许姣姣*

摘　要： 立法评估是立法工作的拓展、延伸和继续。深圳创新了立法评估类型，明晰了立法评估的特殊性指标，强化了立法评估结果的价值转化。立法评估实施主体可以根据实际情况和需要，在不同的立法工作阶段，启动相应的立法评估程序，为法律规范的立、释、改、废提供有益借鉴。深圳立法评估机制还可以在运行保障、落地与应用、丰富参与等方面持续深化，为深圳建设中国特色社会主义先行示范区提供法制支持。

关键词： 立法评估　立项评估　审议评估　立法后评估　专项评估

一　深圳立法评估机制的演进

立法评估是一种动态的行为过程，立法评估机制是保证这种行为过程可以稳定提高立法质量的制度化工具。2004 年，立法评估相关内容第一次被写入国家正式文件，《国务院关于印发全面推进依法行政实施纲要的通知》（国发〔2004〕10 号）要求积极探索立法项目成本效益分析制度和定期对

---

* 张弨，广东省律师协会行政法律专业委员会主任、广东金地律师事务所高级合伙人，主要研究方向为地方立法、知识产权、建筑工程法制；许姣姣，中南财经政法大学刑法学硕士，广东金地律师事务所律师，主要研究方向为地方立法、政府法制、经济刑法、建筑工程法制。

规章、规范性文件进行清理。2008 年全国人大常委会将"法律效果评估"写进了工作报告。

2013 年 12 月，深圳市第五届人大常委会第八十三次主任会议通过了《深圳市人大常委会立法后评估暂行办法》（以下简称《立法后评估办法》），深圳立法评估机制雏形初现。评估实施单位根据立法目的，结合经济社会发展实际，按照规定的内容和程序，可以对现行有效法规的立法内容（涉及合法性、合理性、操作性、实效性、协调性和规范性），实施效果，立法技术等进行全面调查和综合评价。

2019 年 8 月，深圳市第六届人大常委会主任会议第八十三次主任会议通过了《深圳市人民代表大会常务委员会立法评估办法》（以下简称《立法评估办法》）。《立法后评估办法》同时废止，这标志着涵盖立法事前、事中、事后的全过程立法评估机制在深圳基本确立。《立法评估办法》在评估类型、指标、报告格式及使用等方面均做出明确规定，力求系统地实现对立法评估工作的规范、指导和调整，这也是对构建中国全过程立法评估机制的一次有益探索。

二 深圳立法评估机制优化的原因

（一）完善立法评估体系架构的需要

目前，中国立法评估机制的规范化、专业化之路初见端倪，但仍处于试验阶段，还没有一套足以依托和立基的体系架构。《立法后评估办法》只规定了深圳"市人大及其常委会通过的现行有效的法规"的立法后评估内容及运行程序。2015 年 3 月修正的《中华人民共和国立法法》简要列举了对立法规划和年度立法计划的评估和拟提请审议法律案的评估和立法后评估。2015 年 12 月印发并实施的《法治政府建设实施纲要（2015—2020 年）》对"立法前评估等方式"与立法后评估进行了简单列举，广东省、陕西省等省级地方性法规将立法评估粗糙地分为立法前（表决前）评估、立法后评估。

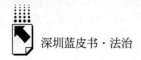
深圳借鉴欧盟的涵盖立法事前、事中、事后的立法评估机制,① 将立法评估环节与立法环节一一对应,覆盖立法前、立法中和立法后各时间阶段,从而建构了一套较为完善的全过程立法评估机制。

(二)衡平立法评估工作重心的需要

中国的立法后评估源于 20 世纪 80 年代的执法检查,后期经过一些地方的"立法回头看"、立法评测等活动,逐步探索形成了较为规范的立法后评估机制,中国立法后评估基本定型,开展的时间节点和评估内容较为统一。但是对立法前评估、立法中评估难以达成共识,对启动的时间节点和对象范围的分歧较大,对编制立法规划和立法计划阶段、法规起草阶段、提交审议阶段的划分莫衷一是,而且缺乏对立法前评估、立法中评估的有效践行,进一步分类和精细化研究的基础较为薄弱。深圳全过程立法评估机制注重开拓立法前评估和立法中评估,给予法规立项评估、法规审议前评估、法规审议中评估等与立法后评估相当的重视,强调"尽早"把握立法评估时机,避免上演立法评估的"舞台秀"。

(三)加强评估结果价值转化的需要

完整意义的立法评估机制应当包括立法评估结果的转化和应用。立法评估不是最终目的,而是一种手段。立法评估结果的转化和应用才是应有之义,但是其目前并未引起足够的重视或者得到充分的利用。立法评估的实效性既取决于立法评估结果能否得到立法机关、行政机关等的支持和确信,也取决于立法评估结果与立法评估本身所追求的价值目标是否吻合。深圳全过程立法评估机制要求,立法评估报告必须遵循多种方法并用、充分调研论证等要求,以保证立法评估报告的专业水准和评估质量。

---

① Tito Gallas, "Evaluation in EC Legislation", *Statute Law Review*, Vol. 22, Issu. 2, 2001.

三 深圳构建全过程立法评估机制的举措

（一）理顺立法评估过程

深圳全过程立法评估机制以立法活动为基础，以制定法规的基本流程为指引，将立法环节映射立法评估类型，对现有立法前评估混乱、立法中评估缺失等现象重新进行了梳理，即根据立法阶段，将立法评估类型分为法规立项评估、法规审议前评估、法规审议中评估和法规立法后评估。根据评估内容范围，将立法评估分为整体评估和专项评估。实践中，立法评估实施主体可以根据立法评估工作的实际需要选择适当的立法评估类型。本文以深圳制定法规的基本流程为基础确定了立法评估类型的思路图（见图1）。

（二）系统界定立法评估类型

1.法规立项评估

凡事预则立，不预则废。法规立项评估是指在深圳市人大常委会立法规划或者立法计划的编制过程中，评估建议的立法项目是否有必要列入立法规划或者立法计划的活动。法规立项评估与立法建议项目评估、立法前评估和表决前评估均有一定的联系。[1] 法规立项评估集中于对法规的必要性、可行性、成本效益等方面的预测和研判，要求对各相关部门向法制工作部门报送的立法建议项目进行评估，主要包括对经济社会发展有较大影响、调整利益

---

[1] 《本溪市人民政府规章立法评估办法》第三条规定："本办法所称立法评估，包括立法建议项目评估和立法后评估。（一）立法建议项目评估是指对市政府规章立法建议项目的必要性和可行性进行分析评价，并提出评估结论的制度……"《陕西省地方立法评估工作规定》第二条规定："本规定所称的立法评估包括立法前评估和立法后评估。立法前评估是指对立法选题就其必要性、可行性和成本效益进行调查、论证和评价的活动。立法后评估是指地方性法规施行后，就其立法质量、实施效果和存在问题进行调查、分析和评价的活动。"《广东省人民代表大会常务委员会立法评估工作规定（试行）》第二条规定："本规定所称立法评估包括法规案付表决前评估（以下简称表决前评估）和立法后评估。表决前评估是指地方性法规案提请省人大常委会表决前，对法规案出台的时机、立法可能产生的社会影响等进行预测和研判的活动。"

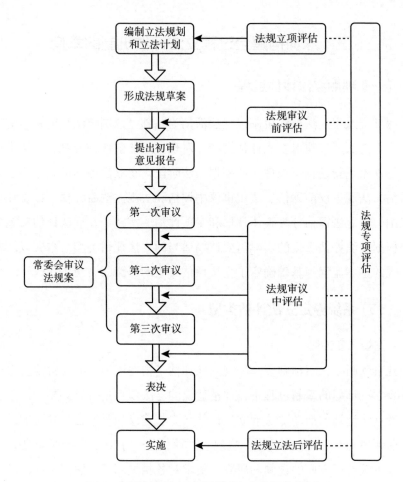

图1 深圳制定法规流程及对应立法评估类型

资料来源：根据《深圳市制定法规条例》和《立法评估办法》等相关规定整理。

关系复杂、施行中争议较多、可能限制公民权利和改变授予资格等的项目，法规立项评估的结论应当作为是否将该立法项目纳入立法规划或者年度立法计划的重要依据。

2. 法规审议前评估

凡事有经必有权，有法必有化。法规审议前评估是指在对法规案提出初审意见报告之前，评估该法规案是否需要提请深圳市人大常委会初次审议的活动。《立法评估办法》中法规审议前评估对应的是《深圳市制定法规条例》中提出初审意见报告之前的立法环节，为全国首创的评估类型，极具深圳特色。地方性法规之外的其他法律规范的审议前评估可以根据《中华人民共和国立法法》《行政法规制定程序条例》《规章制定程序条例》以及地方规范制定规则等相关规定来进行。法规审议前评估要求对法规的送审稿或者草案进行初审之前，参照审查的标准进行初步评估，从而为立法审查提供建议，以发挥立法评估对提升立法效率、效益的作用。

3. 法规审议中评估

海纳百川，有容乃大。法规审议中评估是指法规案经过深圳市人大常委会初次审议后，评估该法规案是否需要提请深圳市人大常委会继续审议或者交付表决的活动。深圳重新界定了法规审议中评估，将表决前评估①包括在法规审议中评估之中，对应的是法律规范送审稿或者草案审查阶段，为审查报告的科学性和专业性提供支持。法规审议中评估主要围绕审议意见的分布情况、分歧较大问题的风险及解决方案等内容进行评估。法制工作部门等可以有选择性地进行法规审议中评估，其审议评估的结论应当写入法规审议与评估报告中，作为衡量送审稿或者草案质量的依据之一。

4. 法规立法后评估

世界则事异，事异则备变。立法后评估是指在法规实施一年后，对法规的主要制度及实施效果、立法技术等方面进行评价，并对法规是否需要继续施行、修改、废止、解释、暂时调整、暂停提出适用建议的活动。立法后评估是法律规范继续施行或者及时修正、完善自身缺陷的"晴雨表"。法律规范的起草部门、实施部门或者适用部门原则上均可以根据实施情况提出立法后评估建议，启动法规立法后评估程序，对法律规范的制度设计、积极效果和存在问题等进行跟踪评价，根据评估结论提出修改建议。② 也可以借鉴西方国家的"日落条款"，对法律规范设定一个有效期，在有效期满前启动立

---

① 《深圳市制定法规条例》第八十一条规定了表决前评估和立法后评估。
② 袁曙宏主编《立法后评估工作指南》，中国法制出版社，2013，第 2 页。

法后评估，决定该法律规范的存续。[①]

5. 法规专项评估

通其变，天下无弊法。法规专项评估是指对法规案的重要事项或者重要条款进行评估，并对是否需要调整或者修改完善提出建议的活动。法规专项评估是初审评估、审议评估的精简版。立法评估除了需要全局意识和系统思维，还要坚持具体问题具体分析，在评估时间和评估资源有限的前提下，集中优势资源，专项突破。在提出初审意见报告阶段和审议阶段，对法律规范的送审稿或者草案中存在重大意见分歧、涉及利益关系重大调整或者引发社会普遍关注的个别制度或者条款可以进行专项评估。

（三）明晰立法评估特殊性指标

立法评估指标是建构全过程立法评估机制的精髓，也是决定立法评估结果客观性和科学性的关键因素。明确立法评估指标是为了给立法评估提供明确的"知识点"，并尽可能地以精练、直观的方式呈现。深圳全过程立法评估机制根据不同评估类型评价重心的差异，在合法性、必要性、可行性等一般性指标之外，明晰了极具深圳特色的特殊性指标。

特殊性指标为不同立法评估类型的个性化展示提供了明确指引，分为立项阶段评估指标、审议前评估指标、审议中评估指标、立法后评估指标和专项评估指标。如立项阶段评估指标注重立法项目建议的针对性以及是否具有较为成熟的法规草案；审议前评估指标和审议中评估指标强调立法的必要性、法规案所采用的立法形式是否适当、法规案的基本原则和主要制度是否适当和可行、重大争议问题分析、主要修改意见等；立法后评估指标主要针对法规实施基本情况、法规主要制度是否具有针对性和可操作性以及法规中争议较大的主要问题等；专项评估指标侧重法规案重要制度或者条款的调整或者完善。

---

① 汪全胜等：《立法后评估研究》，人民出版社，2012，第 389 页。

（四）分类制定立法评估报告基本格式

立法评估报告是全过程立法评估机制结果的基本载体，恰当的立法评估报告格式不仅可以更好地呈现评估成果，而且便于与决策者进行交流沟通。立法评估报告的必要性和有效性只有得到立法机关、行政机关的认同和采纳，跳脱于纸上文字，转化为"国家治理体系"中的具体建议、方案或者相应的措施，立法评估才能内化为法律规范立、释、改、废的重要依据。

深圳全过程立法评估机制针对不同立法评估类型，分类制定立法评估报告的基本格式，以保证立法评估结果是基于充分实证调研和论证形成的，赋予立法评估报告以专业性和生命力。如法规审议前评估报告包括法规案基本情况、评估工作基本情况，立法的必要性、法规案所采用的立法形式是否适当、法规案的基本原则和主要制度是否适当可行、重大争议问题分析、主要修改意见等事项评估结论以及修改完善的具体意见三大部分内容。

四　深圳立法评估机制的未来展望

天下之治，有因有革，期于趋时适治而已。立法并非多多益善，固有法律、制度也并非完美无瑕，在建构法治中国的宏大背景下，立法工作的主要矛盾已经由法的"创制"转向法的"落地"，而立法评估是提升立法质量和水平的有效途径。深圳全过程立法评估机制的系统化构建思路和举措仍须循序渐进、持续深化。

（一）提升立法评估机制的保障层次

立法评估机制以"立法"的形式得以确认，是实现立法评估制度化、权威化、统一化和常态化的重要保障，但是深圳全过程立法评估机制的保障层次相对较低。无论是2013年通过的《立法后评估办法》还是2019年8月生效的《立法评估办法》，目的均为规制和引导深圳立法评估工作的有效开展，但是效力等级仅为深圳市人大常委会内部工作文件，且调整范围只限于深圳市人民代表大会及其常务委员会的立法项目、法规案（含法规修正案、废止法规案和法规解释案）和法规。目前对深圳市政府规章、其他规范性文件的评估并无统一的制度指引，处于参照深圳法规评估执行的不确定状态。

立法评估"立法"主体的专业性越强、掌握的立法资源越丰富，越有利于科学建构立法评估机制；立法评估"立法"的效力等级越高，越有助于高效实施立法评估机制；立法评估"立法"的调整范围越广，越有助于保证法制的统一性。《立法后评估办法》《立法评估办法》的制定主体均为深圳市人大常委会，制定主体的权威性毋庸置疑，但是制定文件的效力等级相较《广东省人民代表大会常务委员会立法评估工作规定（试行）》以及《广州市人大常委会立法后评估办法》等地方性法规而言，稍显逊色，一定程度上会影响深圳全过程立法评估机制的权威性和推广度。故建议在合适的时机，进一步提升深圳立法评估机制"立法"的效力级别，同时将数目可观①的深圳市政府规章的评估也纳入其调整范围，明确其他规范性文件的评估可以参照其执行，避免地方立法的评估出现"制度真空"。

（二）加强立法评估机制的落地与应用

所有法律思想都在力图协调稳定性需要（有限的法律）与动态性需要（无限的事实）之间的冲突，② 深圳立法评估机制的落地和应用同样不尽如人意。法律规范的生命力和价值只有在实务应用和具体操作中才能得以极致彰显，立法评估机制亦然。束之高阁、实施不力的立法评估机制，其价值的发挥将被严重限制。结合深圳开展立法评估工作的实际情况，深圳市人大常委会在实践中很少以立法评估实施单位的身份启动立法评估相关工作。深圳市人大常委会于2015年8月委托深圳市律师协会（深圳市人大常委会立法调研基地）开展对《深圳经济特区环境保护条例》的立法后评估工作当属

---

① 截至2019年4月底，深圳市政府共制定规章312项，现行有效164项。

② 〔美〕罗斯科·庞德：《法律史解释》，曹玉堂等译，华夏出版社，1989，第1页。

其中最有影响力的。

截至 2019 年 4 月底，深圳市人大及其常委会共制定法规 228 项，现行有效 167 项，其中特区法规 129 项，设区的市（较大的市）法规 38 项。可是《立法后评估办法》《立法评估办法》规定的有权启动立法评估工作的主体只启动了一次特区法规的立法后评估，仅从统计学角度来看，不甚合理。实践中，《深圳经济特区规划土地监察条例》《深圳经济特区政府采购条例》等的实施部门，确实因为法规在实施过程中问题凸显或者与现阶段国家改革方向不一致，而参照《立法后评估办法》"自主"开展了立法后评估工作，但此类实践毕竟寥寥无几。因而，建议通过立法评估工作的常态化推行、立法评估专业人才的培养和储备、立法评估经费的保障等多重手段加强深圳全过程立法评估机制的落地与应用，实现法规立项评估、法规审议前评估、法规审议中评估、法规专项评估与法规立法后评估的等量齐观、并驾齐驱，为打造深圳"良法"奠定坚实的基础。

（三）丰富立法评估机制的参与形式

科学立法、民主立法、依法立法需要多行业、多立场、多身份、多阅历和多价值观的综合性、复合性立法群体的共同努力和共同贡献。同样，立法评估也离不开民主参与，民主参与有利于保障立法评估的民主正当性和程序合理性。目前深圳在制度层面将立法评估的主体限制为深圳市人民代表大会各专门委员会、深圳市人大常委会各工作委员会，各个委员会可以依照有关规定委托高等院校、专业咨询机构、律师事务所等单位从事立法评估相关工作。换言之，法规实施机关、具有评估能力的单位、特定领域专业人才等无法成为立法评估工作的启动主体，只是一种非必需的受托主体、参与主体，在参与立法评估时缺少对象选择的自主性。

自 2016 年以来，深圳市人大常委会几乎未正式开展过立法评估工作。深圳市规划土地监察局、深圳市财政局等实施单位或者主体虽开展过立法评估工作，但是将立法评估报告反馈至深圳市人大常委会或者得到深圳市人大常委会认可的凤毛麟角。所以，建议从科学规划立法评估主体的范围、多渠道

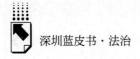

公布参与立法评估活动的方式、及时反馈和公布参与意见的结果等方面丰富深圳全过程立法评估机制的参与形式，从而强调和体现立法为民的理念。

参考文献

周旺生：《立法学》，北京大学出版社，2006。

姜明安：《行政法》，北京大学出版社，2017。

马怀德：《法律的实施与保障》，北京大学出版社，2007。

汪全胜：《制度设计与立法公正》，山东人民出版社，2005。

侯淑雯：《新编立法学》，中国社会科学出版社，2010。

田成有：《立良法——地方立法的困局与突围》，法律出版社，2019。

王利明：《法治：良法与善治》，《中国人民大学学报》2015年第2期。

封丽霞：《人大主导立法的可能及其限度》，《法学评论》2017年第5期。

石佑启：《论地方特色：地方立法的永恒主题》，《学术研究》2017年第9期。

袁曙宏主编《立法后评估工作指南》，中国法制出版社，2013。

〔美〕罗斯科·庞德：《法律史解释》，曹玉堂等译，华夏出版社，1989。

B.4
深圳商事登记制度立法创新评析

——以商事主体退出为核心

黄祥钊 *

摘　要： 商事登记制度创新是深圳进一步完善市场监管体制的重要举措，针对商事主体退出机制存在的问题，深圳有必要运用特区立法权进行制度创新，包括创设除名制度、强制注销制度和简易注销制度，取消企业名称预先核准，减少登记备案事项和登记材料，规定商事登记联系人制度，明确虚假登记等的法律责任等，促进商事登记制度的健全和完善。

关键词： 商事主体　商事登记　退出机制

一　深圳商事登记制度立法创新的背景

党的十九大报告提出要"深化商事制度改革，完善市场监管体制"。商事制度改革是事关政府转变职能、简政放权、稳增长、促改革、调结构、惠民生、保就业的一个重要措施，也是党中央、国务院的一项重要决策部署。针对商事制度改革工作，国务院先后印发了《国务院关于印发"十三五"市场监管规划的通知》《国务院办公厅关于加快推进"多证合一"改革的指导意见》《国务院关于在更大范围推进"证照分离"改革试点工作的意见》

---

* 黄祥钊，西南政法大学法学学士，深圳市司法局一级调研员，主要研究方向为行政法。

《国务院办公厅关于进一步压缩企业开办时间的意见》《国务院关于加强和规范事中事后监管的指导意见》等一系列重要政策性文件。近年来,《中华人民共和国公司法》《中华人民共和国公司登记管理条例》《中华人民共和国企业法人登记管理条例》《个人独资企业登记管理办法》《中华人民共和国合伙企业登记管理办法》《优化营商环境条例》等涉及商事登记的法律法规也相继出台或得到了修改。同时,《企业信息公示暂行条例》《无照无证经营查处办法》《公司注册资本登记管理规定》等一批与商事登记相关的规定也先后出台。此外,广东省也先后出台了《广东省商事登记条例》《广东省市场监管条例》《广东省查处无照经营行为条例》等法规。

深圳于 2009 年结合大部制改革,在全国率先开展商事制度改革。《深圳经济特区商事登记若干规定》(以下简称《若干规定》)是全国第一部涉及商事制度改革的地方性法规,由深圳市人大于 2012 年 10 月 30 日审议通过,自 2013 年 3 月 1 日起施行,至今已逾 7 年。深圳商事制度改革是市场准入与市场监管一次重要的理念创新、制度创新和服务创新,成为推动行政体制改革和政府职能转变的一个重要突破口,为全国商事制度改革提供了先行先试的实践经验。[①] 随着商事制度改革的不断深入,商事主体存在的重大隐患和市场退出机制漏洞逐渐凸显,反映出以商事主体退出机制为核心,进一步创新商事登记有关制度的必要性和紧迫性。

(一)两类商事主体存在隐患

深圳商事制度改革以来,商事登记环境明显改善,商事主体数量呈井喷式增长。据深圳市市场监督管理局企业注册局统计,自 2013 年以来,深圳商事主体年均增量超过 36 万家,年平均增长率达 21.9%。[②] 在商事主体数量大幅增加的背后,几类状况异常的商事主体也在逐年激增,此类情况不容忽视。第一类是"失联商事主体",其特点是查无下落、脱离监管、无年度

---

① 冯秀成:《深圳探路商事制度改革》,《决策》2013 年第 6 期。
② 参见深圳市市场监督管理局信息中心商事主体统计报表,深圳市市场监督管理局网站,http://amr.sz.gov.cn。

报告和纳税记录。第二类是"僵尸商事主体",主要包括被吊销营业执照、被撤销登记的商事主体,其特点是按照法律规定应当办理注销手续但常年不申请注销登记,由于法律已明确规定这类商事主体不得从事与清算无关的经营活动,故其处于法律上的待死亡状态。据深圳市市场监督管理局统计,截至 2019 年 12 月底,深圳商事主体信息系统记载的各类商事主体总数为 416 万多家,其中"失联商事主体"和"僵尸商事主体"为 113 万多家,占商事主体总数的 27.2%。[①] 这些"失联商事主体"和"僵尸商事主体"长期占用字号、商号等有限资源,威胁了市场交易安全,增大了市场交易成本,严重影响深圳营商环境的健康发展。

(二)商事主体退出机制存在漏洞

"失联商事主体"和"僵尸商事主体"的大量产生与存在,既有制度方面的原因,也与市场客观发展情况有关。[②] 当前面临的主要风险在于无法正常消除其逐年增加的存量,根源主要在于现行的商事主体市场退出机制无法有效实现市场净化功能,造成大量本应退出市场的商事主体形成了"堰塞湖"。商事主体退出机制的主要问题可以分为两个方面。一是缺乏处理"失联商事主体"的有效机制。目前,对"失联商事主体"的处理方式是依据《企业经营异常名录管理暂行办法》有关规定先将其列入经营异常名录;被列入经营异常名录届满 3 年后仍无法联系的,将其列入严重违法企业名单;对于列入严重违法企业名单后仍无法联系的,商事登记机关却无法处理。二是难于有效处理"僵尸商事主体"。现行《中华人民共和国公司法》《中华人民共和国合伙企业法》《中华人民共和国个人独资企业法》《个体工商户条例》等法律、行政法规对各类商事主体"依申请注销"做出了规定,但是对"拒不申请注销"的商事主体无任何处理规定,这就直接导致"僵尸商事主体"存量逐年攀升。商事制度改革实施后,由于商事登记门槛降低,

---

① 参见深圳市市场监督管理局信息中心商事主体统计报表,深圳市场监督管理局网站,http://amr.sz.gov.cn。

② 阮少华:《"僵尸企业"处置问题及对称研究》,《决策探索》2019 年第 4 期。

商事主体数量激增，监管压力陡增，一些监管制度弊病和漏洞出现放大效应，如"僵尸商事主体""失联商事主体""虚假登记""撤销登记"等问题不断积聚风险，由此引发的行政和民事法律责任纠缠不清，极大降低了商事登记监管的工作效能，严重影响了深圳的营商环境。《若干规定》实施后，商事登记机关针对商事主体反映强烈的痛点、热点、堵点问题以及商事登记监管难点问题，先后实施了"防范虚假注册登记""多证合一、一照一码""统一营业执照样式""网上签发营业执照""企业简易注销"等一系列措施并取得了阶段性成果。这些制度和政策有必要及时上升为法规，为商事制度改革提供法治保障。为此，亟须进一步修订完善《若干规定》，通过立法对商事主体退出机制及商事登记有关制度进行创新规定。

二　深圳商事登记制度立法创新思路

进行商事登记制度立法创新需要利用特区立法权，对《中华人民共和国公司法》《中华人民共和国行政许可法》《中华人民共和国公司登记管理条例》《中华人民共和国合伙企业法》《中华人民共和国合伙企业登记管理办法》《中华人民共和国个人独资企业法》《个体工商户条例》等有关规定做出变通规定，创设除名制度、强制注销制度、简易注销制度，并对商事登记制度中有关具体制度进行改革。

（一）创设除名制度

除名制度是指商事登记机关对"因通过登记的住所或经营场所无法联系被列入经营异常名录满两年且近两年未申报纳税的"的商事主体从商事登记簿中予以除名的法律制度，其法律后果是"商事主体不得开展从事与清算、注销无关的经营活动"，必须依法履行注销手续。现行商事登记有关法律规定中没有除名规定，故需要在现有规定基础上另增加一类法定注销情形。

（二）创设强制注销制度

现行商事登记法律明确规定，商事主体应当向商事登记机关申请注销，并在履行相关注销手续后完成注销登记；依法应当清算的，注销前还须完成清算手续。"强制注销制度"就是对具有法定注销四种情形——"依法被吊销营业执照"、"依法被责令关闭"、"依法被撤销设立登记"和"依照规定被除名"的商事主体，只要其在法定期限内不申请注销登记，将由商事登记机关依照法定职权予以强制注销。强制注销的法律后果与依申请注销相同，即商事主体的资格被消灭，商事主体终止。创设强制注销制度，是在现行商事登记法律规定"依申请注销"的基础上，增设"依职权强制注销"的程序，并且强制注销不需要以清算为前提条件。

（三）创设简易注销制度

该制度规定，商事主体在申请注销登记前未发生过债权债务关系，或者虽曾发生过债权债务关系，但申请注销登记时已将债权债务清算完毕的，可以不再按照法律规定在申请注销时必须提交清算报告，商事登记机关可以按照简易程序为其办理注销。

（四）取消名称预先核准

按照现行《中华人民共和国公司登记管理条例》有关规定，申请企业开办登记，须进行企业名称预先核准。[①] 为进一步精简压缩企业开办登记时间、优化营商环境，有必要通过特区立法进行变通创新，规定在商事主体提交企业开办登记申请时，不再要求申请人提交企业名称预先核准的相关材料。

---

① 《中华人民共和国公司登记管理条例》第十七条。

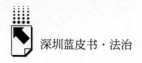

（五）减少商事登记事项和备案事项

登记事项是事前审批事项，非经商事登记机关批准，商事主体不得擅自变更登记事项。备案事项是事后管理事项，无须商事登记机关批准，但是商事主体必须履行备案义务。登记事项和备案事项的多寡决定了商事主体自治能力的高低。按现行商事登记有关规定，商事主体的登记事项包括"名称""住所或者经营场所""类型""负责人""出资总额""营业期限""投资人姓名或者名称及其出资额"等7项内容，① 备案事项则包括章程或者协议、经营范围、董事、监事、高级管理人员姓名、清算组成员及负责人、子公司或者分支机构登记情况等内容。结合深圳商事登记工作实践，对《若干规定》的登记事项和备案事项进行调整，登记事项删除"出资总额""营业期限"两项；备案事项删除"清算组成员及负责人"和"商事主体特区外子公司或者分支机构登记情况"两项。

（六）精简压缩设立登记材料

一是减少设立登记材料的种类。按照现行规定，设立商事主体，需要向商事登记机关提交设立登记申请书、章程或者协议、名称预先核准通知书、住所或者经营场所信息材料、投资主体资格证明、负责人或高级管理人员等相关成员的任职文件及身份证明等6项具体材料和"商事登记机关规定的其他材料"总共7项材料。② 名称预先核准通知书、住所或者经营场所信息材料、负责人或高级管理人员等相关成员的任职文件3项材料改为申报制无须再提交，还要取消存在隐形材料的兜底条款，仅保留设立登记申请书，章程或者协议，投资主体资格证明，负责人、董事、监事、高级管理人员等相关成员的身份证明等4项具体材料，与原有规定相比减少3项材料。二是避免商事主体年度报告信息重复提交。目前，除商事登记机

---

① 《深圳经济特区商事登记若干规定》（2013年修订）第七条。
② 《深圳经济特区商事登记若干规定》（2013年修订）第九条。

关要求商事主体每年提交年度报告外，税务、社保、海关等部门也要求商事主体提供类似材料，一个事项信息往往需要多次申报、反复申报。为此，通过立法明确实行"多报合一"制度，商事主体提交的年度报告信息涉及政府各相关部门所需信息的，政府各相关部门应当共享，商事主体无须重复提交。

（七）规定商事登记联系人制度

规定商事登记联系人制度，要求商事主体在设立登记时就确定专门的联系人，专门负责与商事登记机关的联络工作，并将商事登记联系人纳入备案事项。

（八）规范营业执照内容和式样

目前，商事主体的营业执照分为法人企业营业执照、非法人企业营业执照、分支机构营业执照和个体工商户营业执照，每种营业执照的记载内容均不相同。法人企业营业执照记载事项包括企业名称、法定代表人、住所、成立日期；非法人企业营业执照记载事项包括企业名称、经营场所、投资人或者执行事务合伙人、成立日期；分支机构营业执照记载事项包括分支机构名称、负责人、经营场所、成立日期；个体工商户营业执照记载事项包括个体工商户名称、经营者、经营场所、成立日期。各类营业执照的出现，不仅使商事主体的规范性和统一性受到削弱，也增大了识别不同商事主体的难度。立法上，需要统一上述四类营业执照式样，明确记载的事项应包括名称、负责人、住所或者经营场所、类型、成立日期。

（九）规定民事争议司法优先制度

民事争议司法优先制度，是指商事主体申请投资人变更登记时，如果利害关系人已经就投资人变更登记材料的真实性、合法性提起民事诉讼或者申请仲裁，则商事登记机关不受理变更登记申请；已经受理的，不予登记。

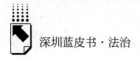

（十）规定民事争议豁免撤销制度

民事争议豁免撤销制度，是指申请人在申请撤销商事主体时，如果对登记或者备案所依据的基本事实的真实性存在争议，而且无法通过现有技术手段调查核实，商事登记机关可以做出不予撤销登记的决定，并书面告知申请人可以先行通过民事诉讼或者仲裁的方式解决争议。

（十一）规定虚假登记行为的法律责任

申请商事登记或者备案时，现行商事登记有关法律对有提交虚假材料或者采取其他欺骗手段隐瞒重要事实等违法情形的没有规定相应的法律责任。对负有个人责任的经办人，立法应当增加相应的法律责任和处罚规定。

（十二）规定未办理备案的法律责任

现行商事登记的有关法律法规对部分商事主体未办理备案并未设定相应的法律责任，为此需要增加规定未办理备案的商事主体的法律责任。为增加对这部分法律责任的规定，需要变通的法律法规包括《中华人民共和国合伙企业登记管理办法》《中华人民共和国个人独资企业法》《个体工商户条例》。

三 深圳创新商事主体退出制度的立法价值及权利救济

（一）创设除名制度有利于完善商事主体法定注销情形

根据现行商事主体登记相关法律规范的规定，商事主体符合法定注销情形的，应当履行注销义务，如《中华人民共和国公司登记管理条例》规定："公司清算组应当自公司清算结束之日起30日内向原公司登记机关申请注销登记：（一）公司被依法宣告破产；（二）公司章程规定的营业期限届满或者公司章程规定的其他解散事由出现，但公司通过修改公司章程而存续的除外；（三）股东会、股东大会决议解散或者一人有限责任公司的股东、外商投资的公司董事会决议解散；（四）依法被吊销营业执照、责令关闭或者被撤销；（五）人民法院依法予以解散。"① 又如《个体工商户条例》规定："个体工商户不再从事经营活动的，应当到登记机关办理注销登记。""除名制度"是在现有法定注销情形的基础上增加了一类情形："因通过登记的住所或经营场所无法联系被列入经营异常名录满两年且近两年未申报纳税的"商事主体被除名后即属于法定注销情形，该商事主体必须履行法定注销义务。

（二）创设强制注销制度是对商事主体注销方式的补充

虽然现行商事主体登记相关法律规范规定了商事主体"依申请注销"的程序，并无强制注销制度，但是该制度并非无本之木，也非其他国家或者地区的舶来品，而是基于现行法律框架中的制度创新，理由有二。一是《中华人民共和国民法总则》规定"法人依法完成清算和注销登记的，法人终止"，从该规定来看，并未要求法人必须通过申请完成注销登记，故为创设强制注销制度留有改革空间。二是《中华人民共和国行政许可法》规定，"对属于法律、法规规定的应当注销行政许可情形的，行政机关应当依法办理有关行政许可的注销手续"，② 上述规定实际包含了"依申请注销"和"依职权强制注销"两种方式，因商事主体登记目前还属于行政许可事项，强制注销制度也可以从《中华人民共和国行政许可法》中找到法律渊源，获得法理支持。

（三）除名制度和强制注销制度的法律救济

1. 除名制度和强制注销制度涉及的权利救济

对创设的两项新制度的权利救济做出全面安排。除名制度规定：商事主体有除名前的知情权、除名公告期内的异议权、除名后的复议申请权和诉讼

---

① 《最高人民法院关于适用〈中华人民共和国民事诉讼法〉的解释》（法释〔2015〕5号），中华人民共和国最高人民法院网站，http：//www. court. gov. cn。
② 《中华人民共和国行政许可证法》第七十条。

权等。同时，除名制度具有倒逼商事主体消除失联状态，并引导商事主体进入、退出轨道的双重功能，凡在经营异常名录期间和公告期及时主动消除失联状态或者自愿申请注销的，均可以排除除名制度的适用。强制注销制度采取了与除名制度类似的法律安排。此外，强制注销制度的主要适用对象限定于依法被吊销营业执照、依法被责令关闭、依法被撤销设立登记、被除名等四类有必要强制退出市场的商事主体，被宣告破产、投资人协议或者决定解散等其他情形则不被列入强制注销范围。同时，对强制注销公告期间自愿履行清算义务或者注销义务的商事主体，也不再适用强制注销制度。

2. 除名制度和强制注销制度涉及的债权债务

由于除名制度的法律后果是商事主体应当履行注销义务，所以商事主体仍须依照现行商事登记法律规定完成注销手续，依法应当清算的还须履行清算义务，故除名制度本身并不涉及债权债务问题。与债权债务直接相关的是清算制度，按照现行商事登记法律要求，依法应当清算的商事主体须完成清算后再申请注销登记。而强制注销制度正是基于部分商事主体不履行清算义务和注销义务而创设的制度，故强制注销制度需要对现行商事登记法律的"先清算后注销"规定进行变通。该变通对现行商事登记法律规范的影响有限，理由有三。一是部分商事主体注销无须清算，如分支机构、个体工商户等。二是部分商事主体投资人对商事主体债务承担无限连带责任，如个人独资企业、合伙企业等，可以通过现有民事诉讼方式解决债权债务问题。三是部分商事主体未履行清算被注销又涉及债权债务问题的，已有相应的司法解决路径。最高人民法院的司法解释明确规定"未依法清算即被注销的，以该企业法人的股东、发起人或者出资人为当事人"；该司法解释还规定"被注销的，如果依照有关实体法的规定有权利义务承受人的，可以裁定该权利义务承受人为被执行人"，[①] 这就解决了债权人、债务人的诉讼资格及债权债务执行问题。为了尽可能减少强制注销制度给债权债务等未尽事项带来的可

---

① 《最高人民法院关于适用〈中华人民共和国民事诉讼法〉的解释》（法释〔2015〕5号），参见中华人民共和国最高人民法院网站，http://www.court.gov.cn。

能影响，立法应明确规定："商事主体被强制注销后，债权人可以向人民法院申请指定清算组进行清算；商事主体清算义务人可以自行成立清算组，以清算组名义参与民事诉讼。"这一规定可确保债权人和清算义务人可以通过民事诉讼程序解决债权债务问题，也与现行民事法律制度保持了程序上的衔接。

综上所述，创设除名制度和强制注销制度是对现行商事主体市场退出制度的重大创新和变通，但并非颠覆性的改变，而是对现行商事主体市场退出制度的补充和完善，其内容并未脱离现行法律的基本框架，同时在制度设计时也考虑了权利救济及后续处理等问题，上述两项制度整体上对现行商事主体登记制度带来的影响有限、风险基本可控。

四　创新商事主体退出机制的现实意义

（一）保障交易安全

创设除名制度，对因通过登记的住所或经营场所无法联系被列入经营异常名录满两年且近两年未申报纳税的商事主体从商事登记簿中予以除名。除名后的法律后果是商事主体的经营资格消灭但主体资格保留，商事主体应当履行注销义务。创设除名制度可以保障交易安全。对于那些处于隐蔽活动状态但不愿意注销的商事主体，可以倒逼其尽快消除失联状态，恢复正常活动，进入日常监管范围；对于那些实际无经营活动且处于事实上死亡状态的商事主体，尽快引导其进入市场退出轨道。

（二）有利于维护市场秩序

强制注销制度对有法定应当注销情形（包含被除名情形）在规定期限未履行注销义务的商事主体，实行市场强制退出。强制注销后的法律后果与依申请注销相同，商事主体资格消灭，完成市场退出程序。创设强制注销制度，有利于消除大量的"僵尸商事主体"，防范系统性风险，有利于维护市场秩序的正常运行。

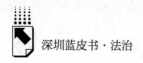

（三）有利于优化营商环境

实行简易注销制度，便利商事主体退出市场。《中华人民共和国公司登记管理条例》《中华人民共和国企业法人登记管理条例》《中华人民共和国合伙企业登记管理办法》《个人独资企业登记管理办法》等法规规章对各类商事主体的注销条件和程序做了规定，但未考虑部分商事主体存在无经营活动、无负债的特定情况，导致注销门槛过高。很多投资人为了避免注销麻烦，或者形式上维持商事主体的延续，干脆对商事主体"不管不问"。实践中，很多商事主体因注销难而逐渐演化为"失联商事主体"或者"僵尸商事主体"。为解决商事主体注销难问题，2015年国家工商总局授权深圳等四地开展未开业企业、无债权债务企业简易注销试点。2018年，市场监管总局下发《关于开展进一步完善企业简易注销登记改革试点工作的通知》，决定在深圳等多地开展试点，进一步探索完善企业简易注销登记改革。2019年，市场监管总局、人力资源社会保障部、商务部、海关总署、税务总局等部门印发了《关于推进企业注销便利化工作的通知》，明确规定"未办理过涉税事宜，或者办理过涉税事宜但未领用发票、无欠税（滞纳金）及罚款纳税人"，无须到税务机关办理清税手续，可直接向市场监管部门申请简易注销。深圳作为简易注销的试点单位，已积累了相当成熟的工作经验。从深圳商事主体的情况来看，由于其数量庞大、情况复杂，所以保持高效率的市场新陈代谢循环对整体营商环境健康发展具有非常重要的意义。

参考文献

冯秀成：《深圳探路商事制度改革》，《决策》2013年第6期。

阮少华：《"僵尸企业"处置问题及对称研究》，《决策探索》2019年第4期。

B.5
深圳物业管理立法发展研究

钟澄 李纯*

摘 要： 物业管理兼具市场性和社会性，是城市管理和社区基层治理的重要组成部分。随着社会的不断发展进步，我国的物业管理已经进入新的历史发展时期，既迎来发展的新机遇，也面临发展的新问题。深圳再次出发立足物业管理发展新起点，积极探索建立符合本地实际的物业管理体制机制，以物业管理为切入点，积极探索和完善共建共治共享的社会治理体系，实现政府治理和社会调节、居民自治良性互动，全面提升物业管理法治化、科学化、精细化水平。

关键词： 立法 业主服务 物业管理

中国内地物业管理始于深圳，第一家物业服务企业和第一家业主委员会都来自深圳。同时，中国内地的第一部地方性物业管理法规也由深圳颁布，随着物业管理的迅猛发展，深圳物业管理法治在不断探索中逐步完善。

一 深圳物业管理立法历史沿革

（一）第一阶段 特区物业管理立法的雏形

深圳物业管理法制建设始于 1988 年，深圳市政府在颁布《深圳经济特

---

* 钟澄，法学博士，深圳职业技术学院法学副研究员，主要研究方向为房地产法；李纯，法律硕士，深圳市物业专项维修资金管理中心职员，主要研究方向为房地产法。

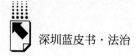

区住房制度改革方案》时出台了《住宅区管理细则》，对住宅区的管理体制、维修养护、收费、招投标等做了原则性规定，这是深圳物业管理立法的雏形。

（二）第二阶段 创国内首部地方性物业管理法规

中国第一部地方性物业管理法规——《深圳经济特区住宅区物业管理条例》（1994年6月18日正式发布实施），开创了国内物业管理立法先河。[①] 1999年6月30日，深圳根据新情况对此条例组织了一次修订。

1. 立法背景

深圳经济特区设立后，随着房地产行业的突飞猛进，特区房地产企业借鉴香港屋村管理的经验和模式首创了深圳市物业管理有限公司，这标志着物业管理在中国内地诞生。[②] 深圳于1988年开始出台住房制度改革举措，此项改革颠覆了住房管理的原体制机制，出现了干部职工的私有房产，原单位福利房和工业厂房逐步被替代。《深圳经济特区住宅区物业管理条例》就是在此背景下孕育而生的。[③]

2. 创新点与局限性

《深圳经济特区住宅区物业管理条例》确立了深圳物业管理的架构和模式，深圳物业管理进入了制度化、规范性、法治化的科学发展新阶段。但是由于时代的局限性和理论研究的滞后性，存在物业管理活动的各方主体法律关系未理顺、权利义务等规定缺乏操作性等问题。

3. 实施期间的配套文件

《〈深圳经济特区住宅区物业管理条例〉实施细则》于1996年9月20日发布实施，2004年修订，该细则作为重要的配套文件，明确规定了业主大会召集程序和运作方式、物业企业资质管理等内容。同时，还先后制定了

---

① 李加林：《中国物业管理深圳十大第一和创新》，《中国物业管理》2008年第12期。

② 雷昭新：《物业管理的"深圳模式"》，《城市开发》2011年第1期。

③ 杜志文：《〈深圳经济特区住宅区物业管理条例〉诞生记》，《中国物业管理》2011年第3期。

《深圳经济特区物业管理行业管理办法》《深圳市房屋本体维修基金管理规定》《深圳市物业管理资质证书管理规定》等配套文件。

（三）第三阶段 建立完善物业管理法规体系

2007年9月25日，《深圳经济特区物业管理条例》经深圳市第四届人民代表大会常务委员会第十四次会议通过，于2008年1月1日正式实施。除住宅区外，写字楼、工业厂房、学校、政府物业等均被纳入该条例的调整范围。

1. 主要制度分析

《深圳经济特区物业管理条例》吸收了物权法的基本精神和原则，包括很多创新举措。一是理顺了业主组织间的关系。明确了业主大会在物业管理中的权利和责任，初步理顺了业主大会与业主委员会的关系，即业主委员会是业主大会的执行机构。还通过特区立法权，提出了与会业主投票权和与会业主人数的概念，并将业主大会会议决定生效条件确定为"双三分之二"或"双过半"业主同意。二是强化了政府监管。明确物业管理的监管体制为市、区政府和街道办事处三级管理，并对各方在物业管理监管上应履行的职责提出了明确要求，同时也将业主大会和业主委员会的活动纳入基层政府的管辖之下。三是突出了协会在行业自律中的作用。在全国首次实行物业管理行业"业必归会"，使物业管理协会对物业企业及从业人员的监管权力和职责得到强化。这一制度设计一定程度上有利于行业经营行为的规范化，但随着2014年4月1日《深圳经济特区行业协会条例》的实施，"一业一会"的限制被突破，一个行业允许设立不超过三个行业协会。[1]

2. 实施期间的配套文件

2014年1月1日，《〈深圳经济特区物业管理条例〉实施若干规定》正式实施，此规定进一步细化和补充了《深圳经济特区物业管理条例》，如：

---

[1] 谢家瑾：《行业立法的加强和创新——读新修订的〈深圳经济特区物业管理条例〉有感》，《中国物业管理》2007年第10期。

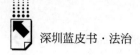

建立了物业管理领域社会稳定协调处理机制，细化了物业管理联席会议制度，并对业主大会和业主委员会运作做出了更为具体的要求和规定，还明确了物业管理招投标相关规定，构建了物业管理招投标体系。同时，还先后制定了《深圳市物业专项维修资金管理规定》《深圳市物业管理微信投票规则（试行）》等配套文件。

（四）第四阶段 推进构建新时代物业管理新制度

《深圳经济特区物业管理条例》已实行了 10 多年，其中很多规定已难以满足物业管理发展的现实需要，亟须对物业管理制度进行重塑。为贯彻落实十九大精神，顺应新时代物业管理发展新需要，经反复研究，《深圳经济特区物业管理条例》（以下简称"新《条例》"）于 2019 年 8 月 29 日修订通过，自 2020 年 3 月 1 日起施行。新《条例》的出台对深圳乃至全国物业管理领域来说都是浓墨重彩的一笔，在规范业主组织和物业服务企业、保障业主合法权益、提升物业服务质量、加强党的领导和政府监管等方面有重大创新。

二 2007年以来深圳物业管理实践中存在的问题及原因分析

虽然深圳是中国内地物业管理的起始地，物业服务企业规模和水平在全国均处于前列，如中国物业管理协会评出的全国百强物业中深圳五家物业公司位居前十，成绩突出。但是物业管理矛盾纠纷问题日益凸显，矛盾日趋尖锐。

（一）业主大会主体定位不清晰

《中华人民共和国物权法》《物业管理条例》规定，"业主可以设立业主大会，选举业主委员会"，对业主大会和业主委员会的民事主体资格却并未做出明确规定，导致其开展民事活动在法律上存在一定障碍，在实践中因物业管理法律关系不清晰引发了一系列问题。① 例如：业主大会无社会信用代码证无法单纯开设银行账户，只能通过物业服务企业的银行账户收支物业服务费和共有物业收益等资金；业主共有物业以及共用设施设备无法进行权属登记，成为停车位（库）等权属纠纷矛盾的主要原因之一；法律赋予了业主大会及业主委员会一定的法定决策和执行权利，但其无法承担自身行为导致的法律责任和后果，业主大会组织权责不对等，游离于政府监管之外；虽只有业主大会才具有决策权，业主委员会只是执行机构，但由于业主大会难于召集，常常由业主委员会"代理决策"，侵害业主权益。

（二）业主委员会成立难和运作不规范

从主管部门知悉，深圳共计约 3600 个住宅小区，已选举业主委员会且备案的小区约 1500 个，业主委员会成立率约为 42%，其中在有效任期内的不到700 个，在任期内且能够规范运作的不到 200 个，剩下的均存在不作为或乱作为的问题。造成当前状况的主要原因有两个方面。一方面，住宅小区业权分散，业主户数较多，目前大部分业主参与热情和权利意识还不高，"业主委员会选举须经双过半同意才能当选"的门槛太高，直接导致业主委员会成立率低。另一方面，目前业主委员会成员大多是兼职或者社区已退休的业主，业主委员会成员岗位事多且杂，费力又不讨好，同时业主委员会的权利与法定义务规定并不明确，当业主委员会成员怠于履职或者滥用权利、侵害业主利益时，法律上却没有对其应承担责任和不良法律后果的相关规定，因此部分业主出于个人寻租意识和为利益所驱，进入业主委员会为自己谋取私利，这也是造成业主自治机制失灵和引发诸多物业管理纠纷的重要原因。②

（三）业主共有制度缺失

由于国家法律法规对物业管理区域内共有物业和共有设施设备的权属规

---

① 倪益民：《近看深圳物业管理体制》，《和谐社区通讯》2012 年第 4 期。
② 陈家发：《关于修订〈深圳经济特区物业管理条例〉的议案》，《住宅与房地产》2016 年第 4 期。

定较为原则性，所以目前架空层、停车场、大厦外墙、大堂、电梯、会所、社区用房等共有物业和公用配套设施设备大多数没有经产权登记，导致共有部分权属处于模糊状态的住宅小区不在少数。业主共有权属不清、账户不分立、使用不透明等原因，使物业矛盾突出、纠纷不断。比如：一些开发商在售卖房屋过程中，凭借卖方优势地位，通过格式条款把属于业主共有部分的大厦外墙、大堂等广告收益权予以保留，引发业主强烈不满；目前物业服务企业承接的物业项目不少是直接从建设单位手中承接的，其中不乏物业企业通过在外墙、电梯等共有部位打广告或者直接经营屋顶架空层等方式谋取私利，侵占或挪用业主共有收益。

（四）业主共有资金混淆不清

业主共有资金作为小区的"钱袋子"是否用于小区公共事务，一直备受业主广泛关注，业主共有资金的管理问题也是物业管理的难点和焦点。由于业主大会没有社会信用代码证，无法开设银行账户，只能由物业服务企业开设银行账户直接管理小区业主共有资金；同时实践中，不少物业服务企业对业主共有资金与企业运营资金未实行分账管理，并未依法向业主公开公有资金信息，导致收支不透明、使用不规范，挪用、侵占业主共有资金的现象时有发生。此外，目前物业专项维修金也面临"归集难、使用难、监管难"三大难题，如何保障物业专项维修金实现应缴尽缴，如何确保物业专项维修金使用方便快捷，如何使物业专项维修资金真正作为"房屋养老金"保障物业管理区域的安全舒适等问题需要进一步破解。[①]

（五）行政监管手段缺乏

一是对业主及业主委员会的监管。由于《深圳经济特区物业管理条例》及其若干配套文件均没有对业主或者业主委员会的违法行为予以行政处罚等

---

① 施法振：《关于〈深圳经济特区物业管理条例〉的修改建议》，《住宅与房地产》2018 年第 2 期。

做出相关规定，对于业主委员会失职、滥用职权，业主违规搭建、占用公共区域等违法行为，行政主管部门缺乏有效的监管手段。二是对物业服务企业的监管。国家"简政放权"取消了物业行业资质管理和从业人员资格管理制度，导致行政主管部门对物业服务企业和从业人员缺乏强有力的行政手段，同时，由于原有相关规定缺乏一定的操作性，所以对于物业服务企业的违法违规行为也同样面临着取证难、处罚难和执行难等问题。三是物业管理未被纳入社区治理统筹考虑范围。物业管理关乎广大业主合法权益，是社区治理的重要内容，但目前物业管理与社区治理处于"两张皮"的运作状态，应推进把物业管理作为社区综合治理的核心环节，逐步实现物业管理与城市治理、基层治理的融合发展。[①]

三 新《条例》重要内容分析

（一）完善业主自治管理方面

1. 建立业主大会备案制度

目前实行大陆法系的法国、日本，以及实行英美法系的英国、美国均赋予了业主组织法律主体身份，中国香港和中国台湾对业主组织的法律地位也予以明确。如中国香港的《建筑物管理条例》规定，物业管理区域内全体业主组织成立业主立案法团（相当于中国内地设立的"业主大会"），业主立案法团可以依法登记为法人团体，经登记依法获得法律主体身份，即可代表全体业主参与诉讼。但是中国内地当前的法律制度设计并未明确赋予业主大会法律主体地位，很多时候其仅仅作为一种会议形式，而非组织上的实体，以至在实践中引发了一系列问题。

为破解业主组织"缺位"问题，新《条例》创设了业主大会备案制

[①] 张奕蕾:《简析物业管理活动中业主的权利与义务——以深圳某小区数起案件作为切入点》,《住宅与房地产》2018 年第 1 期。

度。业主大会可获取统一社会信用代码证，意味着其可依法取得"身份证"，业主大会经备案获取"身份证"后，可以凭此到数据共享银行开设独立的银行账户。同时，业主大会与业主委员会的关系也能够得到进一步的理顺，业主大会作为物业小区决策机构的地位进一步明确，对外代表全体业主的共同利益；而业主委员会只能经业主大会授权，作为业主大会决策执行主体。

2. 创设业主委员会"两轮选举"制

业主大会与业主委员会是决策机构与执行机构的关系，业主大会能否顺利运转，与业主委员会密切相关。针对实践中业主委员会选举门槛过高导致业主委员会成立难的问题，新《条例》调整了业主委员会委员有效当选的条件，建立了业主委员会"两轮选举"制度。第三十七条规定，首轮选举与原来的规定基本保持一致，即经与会业主人数和投票权数均过半数同意，则可当选；新增加的规定是在首轮选举未能选出的情况下，可以开启第二轮选举。依照首轮选举的得票顺序确定第二轮选举的候选人，并直接按照该轮得票顺序确定当选人，而不再有经与会人数与投票权数过半数同意的要求。业主委员会的首次选举、换届改选均适用两轮选举制度，如果物业小区能推选出符合法律条件的候选人，且选举过程符合法定程序，则基本上都能选举产生业主委员会，选举门槛大大降低了，有效提高了成立率。

3. 规范业主委员会运作

新《条例》弥补了对业主委员会监管不足问题，强化了对业主委员会的监管，推进业主委员会规范化运作。一是确定业主大会权利保留事项。对涉及全体业主重要利益事项，如物业专项维修资金的筹集与使用、管理规约和议事规则制定与修订等，只能由业主大会决定，不得授权业主委员会决定，以防止业主委员会越权，侵害业主利益。二是提高并细化业主委员会委员任职条件。如候选人在业主委会选举报名日期截止前三年内，物业专项维修资金或物业管理费欠缴累计三个月以上，则直接免除其担任委员和候补委员的资格。三是增加业主委员会人员禁止性行为规范与相应的处罚条款。四是增加公示义务。业主委员会委员、候补委员停车位使用情况以及缴纳停车费、物业管理费、物业专项维修资金情况应每半年进行公示。五是引入审计制度，规定业主委员会主任在任期内和离任前应接受审计。

（二）优化物业服务方面

1. 完善物业管理模式

新《条例》进一步完善了物业管理模式，管理模式可分为三种。一是传统的委托专业的物业服务企业管理；二是委托其他管理人（如专业经理人）管理；三是业主自行依法管理，此规定与《中华人民共和国物权法》第八十一条的规定基本一致。随着物业管理的不断发展、物业管理模式的丰富和完善，也可以相应促进发挥市场竞争作用，业主可自主选择小区管理模式，提高管理和服务水平。

2. 推动物业行业实现高质量发展

随着人工智能、物联网、区块链、大数据等新信息技术的发展与应用，众多物业服务企业也积极将新技术运用到小区物业管理实践中，提升物业的智能化管理水平，中国物业管理行业也逐步实现转型升级。新《条例》明确规定，市、区人民政府应当将物业管理纳入现代服务业发展规划，并鼓励引入新技术、新方法提高物业管理水平，倡导绿色、智慧物业。

3. 规范前期物业管理活动

业主大会未成立前，由建设单位选聘物业服务企业对小区进行物业管理活动，这一阶段为前期物业管理阶段。由于前期物业管理阶段，业主意志难以体现，业主权益难以得到维护，有必要进一步对物业管理活动予以规范。一是增加了对前期物业服务合同的限制性规定。如合同期限不得超过两年，应随房地产买卖合同一并备案，应作为建设单位与物业买受人签订的房地产买卖合同的附件等。二是增加建设单位的补足义务。前期物业管理阶段，建设单位对共有物业维修、养护费用（保修责任外）超过物业管理费的部分承担补足义务。三是创新承接查验制度。承接查验本质上就是业主共有物业的交付，新《条例》改变了住建部 2010 年发布的《物业承接查验办法》对承接查验的时间、主体、程序等的相关规定，明确参与承接查验的主体为业

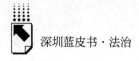

主大会、建设单位和物业服务企业；业主大会完成备案之日起 30 日内开展承接查验工作；由建设单位承担承接查验费用。四是强化前期物业管理阶段业主共有资金管理。前期物业服务企业应当在数据共享银行设立业主共有资金共管账户，筹备组、业主大会对业主共有资金收支情况进行监督。

（三）业主共有资金方面

1. 明晰界定业主共有资金的范围

业主共有资金为全体业主共同所有，是根据法律规定、管理规约约定或者业主大会决定，基于建筑物共有部分的管理而筹集或者产生的资金。基于对共有物业范围的界定，新《条例》第七十条规定了业主共有资金的范围和来源。其中还明确了利用物业管理区域共有物业进行经营活动所产生的收益，即共有物业收益也被纳入业主共有资金，依法属于业主共有。从实践来看，业主共有资金包括利用物业共用部位的广告收益、出租共有物业产生的收益，还包括业主共有的车库、车位使用收益等。

2. 强化对业主共有资金的监管

新《条例》建立了一系列制度强化对业主共有资金的监管，以防止资金滥用，保障业主共有资金安全，维护业主合法利益。具体包括以下四个方面。一是限制业主共有资金使用范围。为确保业主共有资金安全，其增值方式仅限银行储蓄或购买国债，禁止其他方式的投资。二是建立共有资金账户信息公开制度。规定应当通过物业管理信息平台向全体业主实时公开业主共有资金基本账户或者共管账户信息、定期公示业主共有资金账目，保障共有资金可以受到全体业主的监督。三是建立业主共有资金核查制度。规定业主监事会或者业主大会委托的其他机构可以定期检查业主共有资金的收支情况，并将检查情况予以公示。四是设立相关禁止性规定。如明确禁止业主委员会委员侵占、挪用共有资金，并出台相应的处罚措施。

3. 完善物业专项维修资金制度

物业专项维修资金是法定缴纳的专项资金，属于业主共有资金，其收取、使用的方式以及管理模式区别于其他业主共有资金。针对当前物业专项维修资金归集难、使用难等问题，新《条例》进一步完善了物业专项维修资金管理。一是放开日常维修资金依法自管。不再将其全部纳入政府统一管理范围，而是经业主大会决定，可以由业主大会自行依法管理日常维修资金。二是丰富日常维修资金缴纳方式。经业主共同决定，日常维修资金可以用共有物业收益缴纳或者补足。三是建立与不动产登记联动管理机制。为保证物业专项维修资金的及时归集和应缴尽缴，对于未缴清物业专项维修资金的建设单位或业主，可以在其申请办理不动产登记时予以限制。四是细化和优化紧急使用的范围和程序，出现危及公共安全的紧急情况时，确保小区物业专项维修资金使用通畅，以保障人身和财产安全。

（四）业主共有物业方面

1. 明晰界定共有物业

开展物业管理工作的前提和基础是明确业主共有物业范围，这也是定分止争的前提。新《条例》明确了业主共有物业的范围，主要包括建筑物的基础、承重结构、外墙、屋顶等基本结构部分，物业管理区域的架空层、设备层、道路、绿地、公共照明、消防等附属设施设备等，并由不动产登记机构在不动产登记簿上予以记载。同时还进一步明确，利用共有物业进行经营活动的，其收益归业主共有。

2. 建立停车位使用规则

车位、车库是小区业主共同生活的重要辅助设施，性质上属于小区的配套设施。一是明确"首先满足本区域内业主的停车需要"是车位、车库使用的一般原则；二是建立停车位使用公示制度，即车位、车库的使用情况由物业服务企业按月予以公示；三是推进停车位产权明晰化，规定物业管理区域的车位、车库权属应当在土地出让合同中与建设单位予以清晰约定；四是强化建设单位的法定义务，如住宅物业小区内，根据约定，所有的车位、车库，在房屋预售或者现售时，建设单位应当公示出售、附赠、出租的车位、车库数量，且出售、附赠、出租的对象只能是本小区业主，同时，相关情况

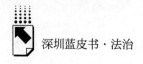

还应在房地产买卖合同中明示；五是细化人防车位的使用要求，规定物业管理区域依法配建的人防工程被用作停车位的，在保持人防功能的同时应开放使用，具体维修责任则按照"谁受益，谁负责"的原则来确定。

（五）监管和服务方面

1. 发挥基层党组织作用

城市物业管理既是业主对其所有物业进行自我管理的活动，也是社区治理的关键环节。新《条例》多处体现基层党组织在物业管理领域中的作用，如总则部分规定业主大会、业主委员会、物业服务企业等在社区党委领导下依法依规开展物业管理活动；同时还有相应具体规定，如鼓励和支持符合条件的物业所在地社区党委委员、基层党组织委员通过规定程序进入业主委员会，在业主委员会委员候选人推选环节增加"社区党委可以向筹备组推荐候选人"，"筹备组在确定候选人名单之前应当征求物业所在地社区党委的意见"等。

2. 发挥政府的监管与服务作用

物业管理属于准公共服务产品，不仅关系业主专有部分的私有权，也涉及小区业主共同利益（共有物权和相邻权等）。因此，对行政机关而言，在加强行政监管的同时，更需要强化对业主自治管理、物业专业服务的政策引导与扶持。一是建立物业管理领域信用管理机制。新《条例》明确将参与物业管理活动的各方主体纳入统一信用管理体系，并建立奖惩机制，对信用不良的单位和人员，予以惩戒，对信用良好的单位和人员进行激励。二是推进运用信息化管理。新《条例》要求市住房建设部门建立全市统一的物业管理信息平台，该平台不只作为业主大会备案、物业合同备案等业务系统，还作为重要的公示和监督窗口，新《条例》规定所有应被公示的内容都应同时在物业管理信息平台上发布，向业主公开，接受业主监督。

3. 发挥社区居民委员会的作用

社区物业管理是现代社区管理的重要组成部分，社区居民委员会作为基层群众自治组织是社区管理的核心，发挥社区居民委员会在社区物业管理的作用有助于推进物业管理和谐发展，尤其在业主大会和业主委员会的有序运作上可以起到较大作用。新《条例》明确支持社区居民委员会对业主大会、业主委员会、物业服务企业工作进行指导和监督，并要求社区居民委员会派员参加筹备组和换届小组、派员列席会议或者了解会议召开情况。同时建立了一定条件下的社区居民委员会代行机制，即在未依法成立业主大会和选举产生业主委员会的住宅区，经征求业主或者物业使用人意见，可以由社区居民委员会直接代行业主委员会和业主大会的部分职责。

四　结语

小区是社会的基本单元，物业管理活动既关系居民群众的切身利益，也涉及基层的和谐稳定。深圳物业管理法治发展 30 多年来，一直引领物业管理改革之先河，在明晰物业管理概念、厘清各活动主体法律关系、推进业主自治管理良性发展和完善市场竞争机制等方方面面的探索上实现了很大的创新和突破。新《条例》明确将物业管理行业纳入现代服务业发展规划和社区治理体系，标志着深圳物业管理进入了新的发展阶段。相信在不断的法治实践过程中，深圳物业管理法治化、科学化、精细化水平将不断提升，政府监管、市场主导、社会参与、居民自治四位一体和良性互动的物业管理格局将逐渐形成。

参考文献

李荣强：《深圳物业管理 30 年的主要贡献和基本经验》，《中国物业管理》2011 年第 3 期。

袁苏贵：《深圳物业管理模式研究》，硕士学位论文，华中科技大学，2004。

刘新云：《从深圳物业管理的现状看我国物业管理法制趋势与问题》，《中国建设信

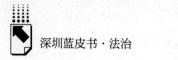

息》2001 年第 9 期。

宋伟哲：《物业管理立法的困境与路径》，《城市问题》2020 年第 2 期。

高志俊：《我国物业管理立法的构建与完善》，《人民法治》2019 年第 8 期。

范振国：《对〈深圳经济特区物业管理条例〉修改的意见》，《住宅与房地产》2018 年第 4 期。

政府法治篇

Government Ruling by Law

B.6

2019年深圳市法治政府建设
回顾总结与未来展望

邓达奇*

摘　要：　法治政府建设是实现依法治国的核心要素之一，回顾2019年，深圳市多管齐下，从行政制度体系建设、政府职责履行、对行政权力的制约和监督等维度协同发力，加快法治政府建设、优化营商环境，取得一定成绩，但也存在薄弱环节。展望2020年，深圳市可以法治政府的示范创建为目标，从多个环节发力突破，加快打造一流的法治政府，为完善国家治理体系和治理能力提供"深圳样本"。

* 邓达奇，法学博士，西南政法大学法学博士后研究人员，深圳市社会科学院政法研究所副研究员，主要研究方向为法理学、宪法与行政法学。

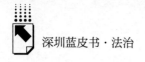

关键词： 法治政府　营商环境　深圳

2019 年，深圳市以习近平新时代中国特色社会主义思想为指导，全面贯彻党的十九大和十九届二中、三中、四中全会以及习总书记视察深圳讲话精神，认真落实《法治政府建设实施纲要（2015—2020 年）》和《中共中央国务院关于支持深圳建设中国特色社会主义先行示范区的意见》，加快建设法治政府，坚持法治国家、法治政府、法治社会一体化建设，全面推进对标国际标准、体现中国特色、符合深圳发展定位的法治建设。中国社科院、中国社科院科研局、中国社科院社会学研究所、社科文献出版社发布的《中国营商环境与民营企业家评价调查报告》显示：深圳法治环境指数得分81.49，位居全国第一；深圳营商环境综合评分位居全国第二。这标志着深圳法治政府建设走在了全国前列。现对 2019 年深圳法治政府建设方面的工作进行回顾总结，并对下一步深圳法治政府建设发展做出展望。

一　大力推进依法行政制度体系建设

根据深圳市政府立法计划安排，深圳市政府在 2019 年拟完成立法项目27 项，其中拟提请市人大常委会审议的法规草案 15 项，拟由市政府制定的规章 12 项，预备项目 43 项。到 2019 年底，已经制定和发布的政府规章 9件，已提请市人大审议法规草案 2 件，基本完成了行政法规立法任务，大力推进了依法行政制度体系建设。

（一）推进重点领域立法，加快制度供给

2019 年，深圳市政府立法主要将大湾区建设、民生保障等领域作为重点，通过立法设立"深圳企业家日"，进一步改善营商环境，加快制度供给，以立法促发展、惠民生，助力经济社会改革、发展有序推进。

第一，加快营商环境法规的立改废。自 2018 年以来，深圳市政府就将

优化法治化营商环境摆在突出位置，在提供制度保障、提升政务服务水平、公正文明执法、提供高效优质公共法律服务等方面下足功夫。2019 年，深圳市政府根据"法治城市示范"的定位，要求深圳全面提升法治建设水平，营造国际一流的法治化营商环境。[①] 这进一步推动了深圳加强优化营商环境的法治工作。

一是起草了《深圳经济特区优化营商环境若干规定（征求意见稿）》（以下简称《若干规定》）。通过广泛讨论、立法座谈、深度调研等方式，深圳市于 2019 年 8 月正式公布了《若干规定》，目前正在征求社会各界意见。《若干规定》在起草说明中指出，公平的市场竞争环境是市场主体呼声最高的诉求之一。《若干规定》保障民营企业和中小微企业在政府采购、政府招投标活动中享受公平待遇，避免出现行业垄断。

二是组织开展有关营商环境的规范性文件的专项清理工作。对 12 项市政府规范性文件及市政府部门规范性文件，137 项区政府及其部门制定的规范性文件提出修改、废止的清理意见。积极开展涉及机构改革、涉企涉民办事证明文件"兜底规定"等文件清理工作。各区也纷纷出台优化营商环境的改革措施，对营商环境工作进行全面部署。各区分别组织开展了进一步优化营商环境的规范性文件专项清理工作，重点清理和修改不符合市场经济发展要求、有悖于平等保护原则的规范性文件。

三是印发了《深圳市司法局关于优化营商环境规范涉企行政检查行政处罚行政强制的指导意见》，在依法履职、规范执法、保障企业合法权益、开展创新监管工作等方面为各级各类行政执法单位提供了一些具体的行为指引，确保各级行政执法单位在严格依法履职、规范行政执法行为的同时，有监管容错的担当，为新产业、新经济、新技术的发展撑起一片空间。

第二，为保障和改善民生提供法律制度保障。为保障和改善民生，深圳市政府不断加大立法力度，出台了一系列法规，如《深圳市校外托管机构

[①] 《中共中央国务院关于支持深圳建设中国特色社会主义先行示范区的意见》指出："全面提升法治建设水平，用法治规范政府和市场边界，营造稳定公平透明、可预期的国际一流法治化营商环境。"

管理办法》（市政府令第 323 号）、《深圳市房屋安全管理办法》、《深圳市民用微轻型无人机管理暂行办法》、《深圳市政府投资建设项目施工许可管理规定》、《深圳市出租屋管理若干规定》等；修订了《深圳市网络预约出租汽车经营服务管理暂行办法》《深圳市户外广告管理办法》等法规；废止了《深圳经济特区服务行业环境保护管理办法》《深圳经济特区房屋租赁条例实施细则》《深圳经济特区维修行业管理办法》《深圳市城市建设档案管理规定》等关系重要民生的政府法规。

一是全面修订了《深圳市网络预约出租汽车经营服务管理暂行办法》。为全面贯彻国家和省级决策部署，持续提升大气质量，保持"深圳蓝"的亮丽城市名片，落实《2018 年"深圳蓝"可持续行动计划》，加快建设"美丽深圳"和国家可持续发展议程创新示范区，2018 年 12 月，深圳市政府六届一百五十一次常务会议要求全面梳理分析当前深圳网约车管理中存在的问题，充分借鉴国内先进城市的成功经验和做法，在广泛听取各相关单位和社会公众的意见建议的基础上，全面系统修订《深圳市网络预约出租汽车经营服务管理暂行办法》。该办法强化了安全管理主体责任，旨在维护驾驶员和乘客合法权益，提高服务质量；为了给驾驶员提供就业便利，减少了不必要的从业限制。

二是通过了《深圳市校外托管机构管理办法》。2008 年深圳市就颁布了《深圳市校外午托机构管理办法》，但是该办法存在设置要求高门槛、审批流程复杂烦琐等问题，被诸多人大代表、政协委员称为脱离实际的"废法"。2019 年 8 月 8 日，市政府六届一百七十九次常务会议审议通过了《深圳市校外托管机构管理办法》。《深圳市校外托管机构管理办法》切实以人民为中心，从解决老百姓的实际困难和问题出发，出实招、出新招、出高招，为促进校外托管行业向安全、卫生、规范的方向发展提供了法治保障，让家长和孩子们能够安心选择相关机构，营造了良好的市场氛围。

三是深圳市司法局还着力起草了《深圳市落实住房制度改革加快住房用地供应的暂行规定（征求意见稿）》《深圳市公共租赁住房建设和管理办法（征求意见稿）》《深圳市安居型商品房建设和管理办法（征求意见稿）》

《深圳市人才住房建设和管理办法（征求意见稿）》《深圳市物业管理信用信息公开暂行办法（征求意见稿）》等行政法规。

（二）规定和落实政府规章制定程序，提高政府立法质量

城市质量的提升，不仅仅是经济社会发展质量的提升，也是政府立法质量的提升。虽然 2010 年 4 月深圳市政府便颁布了《深圳市人民政府制定规章和拟定法规草案程序规定》，该规定对规范市政府立法工作、保证立法质量发挥了积极作用，但是随着时代的发展，党和国家对地方立法质量提出了更高的要求，《深圳市人民政府制定规章和拟定法规草案程序规定》已经不能完全适应新形势和新要求了。因此，2019 年 2 月 14 日，市政府六届一百五十九次常务会议审议通过了《深圳市人民政府立法工作规程（试行）》（以下简称《规程》），自 2019 年 6 月 1 日起施行。《规程》一共 12 章 130 条，涉及政府立法立项、起草、审查、审议、公布、解释、清理、后评估及档案管理等方面的制度，内容涵盖全面，对市政府立法程序提出了更高的要求，确保高质量立法。

第一，年度立法工作计划法治化。一是提出了要建立立法工作计划项目分类制度，将年度立法工作计划项目分为当年提交审议项目（一类项目）、预备项目（二类项目）和调研项目（三类项目）；二是规定了立法工作计划审议程序，市政府立法工作机构每年 11 月底前向市政府报送立法工作计划草案，市政府审议立法工作计划草案前，按规定开展立法协商，立法工作计划草案由市政府常务会议或者全体会议审议；三是规定了立法工作计划调整程序，立法责任起草单位不能按时完成任务的，应当及时提出调整立法工作计划的建议，报市政府决定。

第二，法规规章起草规范化。《规程》规定，重要的行政管理法规规章、立法工作计划确定由市政府立法工作机构负责起草的法规规章、主管部门不明确或者涉及多个主管部门的法规规章，以及市政府交办的或者其他需要由市政府立法工作机构组织起草的法规规章，由市政府立法工作机构会同相关单位开展集中起草工作。这就进一步贯彻落实了党的

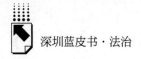

十九届四中全会《中共中央关于坚持和完善中国特色社会主义制度　推进国家治理体系和治理能力现代化若干重大问题的决定》关于"重要行政管理法律法规由政府法制机构组织起草"的重要精神。

第三，法规规章草案审查程序化。一是明确法制审查的流程。结合立法审查的实际情况，《规程》规定法制审查的流程主要包括初步审查、征求意见、集体审查三个方面；对于涉及社会公众切身利益、有重大意见分歧、规定行政处罚或行政强制措施等的法规规章，还应当召开听证会进行审查。二是明确法制审查的权限。为解决起草阶段立法质量参差不齐的问题，《规程》规定市政府立法工作机构，发现送审材料欠缺的可以要求补正；市政府立法工作机构在初步审查中发现送审稿存在重大问题的，可以要求责任起草单位修改完善后重新报送；遇到上位法出台等导致没有立法必要性等情况时，市政府立法工作机构可以决定终止审查。

第四，立法公众参与常态化。在立法起草阶段，《规程》第29条规定："责任起草单位起草法规规章应当通过立法调研、问卷调查等方式全面收集立法依据和相关资料，了解实际情况；应当加强与提出制定法规规章建议的单位或者个人的联系与沟通，听取有关情况介绍，掌握法规规章起草的重点、难点以及存在的主要问题。对企业切身利益或权利义务有重大影响的，应当充分听取有代表性企业和行业协会商会的意见。"同时规定重大制度设计、立法重点内容确定需要充分听取有关部门、行政管理相对人、其他利害关系人和社会公众的意见；对专业性较强的内容，可以组织专家开展咨询论证。在立法审查阶段，《规程》规定除书面征求意见和网站公开征求意见外，还应利用政务微博、微信公众号等新媒体公开征求社会意见。

第五，审议前协调机制化。一是责任起草单位协调。在立法起草阶段，相关单位对起草文本存在重大意见分歧的，责任起草单位应当主动商议弥合分歧。二是市政府立法工作机构协调。在法制审查阶段，相关单位对审查文本存在重大意见分歧的，市政府立法工作机构应当进行协调。三是市政府审议前协调。经责任起草单位、市政府立法工作机构协调后，相关单位对有关文本仍存在重大分歧的，由市政府进行协调。

（三）通过各种途径广泛听取反馈意见，加强地方立法的科学化与民主化

为了确保立法的科学化、民主化，《深圳市制定法规条例》规定，须将相关条例（草案）及其起草说明在"深圳政府在线"、"深圳新闻网"、"读创" App 等网络平台上全文公布，广泛征求社会各方面的意见。

第一，继续发挥立法听证会的功能。召开立法听证会不仅是保障人民群众的表达权、参与权和监督权的重要手段，也是提高立法工作的科学性、民主性、可执行性的重要方法。据统计，2019 年深圳市各部门在制定各种行政规章制度时召开了 20 余次立法听证会，基本上实现了凡是立法必听证的基本要求。这些立法听证会总体上来说，充分体现了立法的民主化，对提升深圳政府立法质量起了重要作用。以深圳市司法局就《深圳市互联网租赁自行车经营服务管理暂行办法》召开的立法听证会为例。2019 年 12 月 9 日下午，深圳市司法局组织市交通运输局有关负责人、市人大代表、市政协委员、市民代表以及互联网租赁自行车经营者代表等，召开深圳市互联网租赁自行车管理立法听证会，就互联网租赁自行车管理中公众较为关注的有关问题进行听证，就出租车总量控制、运营管理等问题展开热烈讨论。

第二，认真研讨反馈意见和建议并积极加以采纳。立法起草有关机关，对于通过听证会、微信或电子邮件等各种途径反馈的信息，并不是敷衍了事，而是进行了认真的研究，对于合理化建议认真采纳，对于不合理或不可行的建议也认真回复。以《深圳市校外托管机构管理办法》为例，在起草该办法的过程中，深圳市司法局通过网上公开征求意见、微信听证会、座谈会、实地走访调研等形式征集并采纳了公众的意见和建议。

二 依法全面履行政府职责

法律的生命力在于实施，法律的权威也在于实施。依法全面履行政府职责是建设法治政府的内在要求。法治国家、法治政府、法治社会三位一体，

法治政府上联国家、下牵社会，在其中起着支撑性作用。随着现代社会政府职能扩张，在限制政府权力的同时，也需要确保政府积极行使权力、履行职责、承担责任，做到合理行政、高效便民、诚实守信、权责统一，依法全面履行政府职责。建设法治政府对政府提出了以下三个方面的要求：一是要求严格限制政府权力，防止权力任意扩张和滥用，做到不越权、不滥权；二是要求政府全面履行法定职能，为社会提供满意的公共产品和公共服务；三是要求政府积极作为，有强烈的责任意识和担当精神，积极回应社会公众的需求和关切。

（一）提升重大行政决策法治化水平

行政决策是行政权力运行的起点。因此，规范行政决策行为是法治政府建设的前端，在法治政府建设中起着重要作用。重大行政决策法治化是法治政府建设的重要体现，是加快建设法治政府的迫切需要。

第一，认真落实《重大行政决策程序暂行条例》（以下简称《条例》）。2019年4月国务院公布《条例》，深圳市政府常务会议专题学习《条例》。《条例》对重大行政决策事项的范围、调整程序、责任追究等方面做出明确、具体的规定，对深圳市行政决策程序提出了最新要求。此次学习，为进一步细化、完善深圳市政府重大行政决策制度提供了思想指导，为进一步落实和完善《深圳市人民政府重大行政决策程序规定》奠定了制度基础。例如，在决策监督制度方面，《条例》将坚持党的领导作为一项根本要求专门予以规定，决策机关确定的重大行政决策事项的目录、标准在向社会公布前要经同级党委同意，重大行政决策出台前要向同级党委请示报告，重大行政决策要依法接受人大监督、审计监督。但是目前《深圳市人民政府重大行政决策程序规定》缺少相应的监督制度。

第二，建立健全深圳市重大行政决策法治化制度规范。深圳市政府不断推进科学、民主决策制度建设，陆续制定了若干与重大行政决策相关的规章和规范性文件，目前已经形成一套较为完备的重大行政决策制度体系，包括《深圳市人民政府重大决策公示暂行办法》《深圳市行政听证办法》《深圳市重大行政决策专家咨询论证暂行办法》《深圳市人民政府重大行政决策合法性审查办法》《深圳市人民政府重大行政决策程序规定》《深圳市法治政府建设领导小组办公室关于印发深圳市落实重大行政决策程序要求指导意见》等。

第三，推动重大行政决策依法进行公布和听证。深圳市政府公布的2019年重大行政决策事项目录为：研究制定科研资金过境港澳资助项目管理办法、研究制定民营领军骨干企业认定标准、完善深圳市居民最低生活保障制度、研究制定深圳市扶持实体经济发展促进产业用地节约集约利用若干措施、研究出台占用挖掘道路管理措施、修订深圳市关于进一步扩大利用外资规模提升利用外资质量若干措施、出台促进新时代退役军人就业创业工作实施意见、研究制定深圳市政府数据领域有关政策。其中，研究制定科研资金过境港澳资助项目管理办法、研究制定深圳市政府数据领域有关政策为2019年重大行政决策听证事项。

第四，充分发挥政府法律顾问作用。为了发挥、强化法律顾问的职能，深圳市司法局出台了《深圳市人民政府法律顾问工作规则》，在提炼、总结深圳多年来积累的比较成熟的政府法律顾问工作实践经验的基础上，2019年，深圳市政府根据新形势和新要求对政府法律顾问工作领域进行了一定的拓展，具体包括协助市政府进行国有资产监管和处置、办理公共法律事务、为政府信息公开提供法律意见等，进一步明确了市政府法律顾问室对全市政府法律顾问工作的统筹职责，确保全市政府法律顾问工作的整体推进、平衡发展。据统计，2019年1月至10月，市政府法律顾问室共出具法律意见655份，其中审查香蜜湖中区和北区开发建设等行政决策、重大项目315份，审查合同262份，同时积极参与湖南籍疑似尘肺病群体信访等重大事件的处置工作。①

（二）坚持严格规范公正文明执法

第一，强化对行政权力的制约和监督。行政权力的监督是法治政府建设的难点与重点之一，为此，深圳市委市政府全方位加强对行政权力的制约和

---

① 《深圳市2019年法治政府建设工作情况》，深圳政府在线网，2020年1月8日，http：//www.sz.gov.cn/sfj/qt/gzdt/202001/t20200108_18972721.htm。

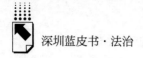

监督，把权力关进制度的笼子里。

一是自觉接受人大监督。深圳市政府积极推进人大代表建议、政协提案办理工作，全部及时答复，满意和基本满意率达到100%。2019年，深圳市人大常委会在常委会会议期间组织两场专题询问，聚焦黑臭水体治理和促进民营经济发展"四个千亿"政策执行情况。政府职能部门直面问题，自觉接受人大监督，市政府认真研究和落实人大代表监督建议。目前，深圳水环境迎来历史性转变，159个黑臭水体全部实现不黑不臭。

二是党政主要负责人积极履行推进法治建设第一责任人职责。市委市政府主要领导把学习宣传贯彻党的十九大和十九届二中、三中、四中全会以及中央全面依法治国委员会会议和习近平总书记重要指示批示精神作为首要政治任务。市委书记王伟中主持召开全面依法治市委员会第一次会议，统筹部署全市法治建设工作。市长陈如桂主持召开市政府党组（扩大）会议，传达学习习近平总书记在中央全面依法治国委员会第二次会议上的重要讲话精神，研究部署市政府系统贯彻落实意见。全市开展2018年度党政主要负责人履行推进法治建设第一责任人职责情况书面报告工作，覆盖11个区、19个市委部门和34个市政府部门。

三是强化行政诉讼监督。2019年1月至10月，全市法院共受理行政诉讼案件5845宗（含旧存），同比下降7%；行政机关负责人出庭应诉案件共511宗，行政机关败诉率稳定下降。① 根据统计，法院审结一审行政诉讼案件3334件，同比下降1.2%；办结行政机关申请强制执行案件9160件，是2018年的2.2倍。其中劳动和社会保障类行政案件最多，占到了总案件数量的34.91%，具体案件类型所占比重情况见图1。②

2019年，深圳市政府领导出庭应诉市政府作为被告的行政诉讼案件，行政机关负责人出庭应诉制度进一步完善。此外，市各区基层党委政府通过

---

① 《深圳市2019年法治政府建设工作情况》，深圳政府在线网，2020年1月8日，http://www.sz.gov.cn/sfj/qt/gzdt/202001/t20200108_18972721.htm。

② 《深圳法院2019年工作十大亮点》，澎湃新闻网，2020年1月9日，https://www.thepaper.cn/newsDetail_forward_5480388。

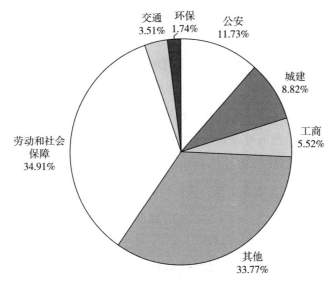

图1 2019年深圳市法院审结一审行政案件类型构成

各种形式组织学习、旁听行政诉讼案件庭审，推进法治政府建设。

四是发挥市政府特邀行政执法监督员作用。行政执法监督员制度是加强社会监督的重要形式。2019年行政执法监督员参加食品药品安全等领域专题监督活动5场，参与活动66人次，取得了良好的社会成效和法治成效。

五是全面推进政务公开。推进重大建设项目批准和实施等重点领域信息公开，财政预决算不断完善公开程序、标准、要求。大力推广掌上政府、指尖服务、刷脸办事，充分运用"i深圳"App、政府网站、微信公众号等平台，着力推进政务公开的信息化、精准化、智能化。大力推进"深圳政府在线"门户网站建设，优化升级英文版政府网站，丰富"政务公开、政务服务、政民互动、走进深圳"等的内容。"深圳政府在线"全年主动公开政府信息196125条，公开政策性文件1495件，发布政务动态2194条，回复社会公众留言48760次，在《2019年中国政府网站绩效评估报告》中位居副省级城市政府网站第一。①

——————————

① 《深圳市人民政府2019年政府信息公开工作年度报告》，深圳政府在线网，http://www.sz.gov.cn/cn/xxgk/ndxxgkbg/。

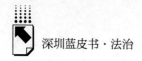

第二，强化行政执法保障机制，规范行政执法行为。

一是加强依法行政组织保障和机制落实。扎实推进法治政府建设示范创建活动。积极参与中央全面依法治国委员会办公室（以下简称"中央依法治国办"）开展的全国第一批法治政府建设示范地区评估认定工作，全面梳理加强法治政府建设各领域工作。积极组织推荐 3 个综合项目、8 个单项项目参加广东省法治政府建设示范创建活动，为全国、全省提供可复制、可推广的经验；统筹部署全市法治政府建设工作并加强督导。制发《深圳市2019 年法治政府建设重点工作安排》，部署 27 大项 70 小项举措，带动法治政府建设工作全面开展。加强法治政府建设考评，推进薄弱环节的指引、提升；开展领导干部法治教育培训。建立市政府常务会议"局长讲法"工作机制，由市政府工作部门主要负责人宣讲本系统的重要法律法规。

二是统筹推进综合行政执法体制改革。通过组建市市场稽查局、市海洋综合执法支队，将日常旅游执法职责下放各区，城市管理执法编制下沉各区等方式，统筹配置行政执法职能和执法资源。市市场稽查局以自身名义查处市场和质量监管、食品药品监管领域大要案、跨区域案件以及上级交办、移送案件；组织开展全市专项或重大执法活动；承办市市场监管局、市食品药品监管局交办的其他事项，对深圳市瑞利来实业有限公司、深圳市点创饮料有限公司、深圳市人人乐百货有限公司等公司制造或销售不合格食品的行为进行了查处，并依法给予了处罚。2019 年 12 月，依法组建了深圳市海洋综合执法支队，授予其依法对违反《海域使用管理规定》的行为进行查处等职权，加大海洋生态环境保护力度。

三是规范行政执法行为。全面推行"行政执法三项制度"①，严格规范政府各级部门及其工作人员公正文明执法，保障和监督行政机关有效履行职责，维护人民群众合法权益。加强行政执法监督信息化管理，初步建立市行政执法和执法监督双平台，推动全市行政执法数据汇集，为

①　"行政执法三项制度"为：行政执法公示制度、执法全过程记录制度、重大执法决定法制审核制度。

"大平台共享、大系统共治、大数据慧治"目标提供数据支撑。市政府要求各执法部门在网站设立行政执法公示专栏,向社会公开事前和事后执法信息、行政执法数据;制定公布执法全过程音像记录清单、重大执法决定法制审核清单,推行执法全过程记录制度,基本实现对清单中的事项法制审核全覆盖。

第三,深化审批制度改革。

一是继续优化调整行政职权,推进行政审批服务标准化管理。2019年1月至10月,市级部门调整行政职权事项274项,其中下放80项,取消79项;梳理所有行政审批服务事项2879个,全部向社会公布并按标准实施。①

二是大力推动简政放权。各区落实审批服务"马上办、网上办、就近办、一次办"要求,最大限度缩短办事时限。在全国率先推出网上申请、后台无人干预全自动数据对比、审批结果秒出的"秒批"模式。梳理出深圳市自行设定证明事项111项,予以全部取消并公布。不断扩大"秒批""不见面审批""全城通办"事项范围,截至2019年底,分别达到158项、468项、501项。② 将"一窗受理""收审分离""精细化服务"落到实处,不断推动"一门、一窗、一网、一次"办理,推动审批服务提速增效。前海蛇口自贸片区率先实现企业开办1个工作日内完成。推动"精细化服务",行政审批大厅还大力推行帮办代办服务,最大限度减少企业和群众跑腿次数。

三是加强事中事后监管。推进"双随机、一公开"监管全覆盖、常态化。开展社会信用体系建设联合奖惩试点,截至2019年10月共形成1004个联合奖惩案例。开发建设"信用风险预警设置与解除系统",对11种异常情形的商事主体在办理商事登记时从严审核。

---

① 《深圳市2019年法治政府建设工作情况》,深圳政府在线网,2020年1月8日,http://www.sz.gov.cn/sfj/qt/gzdt/202001/t20200108_18972721.htm。

② 《深圳市2019年法治政府建设工作情况》,深圳政府在线网,2020年1月8日,http://www.sz.gov.cn/sfj/qt/gzdt/202001/t20200108_18972721.htm。

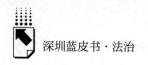

三 落实和创新行政复议制度

行政复议已成为化解深圳行政争议的主渠道。行政复议能够起到纠正违法或不当的具体行政行为，监督行政机关依法行使职权，保护公民、法人和其他组织的合法权益的重要作用，并具有受案范围广、审查内容全面、方便快捷和不收取任何费用等优点。深圳市政府切实贯彻执行《行政复议法》，不断加强行政复议能力，行政复议工作的质量和效率持续提升。

（一）妥善处理行政复议案件

2019 年，深圳市政府各部门共收到行政复议申请 2159 件，其中受理 1755 件，比 2018 年增加 1052 件，不予受理 193 件、告知处理 26 件、申请人撤回 185 件。从已办结的行政复议案件（1544 件）来看，维持 985 件，占 63.80%；驳回 106 件，占 6.87%；撤销 80 件，占 5.18%；确认违法 21 件，占 1.36%；责令履行 3 件，占 0.19%；终止 349 件，占 22.60%。具体数据见表 1。①

表1　2019 年深圳市政府行政复议办公室办理行政复议案件情况

单位：件

登记复议申请:2159				受理后办结（含上年度结转）:1544					
受理	不予受理	告知处理	申请人撤回	维持	撤销	确认违法	责令履行	驳回	终止
1755	193	26	185	985	80	21	3	106	349

（二）打造行政复议制度的"深圳标准"

深圳是改革开放的排头兵，不乏创新精神。为提高行政复议效率，深圳在全国率先建立了行政复议的网上服务平台。对外，向公众及申请人开放网

---

① 以上数据根据深圳市司法局官方网站（http：//sf.sz.gov.cn/）公布的数据统计而来。

上预约申请、查询、阅卷、公告送达等全方位的便民服务；对内，实现全流程无纸化办案，并对每个环节做了精细化的规定，形成了行政复议制度的"深圳标准"。

（三）打造行政复议"深圳质量"

深圳行政复议案件数量已经连续多年占广东全省行政复议案件数量的三分之一，在"案多人少"的情况下，深圳通过以下措施确保行政复议工作在较大体量下保证了办案质量：一是坚持"刀刃向内"，加强内部监督和层级监督；二是坚持全面公开行政复议文书，确保公民知情权，确保公民对政府进行监督；三是坚持逐步增加听证案件数量，推动公民广泛参与行政复议过程。

四　深圳市法治政府建设未来展望

法治政府建设是法治建设的"牛鼻子"工程，深圳法治政府建设一直走在全国前列。自 2013 年广东省政府依法行政考评启动以来，深圳连续五年被评为优秀等次。2017～2018 年，深圳市两度获评"全国法治政府建设典范城市"。2019 年中国社科院等机构发布的《中国营商环境与民营企业家评价调查报告》从政务环境、市场经营环境、社会环境、法治环境、开放环境五个方面对全国 34 个主要城市的营商环境进行了评估，评估结果显示深圳法治环境指数得分 81.49 分，位居全国第一。

深圳市法治政府建设工作取得一定成绩，但也存在薄弱环节。一是规章规范性文件修订程序需要优化。按照程序，规章规范性文件的立改废在改革事项确定后启动，滞后于改革事项的发布实施，这会带来法律风险和监管难题。二是政府管理服务水平仍需提升。利用信息化手段提升监管成效缺乏顶层设计，监管闭环远未形成；部分企业和群众反映对政府的政策文件和办事流程等不太清楚，办事难、办事繁现象依然存在。三是行政执法标准化、规范化水平有待提高。全市执法标准出台较早，针对行政执法状况缺乏全面而

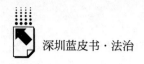

系统的评价指标体系，针对执法辅助人员队伍建设和管理也缺乏制度和规范。四是基层法治力量薄弱。原区法制办人员转隶率较低，法治力量出现了断档；基层执法力量配备不充足，影响了执法效率；基层执法队伍聘用的驻队律师或法律顾问流动率高，工作成效难以保证。

2020 年，深圳市司法局将认真学习贯彻落实党的十九届四中全会精神，将按照中央依法治国办对法治政府建设示范创建的方向性要求，紧紧围绕建设粤港澳大湾区和中国特色社会主义先行示范区两大战略，根据市政府工作报告的任务部署，坚持在法治的轨道上推进社会改革创新，从立法"变通规定"、法治政府建设示范创建、合规示范区建设、优化法治化营商环境、服务民营企业、提升涉外法律服务水平、建设模范法治社会等方面发力突破，推动"双区"建设早日落地，不断提高法治政府建设水平，加快打造一流的法治政府，全面提高法治化治理能力，为完善国家治理体系和治理能力提供"深圳样本"。

（一）率先达标法治政府建设示范城市

2019 年，中央依法治国办发布了《市县法治政府建设示范指标体系》，这是全国层面首个法治政府建设指标体系。深圳市司法局对其中的 8 项一级指标、34 项二级指标、100 项三级指标以及 4 项附加项进行了逐一分析并编制了解读材料，作为深圳各区、各部门法治政府建设示范创建申报指引。对标法治政府建设示范创建要求，实现靶向提升，努力成为全国法治政府建设示范城市。全力打造一批示范项目，形成可参照、可借鉴范例，实现全市法治政府建设进程的整体推进，积极创建全国法治政府建设示范城市。

（二）筑牢领导干部法治信仰之基

筑牢领导干部法治信仰之基、树立社会主义法治理念，是推动法治政府建设的关键一环。筑牢领导干部法治信仰之基，必须坚持法律面前人人平等，树立以人为本的理念，进一步落实法治建设第一责任人制度，坚持重大行政决策目录制度，坚持问政于民、问计于民、问需于民、问效于民，自觉接受人大、政协和社会监督，做到重大事项向人大报告、向政协通报，认真听取人大代表、政协委员、各民主党派、各人民团体以及社会各界的意见建议，主动回应市民关切。筑牢领导干部法治信仰之基，要发挥"关键少数"带头学法守法的示范作用，继续推进深圳市政府常务会议"局长讲法"活动，推动实施行政机关负责人出庭应诉、部门领导班子成员旁听庭审等场景式教育方式，抓住领导干部这个"关键少数"，凝聚依法行政共识。

（三）进一步推进政府职能转变

按照《国务院机构改革和职能转变方案》要求，要转变政府职能，继续简政放权，减少审批事项，完善各项行政管理制度，提高行政效率。全面梳理行政审批事项，并进行分类优化调整，针对保留事项进一步优化审批流程、精简申请材料、完善工作规范。对执法主体职权事项进行全面梳理，规范裁量基准制定备案流程，探索制定《行政执法辅助人员管理条例》，建立行政执法效能量化评价体系，全面提升执法标准化水平。建设"互联网＋监管"平台，推进监管事项全覆盖、监管过程全记录和监管数据的共享、分析和预警。推进政务公开，加快推进审计监督全覆盖。

（四）进一步营造法治化营商环境

以打造国际一流营商环境改革创新实验区为目标，推出新一轮优化营商环境改革政策与制度机制。携手香港建设国际法律服务中心和国际商事争议解决中心，完善"走出去"法律服务体系和服务网络，大力发展国际化的专业服务，提升法律服务业水平。全面清理与企业性质挂钩的各种歧视性规定，在推进国企国资综合改革、做强做优做大国有资本的同时，切实保障民营企业公平参与竞争和同等受到法律保护的权利。围绕优化营商环境及时立法、修法、废法，破解营商环境痛点、堵点、难点问题；探索建立法治化营商环境评价指标体系，减少执法对企业正常经营的干涉。

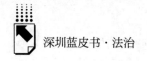

（五）建立完善的公共法律服务体系

公共法律服务是法治政府为社会提供"法治产品"的重要手段，要积极整合律师、公证、司法鉴定、调解等法律服务资源，建设覆盖全业务、全时空的法律服务网络，逐步形成覆盖全市、便捷高效、智能精准、普惠均等的公共法律服务体系，努力打造法律服务枢纽城市。重视加强公民法治意识，加强法治宣传教育，营造良好的法治氛围。率先打造法治政府信息平台，对政府立法、行政执法、执法监督、行政复议等领域的相关工作进行全面网络公开，推动政府法治网络化、数字化，为社会公众提供便捷优质的信息服务。

（六）完善重大行政决策制度机制

进一步落实《中共中央关于全面深化改革若干重大问题的决定》提出的"完善规范性文件、重大决策合法性审查机制"的决定。2016年深圳市人民政府颁布了《重大行政决策合法性审查办法》，对提高深圳市重大行政决策的质量、推进依法行政、加快法治政府建设起到了重要作用，但是随着社会发展与法治的推进，该办法也存在一定的问题。今后，深圳要进一步结合国务院《重大行政决策程序暂行条例》，修订完善《深圳市人民政府重大行政决策程序规定》，同时大力推进制度落实。

（七）探索改革决策和立法决策的同步启动机制

党的十八届四中全会在部署全面推进依法治国重大任务时明确要求："实现立法和改革决策相衔接，做到重大改革于法有据、立法主动适应改革和经济社会发展需要。"这是党中央对推进法治与推进改革之间关系的深刻认识，也表明对改革决策提出了法治化的高标准、高要求。因此，深圳当前需要切实解决法治滞后于改革，甚至拖改革后腿的问题，推动实施部门日常评估清理，对不适应经济社会发展的政府规章和规范性文件，主动及时启动立改废程序，重大改革决策都要做到于法有据。

参考文献

朱新力等：《中国法治政府建设：原理与实践》，江苏人民出版社，2019。

中国政法大学法治政府研究院主编《法治政府蓝皮书：中国法治政府发展报告（2018）》，社会科学文献出版社，2019。

陶一桃、魏建漳：《深圳改革创新之路（1978—2018）》，中国社会科学出版社，2018。

罗思主编《深圳蓝皮书：深圳法治发展报告（2019）》，社会科学文献出版社，2019。

吴定海主编《深圳蓝皮书：深圳经济发展报告（2019）》，社会科学文献出版社，2019。

郑成良、高志刚、王波、马斌：《法治政府的理念、制度与决策》，上海人民出版社，2018。

B.7
2019年深圳政府信息公开工作情况与完善建议

李朝晖 *

摘　要： 2019年深圳通过加强平台与制度建设持续提升政府信息公开工作水平，主动公开内容基本做到"应公开尽公开"，依申请公开均得到及时处理，政府信息公开行政复议、行政诉讼案件较2018年有所减少。但深圳政府信息公开工作也存在一些有待完善的方面，各级政府应当主动作为，通过在细节上完善工作机制和办事流程，发挥技术力量的作用，不断提高政府信息公开工作质量。

关键词： 信息公开　知情权　信息技术

一　2019年深圳政府信息公开工作水平不断提高

2019年4月国务院修订了《政府信息公开条例》（以下简称"新《条例》"），重新发布并于2019年5月15日起施行。新《条例》对于主动公开内容的规定更为明确，依申请公开程序更为完善，对行政机关责任约束更为刚性，相应地，对政府信息公开工作年度报告也提出了新的要求。2019年11月国务院办公厅政府信息与政务公开办公室专门下发了《关于

---

* 李朝晖，深圳市社会科学院政法研究所所长，研究员，主要研究方向为经济法、特区法治、信息法。

政府信息公开工作年度报告有关事项的通知》，对各级政府提交政府信息公开工作年度报告提出了具体要求，提供了年度报告具体格式。深圳市各级政府部门在新《条例》出台后，更加重视政府信息公开工作，重视加强政府信息管理、平台建设、监督保障，努力做好主动公开、依申请公开以及政府信息公开工作年度报告撰写与公开工作。2019 年深圳政府信息公开工作具体情况和特点如下。

（一）以平台与制度建设提升政府信息公开工作水平

1. 以标准化、规范化建设提升信息公开质量

新《条例》出台后，深圳市修订了市政府信息公开指南、公开目录、依申请公开工作规范和操作流程，完善绩效考核指标体系，并根据国务院办公厅印发的《2019 年政务公开工作要点》制定了《深圳市 2019—2020 年政务公开工作要点分工方案》，组织全市各单位完成政策解读和回应关切、决策和执行公开、重点领域信息公开、公开平台建设、完善公开制度建设等五大方面的 58 项工作。

各区也积极探索政府信息标准化、公开化的具体方式。以龙华区为例，该区在信息公开工作中突出制度建设，新《条例》一发布即修订出台了《深圳市龙华区政府信息公开规定》等 35 份有关政府信息公开的文件，以制度保障信息公开工作的标准化、信息化。对于信息公开内容范围，制定了"15 个领域 + 88 个类别 + 636 件事件"的主动公开目录；针对新《条例》规定的不予公开信息范围，从国家安全、经济安全等 10 方面梳理出信息公开的负面清单。对于信息公开工作流程，印发了《深圳市龙华区政务公开依申请公开操作流程》，对依申请公开的接收、受理、办结全流程进行规范，专门建立政府依申请模板库，实现答复模块化，确保答复质量和时效。

2. 乘"数字政府"建设之势优化信息公开平台

2019 年，深圳在政务服务数据管理局的统筹下，对全市政府门户网站进行集约化建设和管理，全市政府门户网站集约化到"深圳政府在线"，实

现一个入口可以办理所有部门的政务服务业务、阅读所有政府公开信息。同时对网站内容进行整合，丰富"政务公开、政务服务、政民互动、走进深圳"等的内容，方便公众搜索和浏览。在《2019年中国政府网站绩效评估报告》中，"深圳政府在线"位居副省级城市政府网站第一。与此同时，深圳出台《推进政务新媒体健康有序发展管理办法》，将全市政务新媒体进行集约整合，从最多时1800多个政务新媒体集约整合为200多个，使其成为公众了解深圳政府信息的重要窗口平台。"深圳微博发布"微博公众号、"深圳卫健委"微信公众号、"深圳交委"微信公众号等深受公众和业内人士好评。在传统的"一网两微"基础上，2019年初深圳市又建设了集政务服务、公共服务、便民服务等于一体的统一政务服务平台——"i深圳"App，推动提升深圳"掌上政府、指尖服务、刷脸办事"的建设水平。截至2019年底，"i深圳"平台已上线33个市级单位、10个区级政府门户以及18个国企门户，成为政府信息公开新平台。

深圳一些区也积极探索完善政府信息公开平台。坪山区实行由政务服务数据管理局统筹全区政务公开和数据开放的工作模式，通过打通流程、机制和数据，协调各单位统筹推进政务服务和政务公开工作，并在进行大数据平台建设时开展信息分级分类工作，对于主动公开事件，提前做好分级、分类管理，使政府信息公开逐渐从当前的"小数据公开"走向"大数据公开"，以满足市场、民众日益增长的对政务公开的需求。龙华区着力于政府信息公开平台的智慧化建设，在全市率先建成"产业政策查询平台"，将企业服务有关信息聚类整合，融合160多个数据项，形成拥有120万条信息的企业信息库，为企业提供精准匹配的扶持信息。

（二）主动公开内容基本做到"应公开尽公开"

2019年深圳政府门户网站"深圳政府在线"全年主动公开政府信息196125条，公开政策性文件1495件，发布政务动态2194条，回复社会公众留言48760次。《深圳市人民政府公报》全年共出版47期，并推进历史公报数字化，方便公众查阅；推进区级政府创办政府公报，到2019年底，

10个区全部创办了政府公报。按照《深圳市行政机关公文类信息公开审核暂行办法》，将"五公开"要求全面落实到公文办理程序中，从源头上规范公文公开工作，做到政府公文"应公开尽公开"。重视回应公众关切，公众关注度较高的重大建设项目批准和实施等重点领域、财政预决算等重点内容的信息公开，应在程序、标准、要求等方面不断完善；对于"两会"召开、经济数据发布、重大改革措施出台、重大突发事件发生等重大时间节点，做好新闻发布、政策解读、回应公众问题等工作，满足公众对信息的需求。有序开放政府数据，出台《2019年度政府数据开放计划》，按计划向社会开放政府机构、财税金融、交通运输、教育科技、卫生健康、企业信用等14个领域、1584类目录、2.5亿条数据。

（三）依申请公开均得到及时处理

2019年深圳全市共受理政府信息公开申请3781件。① 市政府41个工作部门共收到信息公开申请2554件，全市10个区共收到信息公开申请1363件。② 市政府各工作部门、各区对收到的信息公开申请均在时限内予以回复。依申请公开工作具体特点如下。

1. 政府各工作部门信息公开申请量悬殊

绝大多数政府工作部门收到的政府信息公开申请量不大，但有少数几个政府工作部门收到的申请量较大。申请量最大的5个部门的具体情况分别为：市场监督管理局742件，约占全市申请量的20%；规划和自然资源局437件，约占全市申请量的12%；住房和建设局258件，约占全市申请量的

---

① 数据来源：《深圳市人民政府2019年政府信息公开工作年度报告》。

② 市政府各工作部门信息申请总数为各工作部门2019年政府信息公开工作年度报告中申请数的加总，10个区信息申请总数为各区2019年政府信息公开工作年度报告中申请数的加总。可能由于有些垂直管理部门在市政府工作部门中统计了申请量，又在各区政府信息公开中重复统计，故市政府各工作部门信息公开申请量与各区申请量总和大于全市申请总数。此外，本报告关于全市的数据均来源于《深圳市人民政府2019年政府信息公开工作年度报告》，关于各政府工作部门的数据均来源于该部门2019年政府信息公开工作年度报告，关于各区的数据均来源于该区2019年政府信息公开工作年度报告。

7%；卫生和健康委员会192件，约占全市申请量的5%；市政府办公厅138件，约占全市申请量的4%。上述5个部门的申请量约占全市总申请量的48%。此外，全年信息公开申请量超过50件的部门还有：公安局（84件）、生态环境局（83件）、交通运输局（67件）、财政局（60件）、教育局（58件）、人力资源和社会保障局（58件）、地方金融监督管理局（58件）。而其他30个政府工作部门的申请量总共仅317件，其中有6个部门没有收到信息公开申请。可以看出申请量较大的主要是与市场经济和民生直接相关的部门。

由图1可知，向10个区政府（含新区管委会）申请信息公开的总量为1363件，最多的是南山区有250件，最少的坪山区、大鹏新区均只有59件。也可以看出，各区申请量与经济规模关联较大。经济规模最大的南山区申请量最大；龙岗区、福田区、宝安区经济规模分别位居第二、第三、第四，申请量均较大且相差不大；而经济规模较小的盐田区、坪山区、大鹏新区申请量均较小；仅罗湖区例外，虽经济规模远小于福田区、宝安区、龙岗区，信息公开申请量却远多于这3个区，排名全市第二，其原因有待研究。

2. 提出政府信息公开申请的主要为自然人

提出政府信息公开申请的主体主要为自然人，占全部申请的比例为

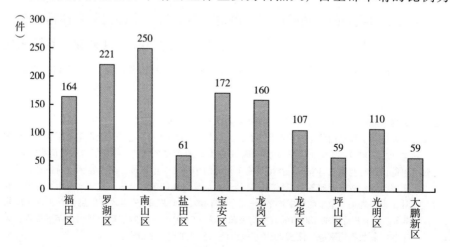

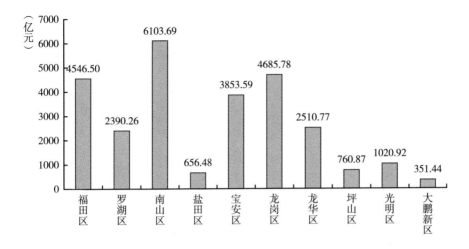

图1 2019年深圳各区政府信息公开申请量与GDP对比

资料来源：各区GDP数据来源于《深圳市2019年国民经济和社会发展统计公报》。

88.07%；其次是商业企业，占6.53%；科研机构、社会公益组织、法律服务机构及其他提出的申请均较少（见表1）。

表1 2019年深圳市政府信息公开申请人情况

单位：件，%

	自然人	商业企业	科研机构	社会公益组织	法律服务机构	其他	总计
申请件数	3330	247	60	57	15	72	3781
占全部申请比例	88.07	6.53	1.59	1.51	0.40	1.90	100

　　具体到政府各部门和各区，则略有差别。虽然总体上向各部门、各区申请信息公开的主体以自然人为主，但亦有少数区和部门的自然人申请所占比例没那么高。例如，2019年盐田区61件政府信息公开申请中，自然人申请仅27件，占总数的44.26%，有29件为科研机构申请，占总申请量的47.54%；罗湖区则有一定比例的商业企业、科研机构和社会公益组织申请，故自然人申请占比相对低于其他区（除盐田区），仅为71.49%（见表2）。

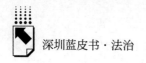

表2　2019年深圳各区政府信息公开申请人情况

单位：件，%

		福田区	罗湖区	南山区	盐田区	宝安区	龙岗区	龙华区	坪山区	光明区	大鹏新区
自然人申请	件数	147	158	215	27	153	135	92	52	106	48
	占比	89.63	71.49	86.00	44.26	88.95	84.38	85.98	88.14	96.36	81.36
商业企业申请	件数	10	18	31	5	18	14	10	6	3	4
	占比	6.10	8.14	12.4	8.20	10.47	8.75	9.35	10.17	2.73	6.78
科研机构申请	件数	6	14	0	29	0	2	0	0	0	5
	占比	3.66	6.33	0.00	47.54	0.00	1.25	0.00	0.00	0.00	8.47
社会公益组织申请	件数	0	25	0	0	1	9	1	1	1	0
	占比	0.00	11.31	0.00	0.00	0.58	5.63	0.93	1.69	0.91	0.00
法律服务机构申请	件数	0	0	0	0	0	0	1	0	0	1
	占比	0.00	0.00	0.00	0.00	0.00	0.00	0.93	0.00	0.00	1.69
其他	件数	1	6	4	0	0	0	3	0	0	1
	占比	0.61	2.71	1.60	0.00	0.00	0.00	2.80	0.00	0.00	1.69
总计	件数	164	221	250	61	172	160	107	59	110	59
	占比	100	100	100	100	100	100	100	100	100	100

3. 依申请公开能够得到及时处理

2019年深圳全市全年新收到政府信息公开申请共3781件，2018年结转政府信息公开申请89件，全年办结政府信息公开申请3800件，结转下年度继续办理70件，这显示本年度内政府信息公开申请能够及时办理，没有出现累积。各政府工作部门和各区政府信息公开工作年度报告也显示，政府信息公开申请均按时效得到办理。

在办结的3800件中，予以公开的1680件，占44%；部分公开的527件，占14%；不予公开的213件，占6%；无法提供的989件，占26%；不予处理的94件，占2%；其他处理的297件，占8%（见图2）。

（四）政府信息公开行政复议、行政诉讼案件较2018年有所减少

公众对政府信息公开工作有争议可以提起行政复议或行政诉讼，相关行政复议、行政诉讼案件及其处理情况反映了公众对政府信息公开工作的满意

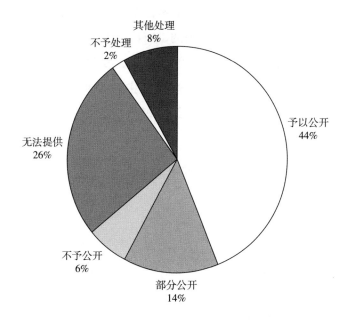

图2　2019年深圳政府信息公开申请办结情况

度和政府信息公开工作质量，也反映了相关纠纷解决机制运作情况和纠错机制发挥作用情况。2019年，深圳关于政府信息公开的行政复议案件、行政诉讼案件较2018年有所减少，说明公众对政府信息公开工作不满意的现象有所减少。

1. 行政复议案件、行政诉讼案件较2018年有所减少

全市全年共有政府信息公开行政复议案件115件，审结94件。行政诉讼案件104件，审结61件，其中未经复议直接起诉83件，审结52件；复议后起诉21件，审结9件。而2018年办结政府信息公开行政复议案件114件，已判决或裁定行政诉讼案件146件。① 可以看出，2019年总案件量低于2018年审结案件量，行政复议案件、行政诉讼案件有所减少。

2. 行政复议发挥较好的纠错作用

已经审结的行政复议案件，结果维持的64件，占68.09%；结果纠正的13件，占13.83%；其他结果的17件，占18.09%。行政诉讼中，

---

① 2018年数据来源于《深圳市人民政府2018年政府信息公开工作年度报告》。

审结未经复议直接起诉的 52 件；结果维持的 41 件，占 78.85%；结果纠正的 1 件，占 1.92%；其他结果的 10 件，占 19.23%。此外，审结复议后起诉 9 件，全部为结果维持。可以看出，复议对政府信息公开申请处理不当具有较好的纠错作用，行政复议中结果纠正占到 13.83%，复议后起诉案件全部为结果维持，未经复议直接起诉的案件仅 78.85% 为结果维持（见图 3）。

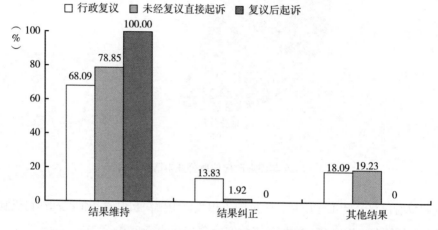

图 3　2019 年深圳政府信息公开行政复议、行政诉讼案件审结情况

3. 各区、各部门信息公开行政复议、行政诉讼案件情况差异较大

2019 年深圳市政府大多数工作部门没有关于政府信息公开的复议案件，案件较多的分别是市场监督管理局（19 件）、规划和自然资源局（14 件）、公安局（6 件）、卫生健康委员会（5 件）。市场监督管理局政府信息公开 19 件复议案件中，结果维持 14 件，结果纠正 5 件，纠正率达 26.32%，纠正率较高，说明该局政府信息公开工作质量有待提高。大多数区政府信息公开行政复议、行政诉讼案件不多，但宝安区有信息公开行政复议案件 36 件，而该区政府信息公开的行政诉讼案件也有 7 件（未经复议直接起诉案件 6 件，复议后起诉案件 1 件）。宝安区已经办结的 28 件行政复议案件中，结果维持的仅 14 件，占 50%，结果纠正的 3 件，其他结果的 11 件，可见其政府信息公开工作质量也有待提高。

二 深圳政府信息公开工作有待完善的方面

（一）少数部门存在依申请公开办理不规范现象

国务院办公厅政府信息与政务公开办公室下发的《关于政府信息公开工作年度报告有关事项的通知》要求，所有的政府信息公开申请，原则上都应当按照法定的处理方式做出处理，即根据具体情况予以公开、部分公开、不予公开、无法提供或不予处理，"其他处理"应该只是极少数特殊情况，深圳全市却出现了8%的"其他处理"。分析深圳市各政府部门和各区2019年政府信息公开工作年度报告后发现，绝大多数部门和区"其他处理"的比例很低或者没有这一情况，之所以会出现全市8%的比例，主要是因为少数部门和少数区对公开申请做"其他处理"件数较多或者占比较高，拉高了全市"其他处理"的比例。例如，市场监督管理局57件、市政府办公厅43件、规划和自然资源局24件、人力资源和社会保障局19件、教育局17件、司法局11件、卫生健康委员会9件、交通运输局7件、公安局5件，有3个单位占到总申请量的30%以上（见表3）。10个区中，南山、盐田两个区对公开申请做"其他处理"的比例较高，均约占20%（见表4）。这一问题应当引起重视，分析研究产生这一情况的原因并及时解决相关问题。

表3 2019年深圳市依申请公开案件以"其他处理"办结件数较多的政府部门情况

单位：件，%

	市场监督管理局	市政府办公厅	规划和自然资源局	人力资源和社会保障局	教育局	司法局	卫生健康委员会	交通运输局	公安局
2019年度办结政府信息公开申请数	742	139	453	58	58	35	202	67	83
1.予以公开	528	5	92	16	13	10	141	33	19
2.部分公开	41	5	229	4	5	6	8	1	1

续表

	市场监督管理局	市政府办公厅	规划和自然资源局	人力资源和社会保障局	教育局	司法局	卫生健康委员会	交通运输局	公安局
3. 不予公开	51	3	26	11	6	4	10	3	8
4. 无法提供	63	76	79	8	16	3	24	21	44
5. 不予处理	2	7	3	0	1	1	10	2	6
6. 其他处理	57	43	24	19	17	11	9	7	5
"其他处理"占比	7.68	30.94	5.30	32.76	29.31	31.43	4.46	10.45	6.02

表4　2019年深圳市各区依申请公开案件办结情况

单位：件，%

	福田区	罗湖区	南山区	盐田区	宝安区	龙岗区	龙华区	坪山区	光明区	大鹏新区
2019年度办结政府信息公开申请数	160	244	256	61	173	157	107	59	96	59
1. 予以公开	87	76	91	18	74	64	45	21	30	26
2. 部分公开	5	22	35	15	24	17	7	5	0	26
3. 不予公开	10	7	7	2	18	9	4	4	13	0
4. 无法提供	50	115	71	7	41	57	44	29	50	7
5. 不予处理	2	20	2	6	6	6	3	2	3	0
6. 其他处理	6	4	50	13	10	4	4	1	0	0
"其他处理"占比	3.75	1.64	19.53	21.31	5.78	2.55	3.74	1.69	0.00	0.00

（二）信息公开行政复议、行政诉讼案件审结率偏低

2019年深圳全市全年共有政府信息公开行政复议案件115件，审结94件，审结率为81.74%。行政诉讼案件104件，审结61件，审结率仅为58.65%，审结率总体偏低。其中未经复议直接起诉83件，审结52件，审结率为62.65%；复议后起诉21件，审结9件，审结率仅为42.86%（见图4）。

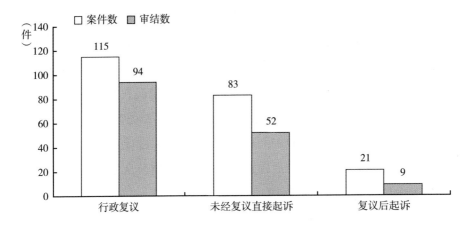

图4　2019年深圳政府信息公开行政复议、行政诉讼案件办理情况

（三）政府信息公开工作队伍专业化水平有待进一步提高

政府信息公开工作年度报告既是一年政府信息公开工作的总结与展望，也是政府信息公开工作的一部分。政府信息公开工作年度报告撰写质量反映了政府信息公开工作队伍的业务素质。深圳市政府各工作部门、各区政府信息公开工作年度报告撰写质量总体较高，但也存在一些问题。

1. 少数部门政府信息公开工作年度报告撰写不规范

新《条例》发布实施后，国务院办公厅政府信息与政务公开办公室专门下发《关于政府信息公开工作年度报告有关事项的通知》，深圳绝大多数政府部门能够按照国务院办公厅政府信息与政务公开办公室和深圳市政府信息公开办公室的要求撰写政府信息公开工作年度报告，但仍有多个政府工作部门发布的政府信息公开工作年度报告内容笼统模糊、泛泛而谈，甚至未按规定格式撰写。例如，科技创新委、住房和建设局、文化广电旅游体育局、气象局、国资委、政务服务数据管理局等部门的政府信息公开工作年度报告对于依申请公开案件处理的具体情况未按要求提供相应数据；建筑工务署、市政府发展研究中心等部门的政府信息公开工作年度报告未提及依申请公开情况以及政府信息公开行政复议案件、行政诉讼案件情况。

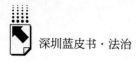

2. 有些部门存在混淆政府信息公开工作与政务服务信息化工作问题

有些部门在介绍政府信息公开平台建设时，混淆政务服务平台与政府信息公开平台，将政务服务平台建设情况当作政府信息公开平台建设情况进行介绍，并着重介绍信息平台中信息公开功能及运行情况。例如，政务服务数据管理局在"加强重点信息平台建设"部分，主要介绍政务服务平台的建设，特别是对"i 深圳"App 中审批功能及应用效果进行介绍，并未介绍政府信息公开功能情况，仅在最后提到"i 深圳"微信公众号的推送量及粉丝量，占整个部分不到 10% 的篇幅。

3. 个别部门存在混淆政府信息公开行政复议、行政诉讼案件与其他行政复议、行政诉讼案件问题

《深圳市公安局交通警察局 2019 年政府信息公开工作年度报告》显示，该局全年信息公开申请总数为 45 件，政府信息公开行政复议案件却高达4526 件、行政诉讼案件高达 246 件，远高于全市总数，显然数据存在错误，可能是将该部门其他行政复议案件、行政诉讼案件误作为政府信息公开行政复议案件、行政诉讼案件，这说明有关工作人员对政府信息公开工作存在理解偏差，亟待加强对信息公开工作人员的业务培训。

三　完善政府信息公开工作的建议

总体而言，2019 年深圳政府信息公开工作中，公开信息持续增加，及时性增强，便捷度提高，重视回应公众关切，政民互动不断增多，政府信息公开在线办理水平显著提高。这一方面得益于新《条例》对政府信息公开的标准化、规范化、信息化方面提出了更高的要求，同时有其他多方面因素的影响：一是国家治理理念的变化促使政府信息公开的自觉性明显增强；二是随着经济社会的发展，公众对实现知情权、参与权、监督权的期待值提高，社会对政府信息的需求增多，这也从外部倒逼政府加强信息公开工作；三是信息和智能技术的快速发展为提高政府信息公开工作水平提供了有利的条件。展望未来，各级政府应当主动作为，

通过在细节上完善工作机制和办事流程，发挥技术的力量，不断提高政府信息公开工作质量。

（一）充分发挥政府信息管理动态调整机制的效用

新《条例》要求行政机关应当建立健全政府信息管理动态调整机制。对于这一规定，各行政机关应当定期对本地区、本部门不予公开的政府信息进行评估审查，一旦发现因情势变化可以公开的政府信息应当适时将其转为公开信息。对于较多申请人就相同的政府信息提出公开申请，而该政府信息属于可以公开的，行政机关应当将该信息纳入主动公开范围。对于原属于依申请公开的信息，但公众认为涉及公众利益调整、需要公众广泛知晓或者需要公众参与决策，相关行政机关应对相关信息进行审核，确属于主动公开范围的，应当及时主动公开。在这方面，坪山区已经有些探索实践，深圳应当总结推广相关经验，积极探索建立主动公开内容范围动态调整机制，通过对信息公开申请的分析，研究申请公开的特点和公众的关注点，对于有较多群众关注且可以公开的事件，适时将其转列入主动公开目录，以更好地保障公众的知情权。

（二）尽快从细节上完善依申请公开办理流程

依申请公开的接收、受理、办结全过程涉及诸多环节，有的需要相关业务部门协查，有的需要跟其他部门进行会商，从答复格式、答复时限到办结归档各环节都要有明晰的标准和规范，才能确保具体工作人员高质、高效完成办理工作。以会商机制为例，要通过明晰的程序约束被会商部门和人员，确保相关部门配合会商工作。再以新《条例》增加的补正程序为例，过去申请人向政府部门提交的信息公开申请的内容如果不明确，有些政府部门直接回复信息不存在即告完成。而补正程序要求被申请公开信息的政府部门，在申请人的申请内容不明确时，要主动与申请人沟通并给予指导，告知申请人需要补正的内容和补正期限。补正程序有利于申请人知情权的更好实现，这一程序的执行状况将显示政府信息公开的诚意。但对于在这一程序中应如

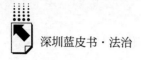

何与申请人沟通才能使申请人了解自己如何补正，从而发挥这一程序对公众知情权的保障作用，尚需要有明晰的规则以规范工作人员的操作。

（三）加强政府信息的加工制作工作以更好地满足社会需求

新《条例》规定："行政机关向申请人提供的信息，应当是已制作或者获取的政府信息。除依照本条例第三十七条的规定能够作区分处理的外，需要行政机关对现有政府信息进行加工、分析的，行政机关可以不予提供。"从实践情况看，申请公开信息有相当比例因为"没有现成信息需要另行制作"而无法提供，出现信息偏好错位现象。行政机关应当研究申请人的共性需求，对于有较多人申请而政府通过对已经持有的信息稍加整理就可以满足申请人需求的，可以考虑开展相关信息的整理、加工、制作工作；对经济社会管理或经济社会活动有直接参考价值的，可以探索利用大数据、云计算等技术，开展信息加工处理工作，为提高经济社会管理水平和经济社会运行效率提供信息支持。

（四）充分发挥政务服务数据管理局在提高信息公开质量中的作用

政府信息公开是一件全链条、全过程的系统工作，与信息化建设息息相关。新一轮机构改革后，各地都成立了政务服务数据管理局或类似机构，负责统筹推进"智慧城市"、"数字政府"和电子政务建设，以及政务数据的日常管理，并对电子政务项目建设实施集约化管理和监督指导。政务服务数据管理局的成立，对整个电子政务项目建设和政务服务数据一体化的推动作用已经显现。各政府部门应当充分利用这一契机，借助技术改善之机，完善信息公开工作机制，提高信息公开的质量、公众获取信息的便捷度和办理依申请公开事件的便捷度。特别是一些受制于单位规模小而在信息化方面无力投入太多经费和人力资源的部门，以及电子政务发展相对落后的地方，应当主动争取政务服务数据管理局的技术指导和支持，积极配合电子政务项目建设和实施集约化管理，推进改善技术、规范管理，在数据化和信息公开工作方面迎头赶上。

（五）提升政府信息公开工作人员的专业能力

将政府信息公开工作情况纳入政府绩效考核，倒推各级政府及其部门重视政府信息公开工作。鼓励各政府部门明确由专人负责政府信息公开工作，深圳市政府信息公开办公室应当统筹政府主要负责人和信息公开工作人员的培训，通过系统化培训，提高政府信息公开工作的专业化水平。不仅要对具体从事政府信息公开工作的人员进行常规业务培训，提高其具体工作能力；也要对地区、部门负责此项工作的领导进行培训，推进主要领导深刻理解新《条例》，重视政府信息公开工作，进而抓好本地区、本部门政府信息公开工作。

参考文献

田禾、吕艳滨主编《中国政府透明度2019》，中国社会科学出版社，2019。

郭育艳：《社会管理创新视角下政府信息公开问题研究》，中国财政经济出版社，2016。

段尧清、汪银霞：《政府信息公开机制研究》，高等教育出版社，2014。

李朝晖：《信息公开与重建政府信任》，《南方论丛》2012年第4期。

张竞丹、陈希：《我国政府信息公开存在的问题及解决对策》，《法制与社会》2019年第1期。

B.8
政府与市场关系视野下的深圳
城市更新政策及其法治化

邓达奇　张泊宁*

摘　要： 作为城市更新活动中的两大主体，政府是公共利益维护者，市场是私人利益的追求者，利益和角色的不同决定了二者的关系不可避免会出现冲突和错位。深圳市城市更新政策在协调政府和市场的关系、实现双方利益平衡的过程中实现了自身价值的升华，其外化表现为：为解决市场失灵，政府从"不积极干预"到"谦抑干预"的转变。在法治范畴考量深圳城市更新政策，它应有一个向法律转型的路径：一方面，对现有政策进行整合和类型化，为政策的法律化奠定基础；另一方面，加快特区城市更新基本法的出台，指导政府和市场依法参与城市更新活动。当然，随着政府介入的程度越来越深，应警惕政府过度干预而限制市场更新改造的积极性，通过法律规范政府权力的运行。

关键词： 城市更新　政府和市场　法治　深圳

政府与市场作为城市更新活动中最重要的主体，有着不同的利益诉求和

---

* 邓达奇，法学博士，西南政法大学法学博士后研究人员，深圳市社会科学院政法研究所副研究员，主要研究方向为法理学、宪法与行政法学；张泊宁，法学硕士，广州市道路扩建工程办公室职员，主要研究方向为经济法。

既定目标，这决定了它们在更新改造中的角色定位与行为方式。城市更新的过程也是政府与市场利益博弈、力量制衡的过程，在互动与对抗之下，两大团体在谋求平稳发展的同时也不可避免地出现关系的冲突与错位。此时，城市更新政策作为利益调整工具，作用于二者的相互关系，在原有调控机制失灵时，及时地进行自我改进和转型以解决既有政策模式下出现的问题与矛盾，重塑各方角色定位，实现利益平衡。从资源优化与责任分配的角度回顾深圳市城市更新政策发展的不同阶段，可以看到深圳城市更新政策呈现出一种波浪式前进的演变过程。在深圳城市更新实践日渐成熟的今天，呼吁加快出台统一的特区城市更新法规，指导政府和市场依法参与城市更新活动，实现城市更新政策的法治化进程。

一 "利益—角色"维度：城市更新中政府与市场的关系

政府与市场分别代表公共部门和私人部门的意志，在城市更新中利益导向不同，角色定位各有区别，在更新活动中的行为方式则各有侧重。通过"利益—角色"的维度思考政府和市场的关系，以明确政府和市场的行为和权责的边界，指明城市更新政策的制定方向。

根据国家和政府诞生的历史，政府是公共利益的代表，这是其作为国家管理者的本源，实现公共利益最大化是政府的法定职责。而公共利益是城市更新的刚性条件，[①] 城市更新必须满足住房、学校、医院等一定比例的公共设施建设需求，提升居民生活水平，提高公共服务质量，优化城市整体功能结构。而城市公共设施易引发"搭便车"的现象，生产成本大于经济收益，市场主体往往不愿意提供这类公共产品，它只能由代表公众利益的政府来生产。简言之，城市公共利益需要依赖以政府为代表的公共选择机制才能实

---

① 王嘉、黄颖：《基于多主体利益平衡的深圳市城市更新规划实施机制研究》，中国城市规划年会论文集，2015，第830页。

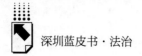
现。因此，无论从政府的本质还是功能来看，政府追求的社会价值应高于其他的价值，它是城市更新中公共利益的代表者和维护者。

市场参与城市更新的动因在于其能够在土地和房地产开发中获得经济回报，市场主体的逐利本性决定了在其他条件相同的前提下，它们更倾向于选择获利前景更大的更新模式和项目。如果更新后的收益大于更新的投入和维持现状的预期收益，市场主体就有参与和转型的积极性。市场主体一旦有了积极性，土地交换财富的积累带动产业发展和优化升级，城市空间效益就随之提高。正如亚当·斯密的"经济人"假设："他追求自己的利益，往往使他能比在真正出于本意的情况下更有效地促进社会的利益。"① 因此，市场追求的经济价值高于其他的价值，在主动追求个体的利益最大化的同时，被动地拉动城市整体经济效率的提高。

政府和市场利益角色的固有差异使它们各自进行收益计算，双方力量在博弈中产生波动，城市更新政策则根据这样的波动，作用于二者的相互关系——市场主体对于更新规划编制的需求是尽可能地取得更多的商业空间以争取更大的盈利空间，最大限度压缩成本和增加财富积累，然而，"企业家"的逐利本性和有限理性常常会导致企业利益与社会利益之间的冲突。② 市场主体存在盲目提高开发容积率的动机，如果缺乏限制，则试图突破规则，改变用地功能，扭曲城市更新的整体规划，排挤公共利益实现的空间，此谓市场失灵。据此，为了解决市场失灵问题，将市场主体城市更新行为的负外部性内部化，政府又会加强调控，弥补市场主体在实现公共利益上的能力和积极性的不足。但此时如果政府要求公共利益的完整还原，或者政府角色代入过强、干预过度，则会降低经济效率以及市场的积极性，产生政府失灵。为了避免政府失灵，政府则会通过放弃部分公共利益来换取经济效率，出台提高容积率等因势利导的政策。可见，政府和市场可同时被置于一个政

---

① 〔英〕亚当·斯密：《国民财富的性质和原因的研究》（下卷），郭大力、王亚南译，商务印书馆，1981，第211页。

② 李树、许峻桦：《基于经济法学理探究"林张之争"中政府与市场的"博弈"》，《经济法论坛》2017年第1期，第7页。

策体系中加以考量，城市更新政策是协调分配政府和市场利益的重要手段，它的制定过程则是对政府与市场的资源分配关系、权责关系调整的过程。城市更新政策必须在政府和市场的博弈过程中不断调整和自我矫正，才能找到弥合修补市场和政府双失灵、实现政府有为和市场有效的平衡点。

二 关系错位与平衡：深圳城市更新政策的演进

政策是国家调整各种社会关系的权力实施手段，因此，在调整政府与市场的关系时，城市更新政策是作用于二者关系的政府权力运作的外在表现。换言之，通过观察政府权力运作的方式和强度可以窥见政府和市场的关系。由于政府权力运作强弱不一，政府和市场的关系也会因此发生相应变化。与其他城市"政府主导—适度放权—统筹规划"的城市更新政策演变路径不同，深圳市的城市更新政策自始至终都是采用"市场主导"的独特模式，政府往往扮演着不积极干预的角色。这是因为深圳市场化程度较高，并不具有"强势干预"的行政惯性，在城市更新中，政府并不占据利益的最高点。这种模式打破了其他城市以政府为唯一主体的常规做法，鼓励多元的改造主体，能够在一定程度上促成"蓬勃多赢、利益共享"之局面。[1] 从 2010 年到 2019 年 12 月 19 日，已列入城市单元计划项目的有 825 项，已获得专项批复的为 484 项，通过率达 59%。[2] 然而，政府角色的缺位造成政府与市场关系的错位，不可避免地暴露出许多问题。在解决问题的过程中，深圳城市更新政策进行自我修订，通过寻找平衡政府与市场关系的最适宜的途径，实现了政策内在价值的升华。

（一）不积极干预——传统意义上的城市更新政策模式

充分市场化、政府介入程度低是贯穿深圳历年城市更新实践的显著特

---

① 刘昕：《深圳城市更新中的政府角色与作为——从利益共享走向责任共担》，《国际城市规划》2011 年第 1 期，第 43 页。

② 数据来源于深圳市规划和自然资源局网站。

色。深圳城市更新政策遵循"政府引导—市场运作"的原则，集中表现在以下几个方面。一是政府向市场放权，采用市场机制，确定市场主体为更新主体。2004 年深圳市政府发布的《深圳市城中村（旧村）改造暂行规定》鼓励原城中村内股份合作企业自行或与有实力的机构合作开展旧村改造。2007 年出台的《关于工业区升级改造的若干意见》明确产权的合法继受人或与所有权主体签订委托改造协议的法人企业即可成为改造主体。2009 年，首次纳入立法层面的《深圳市城市更新办法》（以下简称《更新办法》）第二十六条的表述"签订土地使用权出让合同补充协议或者补签土地使用权出让合同"，实际上是迂回地允许协议出让土地作为城市更新建设用地使用权的取得方式。作为"招拍挂"的补充，这一让利市场的突破性举措，充分调动了多元的改造力量，极大地推动了城市更新进程。二是政府干预少，充当纯粹裁判者的角色，市场无论在项目计划和规划、前期工作还是项目建设的各个环节中，都具有很大的自由度。政府制定政策的重心在于如何积极调动市场力量，引导更新行为，以此来作为程序设计的依据。[①] 深圳市政府对城市更新活动的引导和监管主要体现在编制年度更新计划、更新专项规划，以及审批和控制方面，从更新目的、方向、规模、功能和运行机制等宏观层面进行统筹。政府在微观实施过程中的监管较少，而市场主体有权编制更新单元规划、确定具体的改造方案和拆迁补偿方案。只要符合立项标准的项目，经过常规审批，就视为具备行政许可依据。三是政府给予市场主体较大的政策支持。《更新办法》适用基准地价计收标准，同时对城中村拆除重建采取优惠地价补偿——容积率 2.5 以下部分不再补缴地价，容积率 2.5～4.5 部分按照基准地价的 20% 补缴，工业升级增加的建筑面积按基准地价的 50% 补缴，为开发企业节省了大量资金成本。2014 年 5 月发布的《关于加强和改进城市更新实施工作的暂行措施》，将原拆除重建类项目的合法用地比例 70% 的门槛降低至 60%，重点更新单元更降至 30%，为开发商进入更新项目进一

---

① 缪春胜、邹兵、张艳：《城市更新中的市场主导与政府调控——深圳市城市更新"十三五"规划编制的新思路》，《城市规划学刊》2018 年第 4 期，第 84 页。

步松绑。

《更新办法》确立的市场化更新模式高效地推动了深圳城市更新进程，但与此同时，政府的缺位带来了政府和市场关系的错位，产生市场失灵现象。其一，过于强调个体利益，无法有效兼顾公共利益。开发价值和地价成本是影响城市更新项目开发商获取利润的最大因素，而开发价值的大小取决于容积率的高低。政策允许采用基准地价标准计收地价，而基准地价相对于市场评估价的水平较低，意味着容积率提高的开发收益大于地价边际成本。[①] 再加上容积率指引不明确，开发企业存在盲目提高容积率、点状突破法定图则的逐利动机，在法定图则的公共设施指标固定不变的情况下，超额容积率所增加的公共设施需求难以满足，从而影响城市公共利益的实现。其二，规划指标设定时缺乏系统充分的论证，导致政府需求端和市场供给端的失衡。比如，根据 2014 年版的《深圳市城市规划标准与准则》（以下简称《深标》），工业用地分为普通工业用地（M1）和新型产业用地（M0），在没有科学预估产业发展所需的空间总量的前提下，设定 M0 的容积率上限为6.0，大于 M1 的 4.0，导致 90% 以上的"工改工"项目倾向于投资回报率更高的 M0 方向，产业发展供需失衡。其三，宏观规划难以强制约束单元规划，政府决策层面和市场实施层面脱节。[②] 市场作为实施主体的开发多为碎片化、零散化的开发，城市整体统筹发展不协调。而在三大更新模式中，拆除重建类是收益最高的，从 2010 年起，拆除重建类更新占据了 90%。同时，工改商住的比例远超工改工的比例，这都是政策整体统筹谋划不足的结果。其四，滋生市场乱象，出现村企私下倒卖城市更新项目的非法流转活动。

（二）谦抑干预——内在价值升华的城市更新政策模式

针对市场主导模式产生的问题，自 2016 年深圳"十三五"更新规划颁

---

① 黄晓燕、曹小曙：《转型期城市更新中土地再开发的模式与机制研究》，《城市观察》2011年第 2 期，第 15~22 页。

② 缪春胜、邹兵、张艳：《城市更新中的市场主导与政府调控——深圳市城市更新"十三五"规划编制的新思路》，《城市规划学刊》2018 年第 4 期，第 85 页。

布起，深圳城市更新政策呈现出如下演变：市场主导的城市更新开始受限，政府规制引导加强，城市个体利益的实现空间受限，公共利益属性加重。但此处的政府规制并非回归传统的、直接的、强势的行政管制，而是一种谦抑干预①——它的特征是灵活的，它的程度是适度的，它的方式是因势利导的、与市场手段并用的，它的效果是能使行政力量与市场力量相得益彰、能够实现公共利益与私人利益的协调。这一阶段的政策呈现以下特征。

一是"市场主导"模式受到限制。首先，政府以审批手段加强对更新项目的管控。收紧对旧村、旧工业区和工改商住的改造项目的审批，加大对产业类和保障住房类改造项目的审批，防止城市更新地产化，以满足粤港澳大湾区规划对深圳城市更新产业空间和产业升级提出的更高的要求。其次，进一步加大计划清理力度，建立项目计划全过程评估、清理和调整的监管机制。根据 2019 年 5 月《关于施行拆除重建类城市更新单元计划有效期管理的通知（征求意见稿）》，截至 2019 年 5 月，约有已纳入更新计划的 190 项更新单元计划不能获得批复，将到期失效。2019 年 6 月 6 日发布《关于深入推进城市更新工作促进城市高质量发展的若干措施》（以下简称《若干措施》）更是要求严格实施计划清理制度，根据这项规定，预估三年内纳入更新计划的项目约有 15% 将被调出，一旦调出，三年不得重新申报拆除重建类单元计划。再者，政府还加强对市场更新主体的资质和信用的审核，释放通过公开招标的形式选择有实力的更新主体的信号②。

二是"公共利益"逐渐从一个抽象的概念转化为可操作性的政策措施。一方面，统一提高公共配套设施、保障性住房和创新产业用房的比例。在公共资源稀缺的区域创设重点更新单元制度，由政府主导编制更新单元规划，重点单元空间的分配向公共设施倾斜。③ 非独立占地公配规模上调，全市规

---

① 谦抑干预来源于刑法学概念"刑法的谦抑性"，它的价值理念集中体现为"慎刑"。此处类比引申为行政干预的适度谦和，摒弃恣意的干预。

② 鹿丹村改造项目是首个采用向下竞价的土地出让方式的旧改项目，每次应价就将相应地减少建筑面积，从而达到降低容积率的目的。

③ 夏欢：《深圳市城市更新进程中土地政策变迁与反思》，《中国国土资源经济》2018 年第 9 期，第 26 页。

模由调整前的 87 万平方米上升为 95.7 万平方米，增幅约为 10%。① 另一方面，各区也开始设定从用地面积的要求，到设施类型、占比和实施责任等精细化的条件来保障城市公共配套设施工地及建设。比如龙岗区在 2017 年《龙岗区城市更新工作指引》中特别规定落实如学校、医院、轨道交通、次干道以上道路、河道整治等公共服务设施和基础设施，且土地移交率不低于 35% 的项目，将优先推进。

三是多采用与市场手段结合的激励机制。2018 年 11 月，深圳规土委发布《深圳市城市更新外部移交公共设施用地实施管理规定》，它最大的亮点在于对于拆除重建类项目合法用地比例不足 30% 的，可将与项目所在行政辖区较远距离的公共设施用地计入拆除范围内的合法用地。这一外部移交用地的政策，以"飞地"形式与更新项目捆绑，通过市场化的思维在一定程度上破解了更新片区合法比例不足的困境，超越空间边界，以整体主义的观念进行统筹配置，同时也加大了公共设施用地的供给。另外，2019 年 1 月对《深标》部分章节进行修订，按规定提供公共服务基础或配套设施的，可获得奖励容积率补偿。实际移交土地面积超过基础移交面积，或主动承担较大用地面积的公共设施建设，或移交外部用地可获得转移容积率补偿。奖励容积率和转移容积率将公共设施建设嫁接在市场手段上，灵活地保障公共利益的实现。除了在实体利益上的激励，政府还设定了程序利益上的激励，如《若干措施》规定：对于旧工业区综合整治类的改造项目，可授权区政府在程序简化方面制定鼓励政策。

四是加强统筹，提高规划水平。首先，"十三五"更新规划增加片区统筹规划层次，通过明确容积率上限、公共市政设施规模、公共空间布局等要求，合理预估片区增量需求，细化区级更新统筹规划，弥补法定图则的滞后性，加强对市场编制的单元规划的约束，推动更新项目有序建设。其次，推动拆除重建向综合整治转变。通过创新综合改造方式，深化综合整治的内涵，迫使市场主体接受非拆建式的更新模式，2018 年发布的《深圳市城中村（旧村）

---

① 数据来源于《深圳市更新"十三五"中期规划公配设施计划情况》。

总体规划（2018—2025）（征求意见稿）》根据各区的实际情况，将一定比例的拆除重建范围强制划入综合整治范围，部分核心区比例高达75%。《若干措施》还要求区政府通过简化程序、优化功能和资金补贴的方式鼓励开发商选择旧工业区进行综合整治。最后，合理设定规划指标。根据"十三五"更新规划建议，各区下调了"工改MO"的更新单元计划规模，宝安区、龙岗区、坪山区和光明区的规模比重调整至不超过50%。2019年1月的《深标》也取消了工业用地的容积率上限，仅规定MO和M1的基准容积率分别为4.0和3.5，加强对市场产业发展的引导，实现产业的空间合理布局和产业间协调发展。

三 深圳城市更新政策的法治化路径

政策多体现为概括性、综合性和原则性更强的命令、决议、方针、纲领甚至纪要，不具备法律的程序性、规范性、稳定性和权威性，难以明确划定政府和市场权责边界。在某项改革措施稳定之前，基于政策相机决策的功能，必须依赖政策，"政策治理"是最好的制度形式。但等到改革经验固定后，"政策治理"会暴露出许多弊病和漏洞，此时，法律恰好能够有效弥补这些漏洞，"法律治理"应时而生。换言之，"政策治理"转变为"法律治理"即"政策立法"的过程，是维护"政策目的"可延续性和"政策法治化"的必经阶段。申言之，提倡先由政策指导改革实践，待经验成熟后再上升为法律。在深圳市城市更新实践中形成的城市更新政策在改革初期具有灵活指导更新活动的优势，但在实践成熟后应当适时上升为法律，将政府和市场在更新活动中的权利（力）和义务以法律的形式固定下来。2019年8月，国务院在《支持深圳建设中国特色社会主义先行示范区的意见》中允许深圳在遵循上位法基本原则的前提下，立足改革实践对法律法规做出变通性规定，为深圳城市更新政策的法治化带来了机遇。深圳城市更新政策应遵循以下法治化的完善路径。

（一）整合和规范现有城市更新政策

能够转化为法律的政策体系必须是具有整体性、层次性、相关性和开放性的。深圳市的城市更新政策在实践中产生，致力于为层出不穷的城市更新实践问题提出详细、综合、灵活的解决办法，除了《更新办法》是立法层面的政府规章，其他的政策均为市区政府、住建部门和城市更新职能机构的规范性文件。政策的庞杂、多头和变动频繁影响政府调控机制的有效运行，政策饱和给社会资本方带来压力乃至抵触情绪，市场主体对政府管控行为难以普遍认同，从而不利于政府和市场关系的和谐发展。例如，强区放权之后，各区的城市更新政策不一，常常导致市场主体面临"多门"的困境，给实际操作带来诸多不便。因此，亟须对现有城市更新政策进行全面的清理、整合和规范，确保政策体系的精简和统一，为市场主体的行为做出清晰明确的指引。首先，严格按照《深圳市行政机关规范性文件管理规定》，提高政策事前审查的深度和广度，实现从注重形式（程序）审查到注重实体（内容）审查的转变，不仅审查规范性文件制定程序的合法性，也审查规范性文件内容的合理性、协调性，以及规范性文件的逻辑结构、文字表述、制定技术等内容。其次，统一各区政策的制定和执行标准。各区应当对其制定的政策开展自查，与市标准不一致的，及时修改或删除，市政府也应当加强对各区各类指标、各类规划和各类审批的管控。最后，对现有政策按照一定的标准进行类型化，从而明确制定主体和程序。城市更新政策可分为程序性、操作性的实施细则，以及技术性、指引性规范。前者的制定权应集中于市政府，防止各区政府重复出台。后者的制定主体则宜为由特区法规或规章根据职能分工授权的相关职能部门和各区政府。[①]

（二）加快出台特区城市更新基本法

深圳的城市更新政策是实践发展的产物，长期以来缺少存量土地惯例范畴的基本法规则的指导，从而出现有关政策与上位法脱节的现象。比如在产权续期方面，《物权法》第149条规定："住宅建设用地使用权期间届满的，

---

① 熊德洲：《对政府在城市更新中角色定位的法律思考》，城市更新网，2018 年 6 月 13 日，http：//www. chengshigengxin. com/index. php？a = shows&catid = 14&id = 648，最后访问日期：2020 年 3 月 13 日。

自动续期。非住宅建设用地使用权期间届满后的续期，依照法律规定办理。"而经过城市更新的原产权所有人能够自动获得物业产权的延期，且相当于无偿延期，与《物权法》的规定冲突，未来能否和国家土地使用权续期政策相衔接也有待考证。[1] 又如，《物权法》第76条规定，决定改建或重建建筑物及其附属设施的事项应经专有部分占建筑物总面积三分之二以上的业主且占总人数三分之二以上的业主同意。然而现有政策却要求必须百分之百的人数和建筑物面积的权利人同意并签署《搬迁补偿协议》，才能确定实施主体，这给市场主体设置了很高的准入门槛，因拆迁难陷入僵局的更新项目可能被政府从更新计划中清除，导致政府和市场的双输局面。因此，应当尽快完善和颁布《深圳经济特区城市更新条例》（以下简称《更新条例》），明确政府和市场权力（利）和义务，加强城市更新中所有权续期等基本法理论的研究，在尊重合理实践惯例的同时，实现与上位法的衔接，为今后存量土地政策提供基础性指导，实现公共利益与个体利益的共赢。

（三）设定城市更新活动中政府权力运行的边界

城市更新是公共设施与开发空间并存的，城市更新立法不应只约束政府或市场的某一方，而应明确划定双方的权责边界，使双方都遵守，合理配置土地增值利益，最大限度减少利益矛盾，谋求利益共享，实现双方力量的良性互动。

政策在实施过程中异化出诸多不适当的情境——越位、缺位、错位等，更是引致政府干预丧失效率。[2] 未来，深圳政府在城市更新中的主导角色会越来越强化，在克服市场失灵时不能因此矫枉过正。政府可被假定为一个有限理性的经济人，虽然城市更新活动可以给政府带来预期的税收或土地出让金的预期收益，但如果将此作为主要的参与动因，可能产生采取放任主义卖

---

[1] 黄晓燕、曹小曙：《转型期城市更新中土地再开发的模式与机制研究》，《城市观察》2011年第2期，15~22页。

[2] 朱大旗、李蕊：《经济法治视阈下政府与市场的协同联动》，《江西社会科学》2015年第7期，第165~166页。

地招商以增加地方财政收入、消耗公共利益的政府行为。申言之，政府并非城市更新中完全中立的一方，因为它也存在自身的利益，有时可能混淆自身利益和公共利益，有时甚至会背离和损耗城市公共利益。这决定了城市更新政策必须经历规范化和法治化的过程，并取得利益博弈各方主体的合意。一方面，城市更新政策应合理确定公共利益的边界。政府对城市更新活动的干预既不能脱离市场运作的客观规律，又需要应对市场的不确定性，应遵循适度干预的原则，只限于在市场机制难以依靠自身力量实现资源有效配置的公益性建设领域，保证城市更新的公共产品的建设符合社会公众的需要，不损害市场主体参与更新改造的积极性。另一方面，在政府和市场之间建立一种基于共识、协作互信、持久的战略伙伴关系。可继续试行政府和社会资本合作模式（PPP）下的旧改、城市传统文化风貌保护、公益性项目、土地整备等城市更新项目，充分发挥财政资源的引导撬动作用，激励有效调动政府和市场两种资源。

参考文献

缪春胜、邹兵、张艳：《城市更新中的市场主导与政府调控——深圳市城市更新"十三五"规划编制的新思路》，《城市规划学刊》2018 年第 4 期。

刘昕：《深圳城市更新中的政府角色与作为——从利益共享走向责任共担》，《国际城市规划》2011 年第 1 期。

黄晓燕、曹小曙：《转型期城市更新中土地再开发的模式与机制研究》，《城市观察》2011 年第 2 期。

朱大旗、李蕊：《经济法治视阈下政府与市场的协同联动》，《江西社会科学》2015 年第 7 期。

李树、许峻桦：《基于经济法学理探究"林张之争"中政府与市场的"博弈"》，《经济法论坛》2017 年第 1 期。

司法篇

Judicature

B.9
深圳商业秘密司法保护综合分析与展望

——以 2019 年裁判文书为样本

高景贺　刘国梁*

摘　要：　商业秘密作为知识产权的客体之一，在企业的经营和市场竞
　　　　　争中发挥着重要的作用。然而，商业秘密司法保护却面临诸
　　　　　多难题。通过对深圳市 2019 年涉及侵犯商业秘密案例的梳
　　　　　理，发现商业秘密案件涉及的商业信息种类繁多，侵权行为
　　　　　类型复杂，程序问题涵盖多面。结合具体案例情况，通过归
　　　　　纳分析七种常见的商业信息是否构成商业秘密的司法判定，
　　　　　四种常见的市场行为是否构成对商业秘密侵权的判定，以及
　　　　　一些刑民交叉案件中的难题和一些程序性问题，呈现商业秘

* 高景贺，法律硕士，北京市中银（深圳）律师事务所高级合伙人，主要研究方向为商业秘密
保护和知识产权诉讼；刘国梁，律师，北京市中银（深圳）律师事务所高级合伙人，主要研
究方向为知识产权、诉讼法。

密审判实践中的"深圳样本",并提出改进意见。

关键词: 商业秘密 构成要件 侵权判定 审理程序

美国每 13 起不正当竞争案件有 10 起涉及从高新技术企业窃取商业秘密的问题;① 而台湾营业秘密保护促进协会理事长方淑华称,台企 90% 以上的 Know-How 及研发成果均是通过商业秘密方式保护。② 反观我国大陆地区,侵犯商业秘密的现象也比较普遍,但商业秘密案件数量不多,胜诉的更是极少。"法律的生命不在于逻辑,而在于经验",③"判例既是经验的体现也是经验的载体"。④ 本文拟通过对实务中所涉及的"侵犯商业秘密纠纷"、"商业秘密合同纠纷"以及"侵犯商业秘密罪"等裁判文本的系统梳理,探求商业秘密"行动中的法"的实践运行之深圳样本,并提出改进意见。

一 侵犯商业秘密案件的基本情况

截至 2020 年 1 月 4 日,从"中国裁判文书网"系统中检索 2019 年裁判的案由分别是"侵犯商业秘密纠纷""商业秘密合同纠纷""侵犯商业秘密罪"的案件情况如下。

(一)侵犯商业秘密纠纷案件

全国侵犯商业秘密纠纷案件共计 387 件,其中广东省 74 件,位居第一,

---

① 郑友德、王活涛:《新修订反不正当竞争法的顶层设计与实施中的疑难问题探讨》,《知识产权》2018 年第 1 期。

② 倪明:《商业秘密法律保护:困境、路径选择》,《黑河学院学报》2019 年第 4 期。

③ Oliver Wendell Holmes, "The Common Law (1881)," reprinted in *The Collected Works of Justice Holmes: Complete Public Writings and Selected Judicial Opinions of Oliver Wendell Holmes*, ed. by S. M. Novick, Chicago, I. L.: University of Chicago Press, 1995, p. 115.

④ 谢晓尧:《在经验与制度之间:不正当竞争司法案例类型化研究》,法律出版社,2010。

北京市 37 件、江苏省 36 件、上海市 35 件、浙江省 32 件、山东省 30 件、最高院 21 件、四川省 20 件、河南省 15 件、辽宁省 14 件、河北省 12 件、湖南省 12 件、福建省 11 件、天津市 10 件，其他省份共计 28 件（见图 1）。①

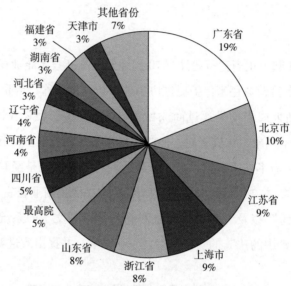

图 1　2019 年侵犯商业秘密纠纷案件受理地区分布

　　广东省 74 件案件中，深圳法院有 42 件、广州知识产权法院 8 件、广东高院 7 件②、佛山法院 6 件、东莞法院 4 件、中山法院 3 件、广州法院 2 件、珠海法院 1 件、阳江法院 1 件。深圳法院 42 件加上广东高院审理的由深圳上诉的 2 件，深圳法院审理的侵犯商业秘密纠纷案件占比 59.46%。

　　深圳市 44 件文书中，基层法院 26 件、深圳中院 16 件、广东高院涉及深圳的 2 件（见图 2）；从文书类型上看，判决 20 件、调解 4 件、裁定 19 件③，其他 1 件④（见图 3）。

---

①　本报告所有数据、图表资料均为笔者根据中国裁判文书网（截至 2020 年 1 月 4 日）整理，特此说明。

②　含 2 件深圳中院为一审法院的二审上诉案件，案号分别为（2018）粤民终 633 号、（2018）粤民终 1574 号。

③　含 3 件保全裁定。

④　为侵害商业秘密纠纷程序性请示。

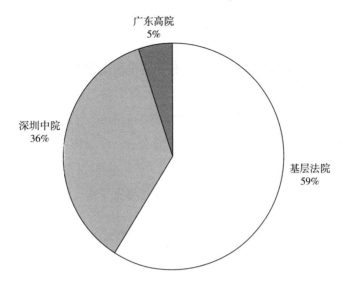

图 2　2019 年深圳市侵犯商业秘密纠纷案件受理法院分布

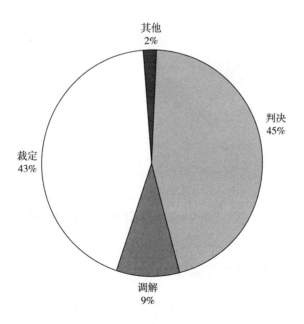

图 3　2019 年深圳市侵犯商业秘密纠纷案件文书类型分布

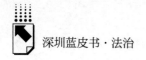

（二）商业秘密合同纠纷案件

全国商业秘密合同纠纷案件共32件，其中河南省9件、天津市5件、北京市4件、广东省4件，江西省2件、河北省2件、江苏省1件、上海市1件、浙江省1件、山东省1件、湖北省1件、云南省1件，广东省占比13%，全部为深圳区域内（见图4）。从文书类型上看，在深圳4件案件中，判决2件，福田法院1件（不公开），宝安法院1件（驳回诉讼请求）；裁定2份，福田法院1件（财产保全），龙岗法院1件（移送管辖）（见图5）。

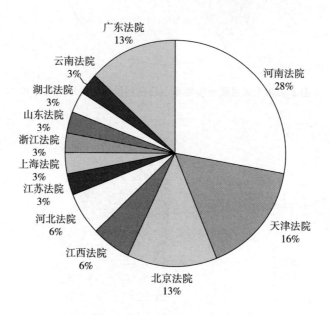

图4　2019年商业秘密合同纠纷案件受理地区分布

（三）侵犯商业秘密罪案件

全国侵犯商业秘密罪案件共28件，其中广东省7件，北京市3件、浙江省3件、山东省3件、辽宁省2件、江西省2件、河北省2件、江苏省1件、河南省1件、湖南省1件、湖北省1件、黑龙江省1件、内蒙古自治区1件，广东省位居第一，占比25%（见图6）。其中深圳法院涉及5件，占

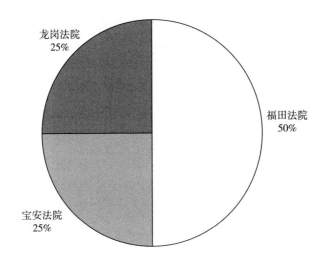

图5 2019 年深圳商业秘密合同纠纷案件受理法院分布

全国的 17.86% ，占广东省的 71.43% 。从文书类型上看，共计 5 份裁定，均为深圳中院所作，一审系福田法院（2019）粤 0304 刑初 95 ~ 99 号刑事裁定驳回起诉，二审（2019）粤 03 刑终 2059 ~ 2063 号和解，撤回上诉。

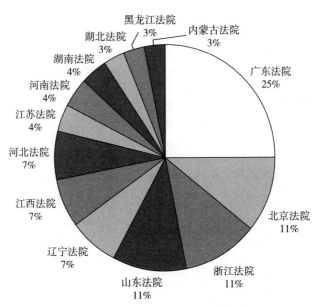

图6 2019 年侵犯商业秘密罪案件受理地区分布

如上所述，2019年侵犯商业秘密纠纷、商业秘密合同纠纷、侵犯商业秘密罪的案件数量，全国分别为387件、32件、28件，广东省内分别为74件、4件、7件，深圳市内分别为44件、4件、5件。由此可得，深圳占广东的62.35%，占全国的11.86%。后文以深圳53件裁判文书作为分析样本，涉及电子科技、商务咨询、生物医药、化妆品、融资租赁、电器、服装、装修设计、二手车交易、半导体等众多领域。①

二 商业秘密案件实体方面的审理难题

以2019年深圳市53件裁判文书作为分析样本，可以从中窥见商业秘密案件实体方面的审理难题。

（一）判决结案比例高于调解比例，商业秘密案件权利人胜诉率低

基层法院审结侵犯商业秘密纠纷26件和商业秘密合同纠纷4件共计30件案件中，调解3件，占比10%，判决13件，占比43.33%。中级法院审结侵犯商业秘密纠纷16件和侵犯商业秘密罪5件共计21件案件中，调解1件，占比4.76%，判决7件，占比33.33%。高级法院审结2件案件中，调解0件，判决1件，占比50%（见图7）。审结的商业秘密案件调解率远低于判决率，当然，"调解的成功往往是以权利人放弃部分权利为代价的，所以，即使是调解中的让步都是当事人自愿作出的，也仍然存在着对权利保护不足的问题"。②

---

① 当事人包括顾达电子、日月元科技、韦丰商务、中福堂国医、新兰德投资咨询顾问、爱佩仪光电、星塔机械、锐兴达汽车贸易、丰润达科技、睿海智电子科技、瀚晖威视科技、禾葡兰化妆品、华景电子、信美建筑装饰设计工程、瑞丰光电子、中瑞牛津生命科学技术、侨置出国信息咨询科技、福田融资租赁、东霖科技、创客工场科技、康凯斯信息技术、爱佩仪光电、华大基因科技服务、匀城六和贸易、巴斯巴科技、仕择科技、丰润达科技、雪华铃家用电器、溢恩服饰、土巴兔装饰设计、万瑞和电子、美赛达科技车友互联科技、宜佳实业、爱佩仪光电、百ធঃ互联技术、衡量、东霖科技、巴斯巴科技、中科力函低温技术、凯沃科技、敦泰科技、格诗光电科技、呼哆智能技术、Novia Product Service、标谱半导体科技以及2个个人作为原告的案件。
② 李浩：《民事审判中的调审分离》，《法学研究》1996年第4期。

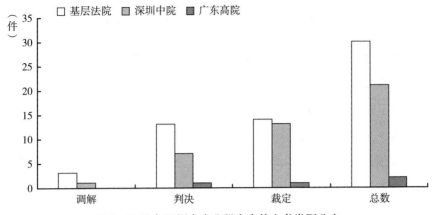

图7　2019年深圳市商业秘密案件文书类型分布

从权利人胜诉率方面看，基层法院13件案件中，3件不公开，其余10件均驳回诉请；中级法院7件案件中，3件一审案件均不公开，其余4件二审案件均驳回上诉，维持一审判决（其中涉及在先刑事判决的，3件判赔了损失，另1件不涉及刑事，驳回了诉讼请求）；在高级法院1件二审判决中，驳回上诉，维持一审判决（一审涉及在先刑事判决的，判赔了损失）。一审判决共计16件，其中6件不公开，10件驳回诉讼请求；二审判决共计5件，均驳回上诉，维持一审判决，其中4件一审涉及在先刑事判决，判赔了损失，另1件未涉及刑事，驳回了诉请（见图8）。商业秘密案件的权利人胜诉率极低，几乎为零。

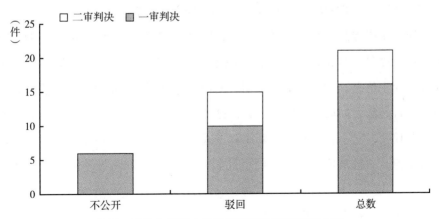

图8　2019年深圳市商业秘密案件审理结果分布

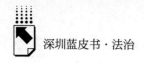

（二）几种重要的商业信息是否构成商业秘密的认定

裁判文书显示，几种重要的商业信息是否构成商业秘密，原告主张与法院认定存在差异。

1. 关于客户资料是否构成商业秘密的认定

原告主张其对年审业务的公司名称、注册日期、地址、联系人、联系电话、年审信息等客户资料采取了保密措施，被告未经原告同意在离职后多次联系原告客户，违反保密协议，侵犯客户资料的商业秘密，并将合同收款详情提交 OA 系统等。法院认为原告提交的证据并不足以证明客户系与原告保持长期稳定交易关系的特定客户以及为开发这些客户付出了努力和代价，客户信息缺乏明确的交易习惯信息等交易信息，无法证明原告进行了深度经营，不足以证明其属于商业秘密以及被告该行为具有不正当性。①

2. 关于车辆回收业务信息是否构成商业秘密的认定

原告主张被告以原告的名义取消与第三人之间车辆回收业务，且将前述信息泄露给第三方，并由第三方实施该业务的行为。法院认为原告提交的证据不能证明上述车辆回收信息为原告自有，他人无法获得，或系其花费大量精力获得的不为公众所知悉的信息，又未证明被告采取不正当手段、侵害其诉请保护的信息的行为。②

3. 关于装饰工程项目信息是否构成商业秘密的认定

原告主张保护的信息涉及业主信息、合同金额、工程地址、工期、面积、项目概况、结算方式等信息，载体分别为其 App 及业主合同。一审法院认为业主信息、工程地址、工期、面积、项目概况等信息，在原告与相关业主签订装修合同后，对原告而言，已经不再具有价值性，不能认定为原告的商业秘密；对于合同金额及其结算方式，可以为原告后续的工程项目带来参考价值，一旦被他人获取，仍可能因此而获得竞争优势，认定为商业秘

---

① （2019）粤 0303 民初 22428 号案。
② （2018）粤 0303 民初 14016 号案。

密。二审认为，就案涉项目有关"业主信息、工程地址、工期、面积、项目概况"等信息而言，虽然该信息具有非公知性，但系上诉人通过一次交易而掌握的某个装修项目的基本信息，不能等同于经过反复多次稳定交易并整理形成的深度信息，亦未证明在完工之后仍具有价值性，一审认定不构成商业秘密并无不当。[1]

4. 关于薪酬方案工作总结与计划等文件是否构成商业秘密的认定

原告主张运营管理中心薪酬制度试运行方案、运营管理中心9月份工作总结与10月份计划系商业秘密。法院认为运营管理中心薪酬制度试运行方案包含了原告各岗位的工资分配制度和职责，一般而言，企业对员工薪酬分配方案会在一定范围内予以保密，具有商业价值，且原告亦采取了与员工签订保密协议的保密措施，在被告未举证证明上述方案已为公众所知悉的情况下，认定上述方案属于原告的商业秘密；运营管理中心9月份工作总结与10月份计划的内容是对运营管理中心工作进展的简要概述，原告亦未明确其秘密点，不符合商业秘密秘密性的要求。[2]

5. 关于客户健康管理档案表格、资费目录、投诉处理记录表、满意度考评表等信息是否构成商业秘密的认定

原告主张包括VIP客户健康管理档案表格、VIP会员卡资费目录、顾客投诉处理记录表、顾客满意度考评表、美团套餐项目表在内的公司文件为商业秘密。法院认为VIP客户健康管理档案表格、顾客投诉处理记录表、顾客满意度考评表均为空白表格，仅列明了表格需填写的内容，无法体现客户的名称、地址、联系方式以及交易的习惯、意向、内容等构成的区别于相关公知信息的特殊客户信息，亦无其他具有秘密性的内容，不符合商业秘密的构成要件；VIP会员卡资费目录、美团套餐项目表等信息的性质本身即属于需向顾客公开的信息，在原告未举证证明其秘密性的情况下，对上述信息的秘密性不予认定。[3]

---

[1] （2019）粤03民终1461号案。

[2] （2019）粤0391民初553号案。

[3] （2019）粤0391民初553号案。

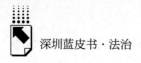

6. 关于技术图纸是否构成商业秘密的认定

原告主张的商业秘密为逆变器技术图纸，并提交了被告官网两款型号逆变器的外观及参数。法院认为虽与原告官网上外观及参数有一致之处，但是原告官网的外观及参数可以为公众所知悉，原告亦未能举证证明被告设备与原告具有秘密性的其他技术一致。①

7. 关于软件技术资料是否构成商业秘密的认定

原告主张两个软件的全部技术资料为商业秘密，但没有直接证据证明被告实施了窃取涉案技术资料的行为，亦未能证明被告生产了相同的产品。法院认为，原告未明确主张权利的商业秘密的内容及范畴，且即使能认定原告所主张的技术资料为商业秘密，原告也未能完成关于被告窃取商业秘密并交予其他公司使用的举证责任。②

（三）几种常见的市场行为是否侵犯商业秘密的判定

裁判文书显示，几种常见的市场行为是否侵犯商业秘密的判定，原告主张与法院认定存在差异。

1. 拒不移交重要文件不一定侵犯商业秘密

原告主张被告返还带走的机密文件及存储载体，并删除其保存在个人手机、电脑等设备中的有关原告的涉密文档，侵犯其商业秘密。法院认定被告拒不移交公司重要文件，不属于法律规定的侵害商业秘密的行为。③

2. 和客户私下联系不一定侵犯商业秘密

原告主张被告离职后私自联系客户导致其投入推广费用所带来的客户资源被窃取。法院认为被告在原告公司从事外贸工作，双方未签订书面劳动合同，亦无签订保密协议，原告提交的在案证据不足以证明被告侵害了其商业秘密。④ 原告主张被告离职前将私人微信推送给客户，离职后通过私人微信

---

① （2018）粤 0306 民初 27182 号案。
② （2018）粤 0306 民初 8194 号案。
③ （2019）粤 0391 民初 553 号案。
④ （2019）粤 0306 民初 3069 号案。

联系原告客户并向其推荐竞争公司同类产品。法院认为，原告并未提交具体的客户名单，亦未提供可证明客户与公司进行商业往来的证据，现有证据不能证明其属于《反不正当竞争法》保护的客户名单。①

3. 离职前违反保密协议的行为不一定侵犯商业秘密

原告主张被告多次未经领导审批外发重要邮件给公司的其他同事以及在离职最后两周内大量压缩公司的核心代码和方案，并在压缩2分钟左右后将上述压缩文件删除至回收站，但未彻底从电脑中删除，违反了保密协议约定。法院认为被告将相关文件在其工作电脑中删除至回收站的行为，不属于法律规定的侵犯商业秘密的行为。②

4. 将技术资料上传至百度云盘不一定侵犯商业秘密

原告主张被告上传技术资料到百度云盘侵犯了商业秘密。法院认为，被告上传行为发生时尚在原告公司任职，百度云盘系云存储系统，存储行为不构成对上传涉案技术资料的披露，被告任职期间入股于第三方公司确有觊觎原告技术资料的意图，但现有证据无法支持侵犯其商业秘密及赔偿的诉求。③

（四）商业秘密案件刑民交叉的几个问题

1. 商业秘密刑事救济操作指引案例

从相关判决结果看，凡是能够获得刑事保护的民事赔偿基本解决了一大半。如何具体进行刑事救济，相关案件给出了指引④：被告入职原告公司并签订了保密协议，先后担任公司品管课主管、生产课主管等职，全面掌握了原告公司产品的技术信息和核心技术。被告离职后与原告公司技术主管的妻子等人共同投资成立了公司，利用在原告公司所掌握的技术信息生产与原告公司相一致的同类产品并销售，客户包括原告公司原部分客户。后公安机关将被告抓获归案，在其公司办公室的电脑中查获了技术文件。经司法鉴定，

---

① （2018）粤0304民初43042号案。
② （2018）粤0305民初3176号案。
③ （2018）粤0306民初20961号案。
④ （2018）粤03民终12865号案。

现场被扣的电脑硬盘、各类纸质技术文件、笔记本中所含配方以及各类技术文件中所含技术信息，与原告公司秘密技术信息相同或相似，具有同一性。鉴定费4万元。经评估，原告公司拥有的涉案商业秘密价值330万元。评估费2.5万元。经核实，被告公司累计销售额439万元，原告公司因侵权行为所蒙受的利润损失为77万元。原告公司支付报案律师费6万元。刑事判决认定原告公司因被告公司侵权行为所蒙受的利润损失为775793.93元，已判决被告犯侵犯商业秘密罪，拘役三个月，并处罚金40万元。可见因得到刑事保护，原告在民事案件中主张赔偿经济损失和维权合理开支已经没有举证上的太大困难。

2. 在先刑事判决对民事赔偿的拘束

被告从原告公司窃取涉案技术秘密后与他人成立并控制同业竞争公司，通过使用该技术秘密制造产品牟利。针对该侵权行为，生效的刑事判决书已经明确排除了单位犯罪，认定侵害原告公司技术秘密的犯罪主体为郑某，原告要求竞争公司承担责任不被支持。[①] 另案中，[②] 因生效刑事判决已认定四名自然人被告侵害原告公司的商业秘密，给原告公司造成了特别严重的后果，构成共同犯罪，民事诉讼中法院因此认定原告公司诉请保护的技术信息及经营信息构成商业秘密，四名被告共同侵害了原告公司的商业秘密。关于损害赔偿额，法院认为，前述生效刑事判决并未直接认定"本案的商业秘密已为公众所知悉"，原告公司亦并未提交证据证明本案的商业秘密已被公开；又因为双方当事人均未提交证据证明原告公司的损失、被告的获利情况，法院酌定判赔90万元。

3. 刑事判决后的民事责任承担问题

在一案例中，[③] 原告主张被告停止侵权并按照刑事判决书确定的研发成本计算其损失及被告获利。法院认为，被告因侵权行为已被判处刑罚，侵权行为已经停止；原告并未举证证明其商业秘密因侵权行为被公众所知悉，而

---

① （2018）粤03民终12865号案。

② （2018）粤民终1574号案。

③ （2019）粤03民终13114号案。

被诉侵权产品在案涉刑事案件事发时尚未投入市场，不支持按照刑事判决书确定的研发成本计算其损失及被告获利；同时，因为经营损失受商品品质、营销策略等多种因素影响，被告亦未生产侵权产品投放市场，故本案中原告经营损失及被告侵权获利均难以具体量化，法院酌情判赔 20 万元。原告主张的 31 万元非公知性鉴定费及律师费，有发票为证，并有律师到庭参加诉讼，考虑到商业秘密纠纷的复杂性和专业性，金额与案涉刑事案件及本案诉讼代理难度基本相适，予以支持。另案中，[①] 对于赔偿数额，法院认为，被告公司并未公开该涉案技术信息使之彻底丧失其独特性、技术优势和市场竞争优势，该技术能够重新成为原告公司独有的技术秘密，价值未有减损，故不支持原告主张的评估费及商业秘密价值损失；原告公司主营业务收入、净利润以及利润率总体上呈现下降趋势，除去侵权因素，亦与整体经济形势、市场环境、竞争等因素息息相关，不能单纯以侵权行为发生前后一两年的数据变化来确定原告公司可能因本案所涉侵害行为蒙受的损失，对原告主张的营业收入损失不予支持。

从上述分析可知，权利人败诉的原因既有权利人对商业秘密法律规定的缺乏了解，也有当事人举证能力的不足，更有法律规定的权利人举证标准较高等因素。

三　商业秘密案件程序方面的审理难题

以 2019 年深圳市 53 件裁判文书作为分析样本，可以从中总结出商业秘密案件程序方面的以下审理难题。

（一）商业秘密纠纷案件程序复杂，裁定文书约占案件文书半数

基层法院审结的 30 件案件中，裁定 14 件，占比 46.67%。中级法院审结的侵犯商业秘密纠纷 16 件和侵犯商业秘密罪 5 件共计 21 件案件中，裁定 12

---

① （2018）粤 03 民终 12865 号案。

件，占比 57.14%。高级法院审结的 2 件案件中，裁定 1 件，占比 50%（见图 9）。在基层法院裁定的 14 件案件中，申请撤诉 5 件，未交诉讼费按撤诉处理 2 件，移送管辖 3 件，财产保全 4 件（见图 10）。中级法院裁定的 12 件案件中，不公开裁定 1 件，申请撤诉 2 件，按撤回起诉/上诉处理 4 件，刑事撤回上诉裁定 5 件（见图 11）。商业秘密纠纷案件以裁定结案的约占半数。商业秘密纠纷案件中裁定结案的情况之多，体现了此类案件的程序较为复杂。

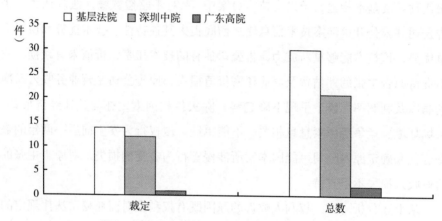

图 9　2019 年深圳市商业秘密案件文书裁定情况

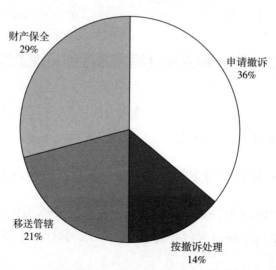

图 10　2019 年深圳市基层法院商业秘密案件裁定情况分布

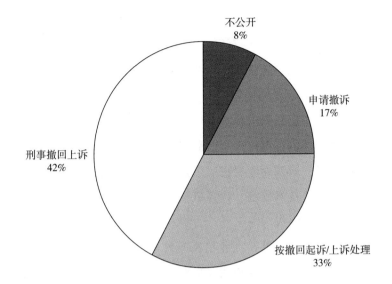

图 11　2019 年深圳市中级法院商业秘密案件裁定情况分布

（二）商业秘密案件管辖方面的审理难题

1. 因地域管辖问题，法院对案件没有管辖权

根据规定，被告系公民的，住所地与经常居住地不一致的，由经常居住地管辖，被告系法人或其他组织的，由主要办事机构所在地管辖。有的案件因不符合规定，法院对其没有管辖权。如前海一案件中，被告公司提供的主要办事机构所在地、被告曹某提供的经常居住地都不在法院辖区，而原告公司未提交任何证据证明被告公司的主要办事机构所在地、被告曹某的经常居住地或案涉侵权行为地在法院辖区，故法院对该案没有管辖权。①

除上述地域管辖问题外，商业秘密案件还应特别注意：（1）根据侵权结果发生地确定管辖法院时，应当对侵权结果地进行严格审查，侵权结果地应当理解为侵权行为直接产生的结果的发生地，而非权利人认为的受到损害所在地就是侵权结果发生地；（2）员工在工作中获知商业秘密不

① （2019）粤 0391 民初 523 号案。

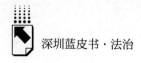

属于侵犯商业秘密的行为，不能将获知商业秘密的场所作为侵权行为实施地来确定管辖。

2. 因级别管辖问题，法院对案件没有管辖权

2019 年 1 月 1 日起，第一审民事和行政案件的基层人民法院将不再受理技术秘密等案件。如龙岗法院某案中涉及侵犯的商业秘密为技术秘密的，龙岗法院无该类案件的管辖权，案件移送深圳市中级人民法院处理；① 另一商业秘密合同纠纷，所涉商业秘密属于技术秘密，龙岗法院也因为基层人民法院不再受理专利、技术秘密、计算机软件、垄断第一审民事和行政案件的规定，对该案没有管辖权。②

除上述新的管辖规定外，商业秘密案件还应特别注意：（1）判断知识产权侵权诉讼案件级别管辖标准系以当事人之间争议标的额为依据，并非以该争议所依证据是否充分、能否得到法律支持为标准；（2）当事人仅提出地域管辖异议但未提出级别管辖异议，法院审查发现没有级别管辖权的，应当移送有管辖权法院管辖，"级别管辖的规范配置有别于调整私人利益关系的任意性规范，不容当事人改变，也不容法院违反"；（3）当事人同时提出地域管辖异议和级别管辖异议的，应当先审查地域管辖异议理由成立与否，成立的移送管辖，不成立的，再审查级别管辖异议理由成立与否。

（三）商业秘密案件保全方面的审理难题

1. 法院需要综合判断，妥善进行财产保全，适时解除保全

财产保全的目的在于确保给付之诉得以执行，解除保全则属于被申请人的救济手段之一。在商业秘密案件中，深圳法院积极进行财产保全，也适时解除保全，以保证当事人的权利。前者如南山法院支持了相关案件财产保全申请，冻结、查封了相应的财产；③ 后者如宝安法院在准予申请人撤回起诉

---

① （2019）粤 0307 民初 1412 号案。

② （2019）粤 0307 民初 2702 号案。

③ （2019）粤 0305 执保 3023 号案和（2018）粤 0305 民初 22967 号案。

后，解除对被申请人名下财产的查封或冻结。①

2. 商业秘密证据保全之难：调查样本中无证据保全案例

证据保全本质上属于预先进行的证据调查，② 证据保全除保全证据外，还有确定事实、证据开示、促成调解等功能。③ 无法自行搜集侵权证据系商业秘密案件中权利人一大困扰，④ 商业秘密纠纷中证据保全主要有财务资料型和技术资料型两种，前者用以证明侵权获利，后者用以证明侵权行为。2019 年深圳商业秘密相关案件中，既无诉前证据保全案件，也无诉中证据保全案件，但随着最高法院修改的民诉证据规定，其中第 25～29 条专门涉及证据保全，期待未来在商业秘密案件中能够落实。

3. 商业秘密行为保全之难：调查样本中无行为保全案例

行为保全是为了防止造成当事人其他损害而责令其作出一定行为或者禁止其作出一定行为。⑤ 行为保全对于实现知识产权救济的及时性意义重大，承载着国家保护知识产权激励创新创造和促进产业发展的基本价值理念，⑥ 但全国受理的知识产权行为保全案件数量并不多，⑦ 2019 年 1 月 1 日，最高法院实施了行为保全司法解释，回应了民众对诉讼行为保全的客观需求，并将"申请人的商业秘密即将被非法披露"作为"情况紧急"的法定情形对权利人申请行为保全进行指引，但纵观 2019 年并未发现深圳有一例商业秘密行为保全裁定。

4. 当事人在仲裁程序中申请保全可以得到法院支持

对于商业秘密合同纠纷处理过程中所约定的仲裁程序解决，面临当事人

---

① （2019）粤 0306 执保 6247 号案。

② 段文波、李凌：《证据保全的性质重识与功能再造》，《南京社会科学》2017 年第 5 期。

③ 丁朋超：《试论我国民事诉前证据保全制度的完善》，《河南财经政法大学学报》2015 年第 6 期。

④ 郭伟：《论证据保全措施在商业秘密侵权案件中的适用及完善》，《电子知识产权》2014 年第 11 期。

⑤ 全国人大常委会法制工作委员会民法室编《〈中华人民共和国民事诉讼法〉条文说明、立法理由及相关规定》，北京大学出版社，2012。

⑥ 李扬：《中国需要什么样的知识产权行为保全规则》，《知识产权》2019 年第 5 期。

⑦ 2013～2017 年共计受理诉前禁令 157 件、诉中禁令 75 件。

在仲裁程序中申请保全的问题，福田法院（2019）粤0304财保3167号案对此予以了支持，结合（2019）杭某（萧）字第187号案的实际情况，根据《仲裁法》第二十八条、《民事诉讼法》第一百零三条第一款的规定，查封、扣押或冻结被申请人名下的财产。

（四）刑事自诉被裁定不予受理或驳回起诉的概率高

知识产权刑事案件属于自诉范围之内，自诉系商业秘密权利人获得救济的一种手段，但自诉案件中权利人举证责任更重，在缺少侦查权等公权力介入的情况下，被裁定不予受理或驳回起诉的概率非常高，样本中福田法院所涉5件刑事自诉案件，均被驳回起诉，[①] 深圳中院（2019）粤03刑终2059～2063号案，二审和解，撤回上诉结案。

四　新法期待

商业秘密作为知识产权客体之一，在私益上能给权利人带来垄断利益和竞争优势，在公益上有助于促进整个国家经济的发展和进步。[②] 商业秘密不仅是企业重要的无形资产，而且也关涉国家经济安全，[③] 与传统的知识产权类型相比，其保护范围广且期限基本不受限制，欧美各类企业更加偏好商业秘密保护。[④] 近年来，欧盟颁布《欧盟商业秘密指令》，通过统一法律制度，试图无限期保护欧盟范围的技术秘密，并要求企业建立内部保密制度。美国通过了《保护商业秘密法》，扩大商业秘密外延，设立单

[①] （2019）粤0304刑初95～99号案。

[②] 莫洪宪、刘峰江：《法益转向：商业秘密私权确立之刑事应对》，《电子知识产权》2018年第7期。

[③] 宋世勇、邢玉霞：《美国〈特别301报告〉商业秘密问题综述与中国对策分析》，《法学杂志》2019年第5期。

[④] 参见 United States Dept of Justice，Intellectual Property Cases，http：//www.usdoj.gov/criminal/cybercrime/ipcases.html#eea，最后访问日期：2017年5月16日，转引自宋建宝《美国商业秘密诉讼中合理保密措施的司法判断》，《知识产权》2018年第5期。

方申请扣押、完善禁令救济、细化赔偿标准。日本不仅修订《不正当竞争防止法》以扩大刑罚对象、加大刑罚力度、减轻权利人举证负担、延长诉讼时效等，还修订《企业秘密管理指南》以放宽对商业秘密资格的要求，并在司法案件中为承认和执行外国判决确定标准，以保护域外商业秘密。①

中国 1993 年制定《反不正当竞争法》，2007 年最高法院颁布的司法解释对于商业秘密进行了相关规定。但该司法解释未采纳举证责任倒置的建议，按照"谁主张谁举证"原则，明确起诉他人商业秘密侵权必须同时举证符合法定要件、信息相同或实质近似及采取了不正当手段，各级法院大都遵循该解释规定进行裁决。如一经营秘密案件，法院认为交易关系并非长期稳定，且也未进行深度经营为开发付出努力和代价以及证明信息具有价值性，不属于商业秘密，原告也未证明被告该行为的不正当性。② 又如在一技术秘密案中，法院认为原告未明确两个软件的内容及范畴，且即使能认定原告所主张的技术资料为商业秘密，原告也未能完成关于被告实施窃取商业秘密并交于其他公司使用的举证责任，故驳回诉请。③ 商业秘密保护问题也成了中美经贸摩擦的重要内容之一。近年来，中国部分人大代表积极推进商业秘密单独立法，同时中国先后于 2017 年和 2019 年两次修订《反不正当竞争法》有关商业秘密条款，相关内容势必会逐渐进入裁判文本。在商业秘密保护过程中，最值得注意的是以下几点。

首先，商业秘密外延从"经济利益"扩充至"商业价值"，从"技术信息和经营信息"到"技术信息、经营信息等商业信息"，此处商业信息包括但不限于保密商务信息及其源代码等，以及流程、经营、作品风格或设备，或生产、商业交易，或物流、客户信息、库存，或收入、利润、损失或费用的金额或来源，或其他具备商业价值的信息。

---

① 郑友德、王活涛、高薇：《日本商业秘密保护研究》，《知识产权》2017 年第 1 期。
② （2019）粤 0303 民初 22428 号案。
③ （2018）粤 0306 民初 8194 号案。

其次，商业秘密案件中行为保全禁令的多样化及规制体系。商业秘密侵权案件中，权利人的最大利益在于维持秘密性以及对受害信息排他性使用。① 理论上，禁令作为阻止商业秘密使用的临时措施包括诉前临时禁令、诉中预备禁令以及判后永久禁令。实务中应根据不同具体情形作出不同禁令，在防止商业秘密被继续侵害的情况下，又合理规制其不侵害被申请人的合作权益，实现双方权利保护和补偿救济平衡。

再次，电子侵入作为侵权行为类型明确化。日本警察厅的统计曾表明，网络空间成了日本专有技术被海外觊觎的"主战场"，② 作为关涉经济安全的商业秘密，各国纷纷将电子侵入纳入侵权行为类型，中国也不例外，2019年的立法修订对此进行了回应，期待相关裁判文本早日出现。

最后，商业秘密侵权案件中举证责任转移的适用。2019年新增商业秘密举证责任条款，即在权利人初步举证证明采取保密措施且合理表明商业秘密被侵犯情况下，由涉嫌侵权人证明不属于商业秘密。该条款将大幅减轻权利人的举证负担，有力促进商业秘密保护，期待尽早有相关判决作出。

另外，结合商业秘密刑事自诉结果分析可知，商业秘密刑事救济比较困难，商业秘密犯罪不仅要有侵权行为还要有重大损失，如何确定重大损失，是审理此类案件最为集中、争议最多的问题。③ 但一旦获得刑事救济，再寻求民事赔偿难度会大幅度降低。由此而言，深圳能否用足用好特区立法权，适当降低刑事执法的启动门槛，实现商业秘密刑事救济与民事救济的衔接，为推进深圳创新驱动发展战略和建设中国特色社会主义先行示范区提供动力和保障，值得进一步研究。

---

① 郑淑凤：《美国商业秘密保护最新立法阐释及其对中国的启示》，《电子知识产权》2016年第10期。
② 郑友德、王活涛、高薇：《日本商业秘密保护研究》，《知识产权》2017年第1期。
③ 沈玉忠：《侵犯商业秘密罪中"重大损失"的司法判定——以60个案例为样本》，《知识产权》2016年第1期。

参考文献

Oliver Wendell Holmes, "The Common Law (1881)," reprinted in *The Collected Works of Justice Holmes: Complete Public Writings and Selected Judicial Opinions of Oliver Wendell Holmes*, ed. by S. M. Novick, Chicago, I. L.: University of Chicago Press, 1995.

段文波、李凌:《证据保全的性质重识与功能再造》,《南京社会科学》2017 年第 5 期。

郭伟:《论证据保全措施在商业秘密侵权案件中的适用及完善》,《电子知识产权》2014 年第 11 期。

缪登兵:《关于商业秘密侵权案件中相应保密措施的思考》,《法制与社会》2020 年第 5 期。

莫洪宪、刘峰江:《法益转向:商业秘密私权确立之刑事应对》,《电子知识产权》2018 年第 7 期。

宋建宝:《美国商业秘密诉讼中合理保密措施的司法判断》,《知识产权》2018 年第 5 期。

宋世勇、邢玉霞:《美国〈特别 301 报告〉商业秘密问题综述与中国对策分析》,《法学杂志》2019 年第 5 期。

谢晓尧:《在经验与制度之间:不正当竞争司法案例类型化研究》,法律出版社,2010。

B.10
司法建议工作的深圳实践和深化完善

——以 2017～2019 年深圳法院司法建议数据为研究基础

胡　劼*

摘　要： 司法建议是人民法院积极延伸审判职能、参与社会治理的重
要方式。通过梳理 2017～2019 年深圳两级法院司法建议发送
的数据发现，法院对司法建议的重视程度正在日益提升，司
法建议组织管理工作逐步规范，司法建议的制发质量也显著
提升，制发规范和程序日益规范，其功能在深圳得到较好彰
显。但司法建议工作中也存在一些问题与瓶颈，需要内外合
力深化完善深圳法院司法建议工作。

关键词： 司法建议　社会治理　组织管理

引　言

　　司法建议是指人民法院行使审判权时，就与案件有关但不属于人民法院
审判工作范围的一些问题，向有关单位和个人提出合理化建议，以堵塞漏
洞、改进工作、完善制度、消除不利因素。[①] 司法建议是人民法院审判职能

＊　胡劼，法学硕士，就职于深圳市中级人民法院研究室，主要研究方向为民商法、涉外审判、
　　香港法、政府公共政策。
① 林莉红主编《行政诉讼法学》，武汉大学出版社，2009，第 245 页。

的延伸和拓展，坚持能动司法、服务大局、司法为民的重要途径。① 2012 年 3 月，最高人民法院下发《关于加强司法建议工作的意见》，明确要求各级人民法院将司法建议作为一项重要职能，切实履行落实到位。这也将司法建议工作提升到前所未有的高度。② 近年来，深圳法院将司法建议作为延伸审判职能、参与社会治理的重要手段，不断加大工作力度，司法建议的良好社会效果逐渐显现。但客观来看，司法建议制度在深圳服务保障中国特色社会主义先行示范区建设中，还有更大的发展空间。如何充分发挥司法建议在社会治理中的功能和价值，值得立足现状进行探讨。

一 理论根基：制度运行实然状态下司法参与社会治理的必然选择

在一种理想化的制度设计体系下，法院工作的核心方式是通过对特定案件进行公正审判和法律适用，形成裁判结论，从而引导社会主体行为、规范社会关系。"守护法律规范、保卫社会秩序表现为法院通过法律的运用解决社会纠纷，达到对社会秩序和政治权威的维护。这也正是法院参与社会管理的核心。"③ 但是，实现这种理想状态下的制度设计，依赖于裁判信息获取与裁判信息转化，即社会公众（特别是案件当事人或其他类似主体）能够主动从司法裁判中获取信息，并以此类信息作为行为的重要依据和指导。④ 由于司法裁判活动均围绕个案开展，现实状态下中国政府管理部门、行业协

---

① 齐奇：《提高司法建议质量 服务社会科学发展——浙江法院推进司法建议工作的实践与思考》，《人民司法（应用）》2012 年第 19 期，第 19 页。

② 详见《最高人民法院印发〈关于加强司法建议工作的意见〉的通知》。该意见指出："要高度重视和充分运用司法建议来扩展审判效果，以司法建议作为化解社会矛盾、创新社会管理的重要切入点和有效方法，充分发挥司法建议在维护社会和谐稳定、推动社会建设中的重要作用，不断提升人民法院化解社会矛盾和参与社会管理创新的能力和水平。"http: // www. court. gov. cn/fabu - xiangqing - 4385. html，最后访问日期：2020 年 3 月 2 日。

③ 董开军：《人民法院推进社会管理创新的若干思考》，《法学杂志》2011 年第 12 期。

④ 刘思萱、李友根：《社会管理创新为何需要司法建议制度——基于司法建议案例的实证研究》，《法学家》2012 年第 6 期，第 38 页。

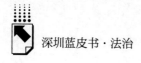

会等社会治理的参与主体，并未普遍性地形成从案件的司法裁判中获取社会管理信息的观念以及能力，并且对社会经济生活中层出不穷的纠纷及相关法院裁判未有意识地关注，这也导致社会治理过程中他们欠缺一些对纠纷背后隐藏的社会风险的评判和预估。随着社会转型期矛盾愈加纷繁复杂，社会冲突程度不断加深，这些风险很可能演化为社会治理中的"痛点"问题。深度嵌入司法国情的人民法院，不应当也不可以采取一种超脱的态度来对待审判过程中所显现的各类问题；而是应当利用在审判执行中获取的各类信息，发挥专业优势，针对类型化案件或有影响力的个案，对存在于某一领域、行业或区域的纠纷中的普遍性问题予以研究分析，并将问题以司法建议方式传递给有关管理部门，以推动其管理行为和方式朝更加规范、有序的方向发展。

二 稳步推进：近年来深圳法院司法建议工作简要回顾

（一）司法建议发送情况

2017～2019年，深圳两级法院共发送司法建议263份，其中2017年86份，2018年70份，2019年107份。从司法建议的发送主体来看，深圳市中级人民法院（以下简称"深圳中院"）共发出司法建议73份，数量多于各基层法院。从发送司法建议的业务领域来看，民事审判业务领域数量居首位，共153份，占58%；刑事审判领域数量次之，共50份，占19%；行政审判领域数量居第三位，共47份，占18%；执行领域再次之，共29份，占11%。从建议发送对象来看，行政机关177份，占67%；检察机关7份，占3%；企事业单位52份，占20%；社会团体和其他组织27份，占10%。

（二）司法建议反馈采纳情况

2017～2019年，深圳法院发送的263份司法建议中，有152份被采纳落实，反馈采纳率为57.79%。从发送对象看，本地行政机关的建议反馈采纳率最高，为 76.22%；企事业单位的建议反馈采纳率次之，为 52.94%；社会团体的建议反馈采纳率为 37.5%；外地行政机关建议反馈采纳率为 28.57%。

（三）深圳法院司法建议工作的整体趋势和特点

一是对司法建议的重视程度显著加强。深圳中院和下辖基层法院均形成制度规范体系，分别明确了司法建议的牵头部门、责任单位，并制定司法建议工作流程，形成考核机制。尤其是近三年来，深圳中院将司法建议作为重点工作，纳入年度工作计划，不断细化开展司法建议工作的目标和要求。2019 年深圳中院专门下发《关于进一步加强司法建议工作的通知》，从加强组织管理、严格把控质量、规范发送程序、加强督促落实四大方面对司法建议做了进一步规定。

二是司法建议组织管理工作逐步规范。深圳两级法院和各审判执行业务部门将司法建议工作纳入整体工作部署，与其他各项业务同部署、同落实、同督促，推动司法建议工作依法有序开展。深圳中院先后制定《关于进一步提高司法建议质量的指导意见》《深圳市中级人民法院司法建议工作规程》等要求，从制发格式、行文规范、主题把握、文字编辑等方面对司法建议进行规范。

三是司法建议制发质量显著提升。在制作司法建议书时，深圳法院始终强调制作司法建议书的必要性、针对性、规范性、实效性。尤其是要求司法建议书要准确概括问题，客观精准地反映症结所在，严格把控是否属于被建议单位的主管范围，深入研究、熟悉掌握问题所涉及的法律法规及政策依据，避免出现错误。

四是司法建议发送程序日益规范。深圳中院明确要求两级法院在司法建议发送工作中必须明确审批、签发流程；充分利用信息化手段建立"司法建议"平台，实行统一编号、统一管理；明确基层法院拟对市政府、市政府部门、其他市直机构和有关单位发送司法建议书（行政诉讼案件除外），应当由深圳中院审核后以中级人民法院名义发送，避免同类问题重复建议。

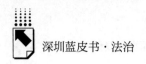

三 "五个聚焦"：司法建议功能在深圳的彰显实践

通过加强司法建议工作，深圳法院积极延伸审判职能，正确发挥司法导向作用，促进有关行政管理机关、企事业单位、社会团体等科学决策、完善管理、改进工作、规范行为，推动经济社会发展，取得了较好成效，司法建议的功能价值在深圳得到了较为全面的体现。

（一）聚焦中心工作，助力经济发展

基于还原主义立场下对司法本原的认知，司法是一种制度建构的产物，并且是政治制度建构的产物，其作为一种特殊实践所固有的某些特性，如中立性、被动性以及司法的某种自治性，也需要基于国家统治或治理的整体框架及原理，被赋予含义或加以解释。① 因此，人民法院树立服务辖区和国家经济社会发展大局的意识，是在中国政治体制下和法治发展过程中的必然要求。

近年来，深圳法院围绕特区发展大局，在优化营商环境、服务经济社会发展上建言献策，取得了良好成效。2018 年，深圳中院向工信部发出《关于治理手机恶意应用软件司法建议》，从加强手机软件研发者的认证管理、加强对手机生产企业监管、加强对恶意扣费链条企业的监管三个方面向工信部提出建议。工信部对司法建议书高度重视，认为意见中肯，具有很高的参考价值，并表示要加强部门协作、联动治理，强化监督检查，严厉打击违规行为。该司法建议是在互联网经济空前繁荣，手机通信产业及相关 App 研发、销售空前繁荣的背景下推进互联网产业供给侧结构性改革的良好范例。这一建议对健全诚信和谐有序的经济秩序，促进低端移动互联网市场主体再生或有序退出，优化社会资源配置，实现移动互联网经济的可持续、高质量发展有一定意义，同时体现了人民法院既加强硬法打击，也注重软法治理，

① 顾培东：《人民法院司法改革取向的审视与思考》，《法学研究》2020 年第 1 期，第 10、11 页。

为移动互联网经济提供良好的法治环境和营商环境所做出的努力。前海法院则研究总结融资租赁案件的特点及存在的问题，发现融资租赁案件涉案标的大、审理周期长、审理难度大，且绝大多数纠纷是承租人无力支付租金产生的，遂向前海管理局融资租赁部发出三项司法建议，建议规范融资租赁公司行为，加强对合同的审查并评估商业风险，灵活约定争议解决的准据法，并明确约定送达地址。前海管理局融资租赁部高度重视司法建议并采纳落实，通过一系列举措有效保障融资租赁各方的合法权益，为自贸区金融创新提供优质的司法保障。

（二）聚焦社会管理，维护社会稳定

司法建议制度产生于当代中国司法的特殊土壤，作为一种依托于审判活动但又游走于司法裁判之外的非正式治理手段，这一制度兴起在一定程度上也反映出中国行政管理、社会治理领域存在的不足，司法裁判权威性尚未达到理想状态，仅仅通过审判活动难以传递合法性信号、塑造法治形象，法院需要将司法建议作为司法领域参与公共治理的一种柔性手段。[①] 在中国以政府为主导的社会管理模式中，由于各个行政管理部门的职责分工上的问题，以及各种原因导致精力分配不均，社会领域存在的某些"无人管""踢皮球"问题陷于僵局状态中难以启动解决，最终演化为司法诉讼。而法院作为政府行政部门之外的司法机关，对于司法审判过程中发现的问题，以司法建议方式提出有针对性的解决方案，有助于打破这种沉默与僵局，甚至可能促成相关有效管理措施的出台。基于此，参与社会管理创新、维护社会和谐稳定，已成为法院应当肩负的社会责任。

深圳法院围绕行政管理机关在社会管理中可能存在的漏洞或风险，积极提出司法建议，参与社会管理。宝安区人民法院在审结首宗未成年人涉黑恶势力案件后，认真分析案件成因，研究预防方法，向宝安区教育局提出加强学校法治教育，建立校园欺凌跟踪帮教机制，密切家校联系机制，建立学校

---

① 卢超：《行政诉讼司法建议制度的功能衍化》，《法学研究》2015 年第 3 期，第 29～30 页。

与派出所、区妇联联动机制，畅通举报机制五大建议。宝安区教育局高度重视此建议，深入研究了该案中的社会、学校、家庭原因，采纳落实了宝安区人民法院提出的五项建议，并开展专项整治活动，出台一系列制度文件，举办法治宣传教育活动近千场，净化未成年人的成长环境，杜绝此类案件再次发生。盐田区人民法院在审理个案中发现部分政府招标工程中存在违法转包的情形，为建筑工程安全埋下隐患，遂向盐田区住建局提出三项建议，促使该局加强对辖区建设工程转包、违法分包等活动的打击力度，推进建筑市场主体信用体系的建立。针对深圳市危险驾驶罪案件数量逐年上涨的趋势，深圳中院向深圳市交通运输管理委员会提出司法建议，建议加大运营车辆管理力度，强化市民安全意识。该委采纳了相关建议，强化源头管控，减少了此类道路交通安全事故。

（三）聚焦诉源治理，化解矛盾纠纷

人民法院不仅要注重个案纠纷的化解，还要立足审判实践，从源头上治理矛盾纠纷。深圳法院高度重视诉源治理，以司法建议的方式促使矛盾纠纷从源头上化解。深圳中院总结归纳、认真分析房地产中介机构提供居间服务产生纠纷的原因后，向深圳市房地产中介协会提出明确中介机构义务范围及履行方式、加大对中介从业人员的政策培训力度及规范格式合同条款的拟定和使用三项建议。深圳市房地产中介协会高度重视，并充分采纳深圳中院意见，发布《二手房交易重要事项告知书》，加强专业培训并推行房地产主管部门合同示范文本，既保护了委托人的合法权益，又促进了中介机构实现经营目的。福田区人民法院在审理案件时发现，腾讯公司旗下的微信公众号平台的原创声明功能在使用过程中容易引起误解，让公众误认为发布具有原创标识作品的微信公众号运营者即为该作品的著作权人，容易引发侵权诉讼风险，遂向腾讯公司发出司法建议，微信公众号在使用原创声明功能发布作品时应提交其系作品的著作权人或者已征得著作权人同意的声明材料，同时对使用原创声明功能发布的作品采取标注"原创+作者姓名"标识的模式。腾讯公司高度重视该司法建议，完善微信公众号相关功能，有效防止了此类

纠纷的再次发生。上述案例都有效地从源头减少和化解了纠纷，充分发挥了司法建议延伸审判职能的作用和引导作用。

（四）聚焦行政执法，建设法治政府

行政执法领域社会关注度高，历来是司法建议重点。针对行政执法中的不规范行为，深圳法院主动提出司法建议，在司法与行政的良性互动中推进法治政府建设。盐田区人民法院在审理以派出所为被告的行政诉讼案件时发现，部分派出所未能重视及规范法院司法专邮的签收处理工作，多次拒收法院法律文书，拒绝履行应诉义务，遂向深圳市公安局提出建议要求整改。深圳市公安局高度重视，立即组织基层办案单位积极开展自查补救，完善工作机制，并进一步加强教育培训，严格落实责任追究，并将此次自查补救情况纳入 2019 年度执法质量考评。深圳中院、福田区人民法院在审判过程中分别发现深圳市社保局及深圳市监管局作出的行政执法决定书格式文本有误，遂发出司法建议建议其修改，得到了被建议单位高度重视，促使其审查行政文书，规范行政行为，取得了良好的社会效果。

（五）聚焦审判工作，提升审判质效

深圳法院在深入开展司法建议工作过程中，着眼于服务促进审判执行核心业务，关注在审判过程中发现的送达难等问题，以司法建议的方式推进其解决，提升审判质效。龙华区人民法院在工作中发现 EMS 法院专邮送达存在送达不及时、不规范等问题，遂向广东省邮政速递物流有限公司深圳分公司发出司法建议，提出五项整改建议。该公司高度重视，立即整改，提升了审判质效，畅通了法院与当事人的诉讼活动信息交流渠道。南山区人民法院在审理金融商事案件时发现，当事人违反诚实信用原则，在审判和执行程序中逃避送达、拖延诉讼进程的问题突出，故向招商银行信用卡中心发出司法建议，拟定《合同约定送达地址条款参考范本》供其参考适用；深圳中院在审理涉银行金融案件过程中发现送达难的问题较为突出，经研究后向深圳市银行业协会提出司法建议，规范银行合同格式，并加强对履约过程的送达

证据的保存管理。招商银行信用卡中心及深圳市银行业协会都高度重视并采纳了司法建议，有效解决了此类案件中送达困难、影响审判效率和当事人诉讼权益实现等问题。

四 瑕瑜之鉴：深圳法院司法建议工作面临的问题

虽然近几年深圳法院司法建议工作取得了一定进展，但仍然存在工作开展不平衡、采纳比率不高、规范化水平有待进一步提高等问题。虽瑕不掩瑜，但是这些问题恰恰折射出中国法院司法工作面临的一些共性问题，对法院有效参与社会管理创新形成一定程度的阻力和障碍。

（一）工作理念认识尚需加强

在司法建议工作过程中，仍有部分法官基于职责分工、责任自负的理念，坚守法院的被动性、中立性，解决纠纷的事后性，只负责案件的正确审理、法律的准确运用与公正的裁判。[①] 这也导致他们对司法建议工作的重视程度不足，把司法建议当成额外工作对待，一定程度上造成司法建议工作主动性不高、积极性不足的现象。比如有的法官倾向"就案办案"，认为司法建议工作可有可无是重复劳动，判决书就已经具备规范、指引、教育作用，只要裁判文书上网公开了，司法建议就没有太大意义；有的法官则认为司法机关不应主动参与到社会管理之中，发送司法建议会影响发送和接收单位之间的关系；还有的法官则对司法建议缺乏信心，认为即便发了也不会引起对方的重视。尽管的确存在不同的客观情况，但的确反映出一部分司法工作者尚未对司法建议的功能和价值形成正确的理念和认识。

（二）工作机制尚欠系统性规范

一是统筹管理仍不到位。目前，深圳两级法院间司法建议工作发展不平

[①] 刘思萱、李友根：《社会管理创新为何需要司法建议制度——基于司法建议案例的实证研究》，《法学家》2012 年第 6 期，第 31 页。

衡，不同法院之间司法建议工作开展的差别也很大。近三年，全市共有4家法院发送的司法建议超过30件，其中深圳中院最多为70件，但还有3家基层法院发送的司法建议数量不足10件。二是工作流程尚不规范。个别法院尚未落实归口管理制度，司法建议质量无法得到保障；部分新成立法院，综合行政工作处于发展阶段，尚未建立司法建议编写工作长效机制。系统录入的规范也不明确，部分司法建议信息录入系统不规范、不完整、不及时，甚至部分统计数据失实，相应数据过于简单，建议落实与否、效果如何均未能充分体现。三是司法建议质量参差不齐。部分法院"重个案分析，轻宏观提炼"倾向突出，所发出司法建议类型全为个案；有的法院虽然发送数量多，但属于同一案件针对不同单位多次发函，未形成集成效应，造成一种"就事论事"的虚浮现象。

（三）司法建议采纳效果还不理想

从司法建议采纳率上看，盐田区人民法院采纳率达到85.71%，而罗湖区人民法院采纳率仅有14.81%，除了系盐田区人民法院发送建议对象为行政机关、相对重视程度和反馈率高的原因外，还有一些深层次的原因。一方面，司法建议的效力缺乏法律硬性支撑，仅属于建议性质，对被建议单位无实际约束力，导致相当部分被建议单位对法院发出的司法建议置之不理、不予答复，或者停留在书面回复层面的"礼节性"回复。另一方面，建议反馈尚无机制保障，不能有效敦促被建议单位尤其是非行政单位反馈或整改，加之基层法院行政级别较低，有些被建议单位不够重视，司法建议的相关举措并没有很好地落实到位。此外，个别基层法院对司法建议工作不够重视，编写的司法建议缺乏调研，论证不充分、欠缺可操作性，也影响着相关单位对司法建议的重视程度与落实效果。

五　内外合力：深化完善深圳法院司法建议工作的路径

前述问题反映出当前司法建议存在工作水平不高、质量欠佳、组织管理机制不完善、运作流程单一缺乏互动协作等一系列问题。人民法院通过司法建议参与社会治理创新是一项系统性、协调性工程，既需要法院加强自身的业务能力，练好"硬功夫"，也需要着力提升"软实力"，地方党委、政府、人民法院、被建议单位四个主体维度共同发力。致力于构建更加顺畅、有实效的司法建议工作机制，笔者认为，深圳可以从以下四个方面着力改善。

（一）提升司法建议在社会治理工作中的地位

随着法律理性化趋势的不断增强，司法机关承载的社会整合功能越来越多。[①] 司法建议工作离不开地方党委的大力支持，地方党委也需要法院更好地发挥司法建议参与治理的功能价值。打造法治城市示范是深圳建设中国特色社会主义先行示范区的五个战略之一，深圳市委高度重视以法治化手段进行社会治理，法院运用司法建议参与社会治理创新也得到重视。2020 年，深圳市委出台了《关于加强人民法院司法建议工作的意见》（以下简称《意见》），率先以地方党委规范性文件的方式对法院司法建议工作加以推进。《意见》主要从明确司法建议制发标准、管理规范，建立跟踪反馈和采纳转化机制，完善目标管理考评机制，定期专项报告等方面，全面提升制发质量和建议的社会效果，从全市层面有力提升司法建议在服务大局、切实维护社会和谐稳定方面的积极影响力。

（二）明确司法建议质量把控标准

一是改变传统司法建议的针对个案提出建议的形式。司法建议的关注点不再局限于案件本身，更多的是通过案件来发现线索，解决经济社会发展、法治化营商环境优化、提升城市治理能力、促进社会和谐稳定等领域的深层次问题。通过对审判执行过程中发现的类型化问题、前瞻性问题的研究分

---

① 黄茂钦、尹亚军：《司法建议：法院的公共治理之道？》，《辽宁师范大学学报》（社会科学版）2018 年第 3 期，第 49 页。

析，从司法角度对经济社会中可能出现的风险进行预测，进而向政府部门或立法机关提出规范的建议或预防的方案，发挥司法建议作为社会经济发展"晴雨表"的作用。[①] 二是进一步细化司法建议工作规范。明确司法建议制发标准和要求，做到问题分析准确透彻，建议方案切实可行，行文严谨规范，符合保密规定。准确把握被建议单位的主管范围，用准用对法律法规及政策依据。三是灵活采取建议形式。注重与被建议单位沟通协调，研究探索通过口头、联合召开座谈会形成会议纪要，或以"情况通报"等新形式发送司法建议，提升成果转化率。

（三）完善司法建议组织管理体系

主要是在法院内部凝聚共识，正确把握司法建议在推动科学决策、完善管理、改进工作、规范行为等方面的重要功能。一是完善司法建议组织管理体系。将司法建议工作纳入全市两级法院和各审判执行业务部门整体工作部署中，定期开展司法建议工作总结通报工作，及时发现问题、整改问题。同时由深圳中院牵头督促、帮助新建法院落实归口管理制度、建立长效工作机制。二是进一步细化司法建议工作规范。明确司法建议制发标准和要求，准确把握被建议单位的主管范围，用准用对法律法规及政策依据。三是健全司法建议督促落实机制。建立司法建议书抄送督促制度，司法建议发送对象是政府部门的，应当同时抄送被建议单位的同级党委政法委、人大法工委或人大监察与司法工作委员会、政府司法行政机关等，推动被建议单位落实司法建议并按时反馈法院。

（四）健全司法建议反馈落实机制

针对司法建议不重视、不落实问题，应当要求接受司法建议最频繁的行政机关出台相关规定，明确行政机关办理司法建议的程序。[②] 同时，完善落

[①] 刘思萱、李友根：《社会管理创新为何需要司法建议制度——基于司法建议案例的实证研究》，《法学家》2012年第6期，第43页。

[②] 罗登亮、张洪亮：《基层法院司法建议助推基层治理现代化实证研究——以S法院司法建议运行机制为样本》，《人民法治》2017年第7期，第32页。

实司法建议的考核工作，提高司法建议工作在法治政府建设考评指标体系中的比重。法院则按照法治政府建设考评的时限、内容、方式要求，定期将司法建议发送、反馈和落实情况送交司法行政机关作为考评依据。对司法建议落实不力、消极不作为的企事业单位及社会组织，法院可以向其行业主管部门或行业自律组织进行通报，由其行业主管部门或行业自律组织督促被建议单位落实司法建议，其行业主管部门或行业自律组织应当将督促落实的情况回复法院。

参考文献

林莉红主编《行政诉讼法学》，武汉大学出版社，2009。

齐奇：《提高司法建议质量　服务社会科学发展——浙江法院推进司法建议工作的实践与思考》，《人民司法（应用）》2012 年第 19 期。

董开军：《人民法院推进社会管理创新的若干思考》，《法学杂志》2011 年第 12 期。

刘思萱、李友根：《社会管理创新为何需要司法建议制度——基于司法建议案例的实证研究》，《法学家》2012 年第 6 期。

顾培东：《人民法院司法改革取向的审视与思考》，《法学研究》2020 年第 1 期。

卢超：《行政诉讼司法建议制度的功能衍化》，《法学研究》2015 年第 3 期。

黄茂钦、尹亚军：《司法建议：法院的公共治理之道?》，《辽宁师范大学学报》（社会科学版）2018 年第 3 期。

罗登亮、张洪亮：《基层法院司法建议助推基层治理现代化实证研究——以 S 法院司法建议运行机制为样本》，《人民法治》2017 年第 7 期。

B.11
民事证据失权问题研究

——以深圳法院的实践为例

郝晶晶　唐诗丹 *

摘　要： 证据失权即对当事人未按期提交的证据赋予不为法院质证的消极后果。目前中国民事司法实践中，法院往往选择性地赋予逾期证据失权的后果，导致证据失权制度未能有效地遏制诉讼拖延、证据突袭等不良诉讼现象。诚实信用原则与程序正义观念共同构成证据失权制度得以适用的正当性基础。当事人为故意或重大过失的主观归责形态、未按期举证及逾期证据不关乎案件基本事实这三项要件共同构成证据失权适用的前提。在证据失权的构成要件中引入诉讼迟延、强调法官的释明作用、统一证据交换适用的标准，是发挥证据失权制度功能的有效路径。

关键词： 证据失权　证据交换　举证时限　程序正义

一　民事证据失权制度概述

（一）证据失权制度的概念及价值

证据失权指对未按期举证的当事人处以该逾期证据不为法院证据

---

* 郝晶晶，深圳大学法学院助理教授，主要研究方向为民事诉讼法；唐诗丹，深圳大学法学院硕士研究生，主要研究方向为民事诉讼法。

调查①的惩罚性后果。该项制度发端于德国，后日本、中国台湾地区引进并沿用至今。中国大陆证据失权制度最早出现于 2001 年《最高人民法院关于民事诉讼证据的若干规定》（以下简称《证据规定》②）中，2012 年新修订的《民事诉讼法》对该项制度进行了规定。

证据失权的制度价值可归纳为以下几个方面。首先，证据失权制度可提高诉讼效率。效率意为产出与投入之比，效率低意味着投入过多或产出过低，故对正义的追求必须考虑付出的成本。赋予逾期证据失权的效果，剔除不必要审查的证据，以此实现诉讼经济。其次，证据失权有助于实现庭审集中化。赋予逾期证据失权的效果可敦促当事人按期举证，从而固定证据与整理争点，使庭审更有针对性。最后，证据失权制度可防止证据突袭③，保障程序正义。证据突袭不仅可提高己方胜诉概率，而且可以拖延诉讼以达到转移财产等不当目的。对逾期证据赋予失权的后果，可有效打消当事人试图证据突袭的想法。

（二）证据失权制度的正当性基础

证据失权系针对逾期证据而言，无差别适用证据失权制度易引发因证据链不完整而难以实现实质真实的风险，因而在适用证据失权制度之前务必探究该项制度的正当性所在。证据失权制度的正当性基础包括诚实信用原则和程序正义理念两个方面。

诚实信用原则乃民法中的"帝王条款"，亦是中国民事诉讼立法所确立的一项基本原则。诚实信用原则要求当事人在诉讼中如期、诚实、善

---

① 有学者认为证据失权即当事人丧失向法院提交证据的权利。如龙兴盛、王聪《契合与超越：我国证据失权制度的司法审慎适用——以 2012 年〈民事诉讼法〉及其司法解释为对象》，《证据科学》2016 年第 1 期；李浩《举证时限制度的困境与出路——追问证据失权的正义性》，《中国法学》2005 年第 3 期；夏璇《我国民事证据失权制度的适用困境与改革路径》，《河北法学》2015 年第 10 期。
② 该司法解释于 2019 年 10 月作出最新修订，具体内容见正文详述。
③ 当事人故意不向法庭提交已知的、已收集的证据，而在后一诉讼阶段中突然提交，以突然袭击对方。参见刘英明《民事举证时限制度的博弈解释与实证检验》，《东方法学》2011 年第 5 期。

意地提交证据，对于违反这一要求的当事人，以证据失权效果为制裁。诚实信用原则在民事诉讼中发挥着防止虚假诉讼等积极功能。其意在保护另一方当事人的信赖利益，遏制证据突袭等不良诉讼现象，确保诉讼井然有序。

证据失权的另一正当性基础在于保障当事人的程序性权益，也即程序正义。在适用证据失权之前，需要对当事人的程序性权益予以保障，如通过合法手段收集证据，合理、灵活确定举证时限以及赋予当事人展开辩论的机会等。若在当事人对举证程序如何进行及滥用诉权的法律后果一无所知的情况下就严格适用证据失权，则该项制度的正义性无从谈起，最终的裁判结果也会受到公众质疑。因此，只有在充分保障当事人程序性权益的基础上方能适用证据失权，否则司法个案的实体正义便会成为空中楼阁。

（三）中国证据失权制度的立法现状

2001 年《证据规定》明确规定若一方当事人未在规定时限内提供证据，法院将对该证据不组织调查，除非征得另一方当事人的同意。当时中国尚处于建设法制体系的摸索阶段，且追求实质正义的法律观念根深蒂固，故该项较为严苛的制度因较少适用而被逐渐虚置。在过分重视实质真实的司法条件下建立证据失权"本身就是一种冒险"。[①]

2012 年修订的《民事诉讼法》对逾期证据转采缓和的态度。其中第六十五条第二款规定，原则上法院不采纳一方当事人拒绝说明理由或理由未成立的逾期证据；若法院采纳逾期证据，应对当事人训诫或者罚款。该条款赋予了法院关于证据失权之适用的裁量空间。2015 年《关于适用〈中华人民共和国民事诉讼法〉的解释》第一百零二条表明，法院采纳与案件基本事实有关的逾期证据时，应对当事人进行训诫或者罚款。该解释将基本事实作为证据失权的消极要件，决定了对逾期证据采取"以采纳为原则，失权为

---

① 夏璇：《我国民事证据失权制度的适用困境与改革路径》，《河北法学》2015 年第 10 期。

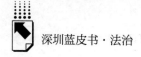

例外"的态度。

2019 年《证据规定》第五十八条规定，"当事人收到对方的证据后有反驳证据需要提交的，人民法院应当再次组织证据交换"。其中删除了对证据交换次数的限制，更有利于法院灵活利用证据交换明确案件争点。加之中国民诉法体系对逾期证据采取不失权为原则，失权为例外的立场，而 2001 年《证据规定》与之相悖，故新《证据规定》删除了关于新证据的全部规定，与《民事诉讼法》的现有规定相统一。

二 深圳法院适用证据失权制度的实践困境

（一）证据交换难以有效整理争点

本文通过"无讼案例网"，以"证据交换"为关键词对深圳地区法院 2013～2019 年适用普通程序审结的一、二审案例进行检索，得到符合条件的案例 3936 例，含一审案例 3483 例，二审案例 453 例。[①] 其中适用普通程序审理并进行证据交换的案件共有 2110 例，即适用普通程序审理并组织证据交换率达 53.60%，而未进行证据交换的案件比例也近 50%。遗憾的是，目标裁判文书中未开示不予证据交换的理由，这使当事人无从知悉法院组织证据交换的标准。在裁判实务中法院往往为避免证据交换环节导致诉讼拖延，径行开庭审理。

在以上目标案例中，共有 46 例案件存在法院依法组织证据交换而当事人拒绝的情形。当事人多认为证据交换会将己方的底细透露给对方，为追求于己有利的实体裁判结果而不愿为之。同时，当事人在证据交换中也多有所保留，不发表明确的质证意见，这在一定程度上削弱了证据交换的质证效果，也不利于确定争议焦点。当事人所持的此类态度也使证据交换在实践中难以发挥归纳案件争点的作用，导致诉讼进程被打乱。

---

① 本报告所有数据来源于无讼案例网，https：//www.itslaw.com，特此说明。

（二）以逾期证据不失权为原则

本文以"逾期提供证据"为关键词对 2013～2019 年深圳地区的一、二审民事案件进行检索，共得到目标案例 95 例，含一审案例 3 例，二审案例 92 例。在 3 例一审案例中，当事人提供的逾期证据涉及案件基本事实，一审法院均对此予以采纳并对当事人进行训诫。在 92 例二审案例中，二审法院采纳逾期证据的案件达 38 例，采纳率为 41.3%。采纳原因多为逾期证据与案件基本事实相关、当事人未按期举证但给出合理解释、对方当事人未对逾期证据提出异议或提供相反证据予以反驳。在前两种情形中，二审法院采纳逾期证据后均对当事人处以训诫，并于判决书中强调当事人应按期举证以佐证自己的主张。

（三）法官未充分发挥释明作用

在上述 95 份目标案例中，存在当事人在一审程序中逾期举证并已做出合理解释，但一审法院最初拒绝采纳而后又对逾期证据予以采纳的情形。本文认为，法院对当事人提交的逾期证据持模棱两可的态度，并未就当事人应否补充证据、采纳逾期证据与否的理由等情形进行充分释明[①]，这不仅有损法院的司法公信力，而且难以保障实质真实的尽早实现。

中国并未像德国、法国建立强制律师代理制度[②]，若法官消极地将自身视为证据材料的传递者而不积极发挥释明作用，则诉讼策略及技巧较弱的一方当事人将难以得到公正审判。此类当事人难以掌握精密化、专门化的法律法规，且考虑到高昂的律师费用，往往自行收集、提供证据，从而导致诉讼效率过低、诉讼过于漫长等。因此，法官的释明作用对于

---

① 当事人在法院的指引下就具体事项进行说明、澄清，从而使其主张更为明确。参见张卫平《民事诉讼"释明"概念的展开》，《中外法学》2006 年第 2 期。
② "德国法规定在地区以上法院进行诉讼，当事人的诉答状必须由律师签署，庭审中一方当事人没有律师参与的，即使其本人出庭也被视为缺席。法国规定在大程序法院进行诉讼，被告如果不在规定期间内指定律师，将构成'不应诉'……"参见陈文曲、郑宁《论我国民事强制律师代理制度之确立》，《学海》2008 年第 6 期。

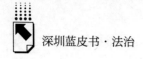

亲自参与诉讼的当事人而言显得尤为重要，法院不予采纳逾期证据更需要审慎为之。

三 两大法系对证据失权构成要件的规定

（一）大陆法系：诉讼迟延及当事人主观过错共同促进诉讼

大陆法系国家及地区规定诉讼迟延与当事人主观过错共同调控诉讼进程，并分别规定了"当事人一般诉讼促进义务（一般性失权规定）和特殊诉讼促进义务（特殊性失权规定）"[1]。前者指当事人在诉讼阶段有义务按期、及时举证，防止诉讼拖沓。后者指当事人有义务在法定或裁定的期限内按期提出攻击防御方法。

1. 诉讼迟延

当事人未按期举证以致诉讼拖延，是德国、日本及中国台湾地区发生证据失权的条件之一。德国民事诉讼法第二百九十六条第一、二款规定，原则上法院不得采用当事人未按期提交的攻击防御方法，除非当事人给出合理解释或采纳其不会导致诉讼拖沓。在判断诉讼迟延上，德国采用绝对理论，即"驳回逾期攻击防御方法比采纳其更节省时间，则为诉讼迟延"[2]。日本国内则呈现绝对主义与相对主义的理论分野，少数观点即相对主义认为若当事人逾期举证的时点晚于举证时限内按期举证的时点，则为诉讼迟延。中国台湾地区引入证据失权后，在德国立法经验基础上还规定了超出准备程序举证的当事人也需承担失权的后果。而日本未规定当事人超出准备程序举证应承担的相应后果。

2. 当事人主观过错

德、日以及中国台湾地区均规定当事人违反一般促进诉讼义务且主观上

---

① 孟醒：《从构成要件看我国证据失权制度的功能错位》，《烟台大学学报》（哲学社会科学版）2018 年第 3 期。

② 〔德〕罗森贝克、施瓦布、戈特瓦尔德：《德国民事诉讼法》，李大雪译，中国法制出版社，2007，第 469 页。

为故意或重大过失时产生逾期证据失权的效果。细微差别在于，德国规定当事人为一般归责事由时，违反特殊促进诉讼义务方产生证据失权。日本规定当事人逾时举证且不做合理解释的，构成违反特别诉讼促进义务的证据失权。中国台湾地区规定违反特殊促进诉讼义务的失权，除例外情形外，法院需认定当事人是否无意拖延诉讼或因客观原因无法按期举证。故当事人主观归责形态是德、日及中国台湾地区适用证据失权的另一条件。

诉讼迟延要件体现了证据失权制度促进诉讼的价值，当事人主观过错则是为避免过于追求诉讼效率而忽视实体真实。德、日及中国台湾地区并未对逾期举证这一行为过分苛责，法官对逾期证据失权与否享有裁量权。

（二）英美法系：举证失权是考察是否失权的唯一要件

英美法系国家的审前程序为证据失权制度的功能发挥提供了有利条件。英美法系的审前程序以证据开示为核心，只有举证超出审前阶段才产生证据失权的法律后果；若失权将导致裁判结果显示偏颇，则法官依裁量权决定。在证据开示中，除法定不宜开示的情形，双方当事人及其诉讼代理人均应将已掌握的证据方法互换及质证。加之负责事实认定的陪审团成员分别来自不同领域并难以随时召集，为使得庭审程序集中且紧凑，缩短陪审团认定事实的时间，将与陪审团审查证据职责无关的事项尽可能排除在审判阶段以外，不存在例外情形时，对当事人超过审前程序提交的证据不予采纳。即所谓的"庭前遮断原则"。[①]

当事人超出审前程序举证是英美法系国家在适用证据失权时必须考虑的唯一要件。《英国民事诉讼规则》规定所有证据的开示和查阅均应在审前程序的证据开示中完成。美国即通过审前会议来整理争议焦点与固定证据，且往往将最后一次审前会议安排得非常靠近开庭审理之日，以此保证审前阶段与庭审阶段的连贯性。美国对逾期证据并未无一例外地严格适用证据失权，赋予了法院一定的裁量权。即不予采纳逾期证据会导致实体正义失之偏颇

---

① 段文波：《我国民事庭审阶段化构造再认识》，《中国法学》2015 年第 2 期。

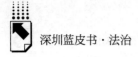

时，法院方可采纳。

英美法系国家设立证据失权制度不仅为了促进诉讼的合理进行，而且在于平衡诉讼效率与程序正义之地位，以期尽早发现案件真实，造就诚信诉讼的良性司法环境。加之英美法系国家适用证据失权的前提是与之配套的二元庭审模式，因此单独适用证据失权制度无法充分发挥其应有作用。

四　优化证据失权制度的若干设想

（一）在理论上调整证据失权的构成要件

中国现行民诉法体系规定证据失权的构成要件为当事人未按期举证、当事人主观过错为故意或重大过失及该逾期证据与案件基本事实无关。相比两大法系的证据失权立法例而言，将逾期证据与案件基本事实相关作为构成要件实属独特，且法院考虑证据失权与否的要素较为单一。本文认为，该规定容易为当事人隐藏关乎案件基本事实认定的证据，而后又进行证据突袭提供空间，因为与案件基本事实有关的逾期证据基本上被法院无条件采纳，如此一来证据失权制度在裁判实务中几乎没有适用的空间。证据失权制度的设立实质在于维护程序正义与促进诉讼，因而两大法系的立法例中均规定了法院采纳逾期证据会造成诉讼迟延则会产生证据失权的后果。而中国现行民诉法体系未将诉讼迟延纳入其中。

新《证据规定》第五十九条规定法院对逾期举证的当事人处以罚款时可结合当事人的主观过错程度、导致诉讼迟延的情况等确定罚款数额。该项规定首次论及诉讼迟延，这给予法院适用证据失权时全新的思考角度。该项规定值得称赞的同时，笔者认为从立法层面仍需要引入诉讼迟延作为构成要件。证据失权制度的立法初衷乃是促进诉讼进程。在此，督促法官在进行司法裁判时切实考虑当事人逾期举证是否会导致诉讼过于拖延，即驳回逾期证据比采纳其更为节省时间，以此维护另一方当事人的信赖利益与诉讼的公平。

（二）在实践中充分发挥线上诉讼的促进作用

2016 年 2 月最高人民法院颁布的人民法院信息化建设 3.0 版本及 2017 年 4 月印发的《关于加快建设智慧法院的意见》，反映出在司法体制改革背景下，推动司法与大数据及人工智能技术相融合的美好愿景。诚然，推进在线诉讼已是大势所趋。在实践中当事人往往因时空限制等客观原因难以参与庭审活动，因而导致诉讼拖沓。本文认为在线诉讼对证据失权制度的发展完善起到了不可忽视的推动作用，当事人通过在线诉讼的方式按期提交证据材料及诉讼资料，为法院整理争点与固定证据提供便利，提高诉讼效率，减轻当事人讼累。

深圳地区法院改革民事诉讼程序，促进案件繁简分流的司法体制改革正如火如荼地进行。深圳市各级法院探索了新兴电子平台与传统司法裁判工作相结合的路径。如南山区人民法院、福田区人民法院、龙华区人民法院及深圳市中级人民法院、深圳知识产权法庭通过试点深腾微法院、移动微法院等微信小程序推进在线诉讼。当事人足不出户即可完成诉讼材料的提交，避免逾期举证导致的证据失权的消极后果，电子诉讼平台为当事人提供庭审信息推送。深圳市中级人民法院对当事人可到会的案件召开庭前会议，以释明当事人的诉讼权利义务及举证时限、回避等事项，并进行庭前调解以促进案件繁简分流，从而加快庭审进程。

（三）在程序上完善证据交换的适用规则

证据交换制度在实践中的适用效果不佳。为发挥该项制度的实质作用，可从以下几方面予以完善。

首先，新《证据规定》删除了"证据较多或疑难复杂案件应进行证据交换"的规定，即案件是否适用证据交换完全由法院自行决定。在实践中法官往往认为证据交换徒增诉讼时间而将其搁置一旁，且当事人在证据交换中往往讳莫如深，同时法官在裁判文书中并未开示不予组织证据交换的理由。本文认为，增强裁判文书说理性对于实现实质真实而言从来都是必要

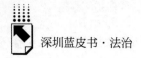

的，法官应于裁判文书中开示组织证据交换的理由，于司法适用层面统一适用证据交换的标准，并对诉辩意见及固定后的证据予以说明，这才有利于树立司法公信力，推进民事诉讼程序改革进程。

其次，在当前中国司法体制改革的背景下，当事人的举证责任日益加强，法官包揽诉讼的方式已被摒弃。虽存在法院可依其职权调查收集证据的情形，但当事人仍是收集证据的主体。加之公众的权利保护意识不断提升，当事人自然会更积极地收集证据，因而当事人是证据交换的主体。本文认为，司法机关作为国家专门法律适用机关，其具有保守性与疏远性，因此法院不能作为证据交换的主体，否则有损法院作为居间裁判者公正无私的形象。

（四）在实体上加强法官释明权的行使

当事人本人或委托非法律专业人士参加诉讼导致双方当事人武器不对等情形，若在此基础上仍无差别适用证据失权则有损实体正义的实现。因而有必要在诉讼的不同环节加强法官的释明作用，释明不仅有助于明确当事人意图，还可有效促进当事人与法官之间的沟通。如当事人出于对诉讼活动的认知不够、对应提出证据佐证其主张而未举证，或是误以为自己提供的证据充分，且以上两种情形足以影响法院对案件基本事实的认定，此时法院应就相关事项对当事人予以释明；以及在组织证据交换时，法官均应于每次证据交换前释明在没有法定例外情形时的逾期举证将会招致证据失权的风险，督促当事人及时举证。在庭审活动中，法官应及时向双方当事人就案件基本事实问题及法律关系问题进行必要询问，以形成内心确信。

在加强法官释明工作的同时，还应切实保障逾期举证的当事人参与庭审辩论的机会，法院还应释明其应当就未按期举证的行为给出合理解释。为保障另一方当事人的程序性权益，法院还应保证另一方当事人有机会就逾期举证的行为提出异议，维护双方当事人的辩论权，促进证据失权制度的适用。

五　结语

中国现有的证据失权制度在司法实践中长期存在适用上的随意性，进而导致证据突袭现象成为亟待解决的实践困境。证据失权制度的完善路径应当从理论及实践、程序及实体的不同角度切入：在理论上调整证据失权的构成要件，在实践中充分发挥线上诉讼的促进作用，在程序上完善证据交换的适用规则，在实体上加强法官释明权的行使。不仅如此，《证据规定》的最新修订以及法院信息化建设的不断深入，为证据失权制度的发展完善提供了新的契机和平台。完善过于妥协实体真实的证据失权制度还需与培育社会公众的程序价值意识、提升审判人员法律专业素养等措施相结合。有效落实上述举措，方能充分发挥证据失权制度的实质效果，实现实体正义与程序公正的有机统一。

参考文献

〔德〕罗森贝克、施瓦布、戈特瓦尔德：《德国民事诉讼法》，李大雪译，中国法制出版社，2007。

夏璇：《我国民事证据失权制度的适用困境与改革路径》，《河北法学》2015 年第 10 期。

孟醒：《从构成要件看我国证据失权制度的功能错位》，《烟台大学学报》（哲学社会科学版）2018 年第 3 期。

段文波：《我国民事庭审阶段化构造再认识》，《中国法学》2015 年第 2 期。

龙兴盛、王聪：《契合与超越：我国证据失权制度的司法审慎适用——以 2012 年〈民事诉讼法〉及其司法解释为对象》，《证据科学》2016 年第 1 期。

李浩：《举证时限制度的困境与出路——追问证据失权的正义性》，《中国法学》2005 年第 3 期。

刘英明：《民事举证时限制度的博弈解释与实证检验》，《东方法学》2011 年第 5 期。

B.12
深圳检察机关环境公益诉讼工作的
实践与思考

黄海波*

摘　要： 基于检察机关法律监督的地位和检察官守护公共利益的职业
属性，检察机关被认为是提起环境公益诉讼的最佳主体，可
以更好地保护环境资源和公共利益。深圳检察机关敢于担当，
大胆办案，不断探索和实践环境公益诉讼新模式。检察机关
通过总结环境公益诉讼办案中的缺憾，不断规范诉讼程序，
提升办案质量，守卫深圳环境公益。

关键词： 公益诉讼　环境　检察机关　公共利益

公益诉讼是有关组织和个人根据法律授权，就侵犯国家利益、社会利益
的行为提起诉讼，由法院依法处理违法的司法活动。① 发轫于古罗马时期的
公益诉讼制度由于在弥补法律缺漏、维护社会利益、唤醒公民意识、促进经
济繁荣等方面的巨大作用而在西方国家的法治进程中日臻完善。在中国，探
索建立中国特色检察机关提起公益诉讼制度，亦已是勾画依法治国宏伟蓝图
的重要因素。

环境作为一种宝贵的生态资源和社会资源，属于全民共有，当破坏环境

---

* 黄海波，广东省深圳市罗湖区人民检察院检察员，法学博士，主要研究方向为司法制度、
诉讼法学。

① 颜运秋：《公益诉讼理念与实践研究》，法律出版社，2019，第47页。

行为严重伤及国家、社会和不特定多数公民的公共利益时，检察机关必须主动履职，追究违法，保护公益。环境公益是环境因其具有的生态服务功能而能满足人类需求所承载的公共利益，其主体是社会公众，且每一社会个体都从中受益。① 在全面推进生态文明建设背景下，完善检察环境公益诉讼的中国模式，不仅是寄望经由保护环境资源来保护社会公共利益，而且可以通过司法诉讼来预防和惩罚污染环境行为，增强全体公民的环境保护责任感，共同履行环境权这一兼具公益和私益属性且关乎人类生存和发展的基本权利。

一　检察机关履行环境公益诉讼职责的法律优势

环境公益诉讼主要包括环境民事公益诉讼与环境行政公益诉讼，前者因行为人（包括组织和个人）严重破坏生态环境而启动，后者则因环境执法机关不作为或者乱作为而发起。检察机关代表国家和公共利益，有法律制度支持和法律专业能力，既可以控诉财大气粗的破坏环境者，又可以抗衡傲慢冷漠的环境执法者，独具其他公益诉讼主体完全不具备的职能优势。

（一）趋于缜密的法律制度体系

检察机关提起公益诉讼制度是推进法治国家建设的崭新课题，为此中国编制了较缜密的法律体系予以保障。中国宪法确立了自然环境资源的公共利益属性和受法律保护原则。在检察公益诉讼制度创设之前，检察机关实际上就一直以国家和集体利益代表的名义履行保护公共利益的使命和责任。全国人大常委会 2015 年 6 月颁行《关于授权最高人民检察院在部分地区开展公益诉讼改革试点工作的决定（草案）》，表明检察机关提起公益诉讼这一新型诉讼模式得到了最高立法机关的认可和推行。而早在 2012 年，《民事诉讼法》就依法界定了环境民事公益诉讼制度，创设了中国生态环境公益损害

---

① 参见张旭东《环境民事公益诉讼特别程序研究》，法律出版社，2018，第 22 页。

司法救济的新局面。① 为保障环境民事公益诉讼法律实施，最高司法机关先后出台了一系列配套司法解释。② 而 2017 年修订的《行政诉讼法》第 25 条第 4 款也依法赋予检察机关提起环境行政公益诉讼的职权。两大诉讼程序法均明确赋予检察机关提起公益诉讼的职权，表明国家立法机关认为检察机关提起环境公益诉讼制度从个别试点走向全面实践的时机已经成熟。

为贯彻立法旨意，总结试点经验，2018 年 3 月最高人民法院和最高人民检察院联合发布了《关于检察公益诉讼案件适用法律若干问题的解释》（以下简称《解释》）。《解释》的出台有助于廓清检察公益诉讼制度实施中发现的程序问题，进一步规范公益诉讼流程，保障公益诉讼有序推进，从而初步界定了公益诉讼的基本程序。

（二）检察机关的职能定位

检察机关在国家法治建设进程中扮演法律监督者的重要角色，公益诉讼是检察体制改革中强化检察机关法律监督权的探索，环境公益诉讼是其中的重要内容。检察机关牢记公共利益至上理念，倾力保护优美生态环境，同时又坚持整体性、系统性和谦抑性思维，审慎使用公益诉讼权，不干扰正常的环境监管秩序。检察机关对破坏环境生态资源行为提起公益诉讼就是监督违法行为人信服遵守法律，在法律规定的范围内检视自己的行为；检察机关对肩负环境资源监管责任的行政机关滥用权力或者不作为提起公益诉讼就是监督行政机关恪守自己的应尽职责，严格执法，依法执法。从根本上说，检察机关监督守法和执法的目的都是维护社会公共利益。在欧美许多国家，检察机关作为国家和社会公共利益的当然代表，拥有提起刑事、行政、民事公诉

---

① 《民事诉讼法》第 55 条规定：对污染环境、侵害众多消费者合法权益等损害社会公共利益的行为，法律规定的机关和有关组织可以向人民法院提起诉讼。

② 主要包括：最高人民法院、民政部、环境保护部《关于贯彻实施环境民事公益诉讼制度的通知》（2014 年），最高人民法院《关于审理环境民事公益诉讼案件适用法律若干问题的解释》（2015 年），最高人民法院《关于适用〈中华人民共和国民事诉讼法〉的解释》（2015 年），最高人民检察院《检察机关提起公益诉讼改革试点方案》和《人民检察院提起公益诉讼试点工作实施办法》（2015 年）等。

的广泛诉权。①

由于环境公益诉讼对时间、物力和人力资源要求较高且具有明显的公益性和无偿性，提起环境公益诉讼需要较强的专业技术知识能力和社会责任感、较高的诉讼地位，公民个人和普通社会组织难当此任，而检察机关则义不容辞。作为国家法律的捍卫者和公共利益的守护人，检察机关有足够的能力和实力来指控强大的破坏环境行为人，监督环境保护执法机关尽职履责。检察机关提起环境公益诉讼，不仅可以以公力救济模式保护自然环境资源，增强保护的强制力和权威性，而且可以唤醒全社会参与环境公益诉讼和保护环境的公益精神。

《解释》在强调检察机关在提起公益诉讼时是公共利益的代表这一特殊诉讼主体的同时，又进一步细化了检察机关公益诉讼的程序设置，突出检察公益诉讼制度在保护社会公共利益、促进依法行政、提高国家治理能力水平方面的重要作用。

（三）检察官的职业属性

检察官职业自诞生之日始，就被认为是国家利益和社会公共利益的守护者，肩负着为公共利益而诉之法院的职责使命。"在法国，检察院被认为是公共利益的代表，检察官参与民事诉讼的范围广泛，是大陆法系国家民事检察制度的典范；德国继受法国检察制度后，首次在法律中明文规定了'公益代表人制度'。"② 为了保障法律的统一规范实施，检察官必须恪守客观公正义务，能够中立、平等、不偏不倚地对待环境公益诉讼当事人，检察环境公益诉讼过程和结果的权威性和公信力较高。

"提起公益诉讼是检察机关履行法律监督职责的一种方式和手段，检察机关所行使的只是监督权，而不是处置权。"③ 检察环境公益诉讼是以法律

---

① 杨滨、任炳强、程昱：《检察机关提起环境公益诉讼思考》，《人民检察》2015 年第 6 期。
② 潘申明：《比较法视野下的民事公益诉讼》，法律出版社，2011，第 210 页。
③ 柯阳友：《民事公益诉讼重要疑难问题研究》，法律出版社，2017，第 61 页。

监督权为依托，以国家公权力为后盾，以破坏环境资源为对象的特殊诉讼手段。这种诉讼的特殊性，在于检察机关的监督地位，在于检察官的客观职责，更在于诉讼不是为了个人利益或者某一群体利益，更不是为了检察机关部门利益，而是为了社会公共利益，是为了更多的社会公众享受舒适生态环境而非受到恶劣环境的戕害。

检察机关自 2015 年 6 月开展公益诉讼工作改革试点以来，经过五年多的探索实践，通过自行起诉、支持起诉、督促起诉、刑事附带民事诉讼等多种方式开展环境公益诉讼，积累了较丰富的经验，形成了较齐备的制度，有较充分的能力将环境公益诉讼工作向纵深推进。

（四）法治国家的经验借鉴

为解决环境公益诉讼时间旷日持久、成本居高不下等问题，授权检察机关提起环境公益诉讼，是国外法治国家的通行做法。

美国在涉及自然资源保护的多项环境法律中确立了检察官的环境侵权公益诉讼制度，赋予检察官调查取证、优先审理以及和解的权力，以保证检察官在民事诉讼程序中完成法律职责。[①] 英国法律则规定只有法务长官（检察长）能够代表公众提起公益诉讼。[②]

国外法治国家较为成熟的立法体例和较为丰富的环境公益诉讼实践，为中国发展和完善检察环境公益诉讼制度提供了可借鉴的经验。应当仔细体察中外检察制度的异同，结合中国检察制度的特色，汲取营养，反思疏漏，适时调整检察环境公益诉讼的发展道路。

二 环境公益诉讼的深圳经验

2019 年，深圳检察机关秉持双赢多赢共赢办案理念，通过开展公益诉

[①] 潘申明：《比较法视野下的民事公益诉讼》，法律出版社，2011，第 222 页。
[②] 颜运秋：《公益诉讼理念与实践研究》，法律出版社，2019，第 129 页。

讼工作，守护深圳生态环境。全年办理公益诉讼案件 1684 件，比 2018 年增长 134%；发出检察建议 1589 件，发挥诉前检察建议的作用，既达到监督效果又节约了司法资源；提起刑事附带民事公益诉讼案件 15 件，在追究侵权人刑事责任的同时追究民事损害赔偿责任。通过办理环境公益诉讼案件，深圳检察机关督促有关单位复绿或收回被非法占用的土地 1401 亩，督促治理被污染河流 4 条，为国家挽回财产损失 9300 万元。① 深圳检察机关的主要做法体现在以下四方面。

（一）争取党委政府支持，出台支持文件

深圳作为经济高质量发展的模范城市，一直高度重视环境资源的可持续利用和发展，全面支持检察机关开展公益诉讼工作。2018 年 11 月，深圳市委、市政府发布《关于支持检察机关依法开展公益诉讼工作的通知》，对检察机关依法推进公益诉讼工作给予充分肯定和支持，并把配合检察公益诉讼工作纳入行政机关年终绩效考评体系；市编委批准市检察院组建公益诉讼部，为深圳检察公益诉讼工作打下扎实的机构基础和人力基础。

各区人民检察院也主动汇报，争取党委政府支持。坪山区出台了《中共深圳市坪山区委办公室关于支持检察机关依法开展公益诉讼有关要求的通知》，要求全区各单位齐心协力支持检察机关开展公益诉讼工作。2019 年 7 月，罗湖区也印发了《关于支持检察机关依法开展公益诉讼工作的通知》，强调检察公益诉讼工作的重大意义，强化沟通协作，为公益诉讼营造良好的工作氛围；行政机关支持配合检察公益诉讼工作情况纳入绩效考核评价体系，对于相关单位不配合检察机关调查取证、在法定期限内不积极依法履职或整改、不积极研究反馈检察建议等情形，在考核中做出负面评价；完善公益诉讼案件线索收集移送管理机制，保障检察机关调查取证权，建立沟通协调和联合监督工作机制，充分发挥诉前程序功能，依法公正审理。

---

① 数据来源：深圳市人民检察院 2019 年度工作报告。

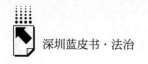

（二）加强工作协调，形成工作合力

深圳市、区两级检察机关高度重视环境公益诉讼工作，积极协调司法、行政机关和社会组织共同参与，协力共治。深圳市人民检察院与深圳市生态环境局签署了《关于在环境公益诉讼工作中加强协作的工作方案》，实现环境司法保护和行政保护的无缝衔接，聚焦解决自然环境资源保护中凸显的重点难点问题，共同为深圳一流经济环境提供一流自然环境。

2019年3月22日，深圳市人民检察院和深圳市志愿者河长联合会签订了《关于在环境公益诉讼中加强工作协作的工作机制》，规定了双方要在河湖水体环境保护方面加强沟通，强强合作，共同促进提高深圳河湖环境保护整体效能。

深圳各基层检察院结合工作实际，推动成立有针对性、操作性强的环境公益诉讼工作机制。成立于2018年7月的福田国家级自然保护区生态保护联盟，是由深圳市福田区人民检察院和广东内伶仃福田国家级自然保护区管理局发起的，是全国国家级自然保护区中成立的第一个生态保护联盟，联盟成员涵盖检察、海洋、公安、环境保护、城管、红树林基金会、观鸟协会、蓝色海洋保护协会、绿源志愿者保护协会等12家司法、行政机关和社会公益组织，并就线索移送、信息交流、联合执法、两法衔接等强化环境公益诉讼工作机制达成共识。2019年，福田区人民检察院依托生态保护联盟，通过广泛宣传、现场巡查、检察建议等有效方式，打击治理保护区内非法占地、破坏污染、非法捕捞等不法行为，办理了一批案件，监督纠正了一批违法行为，规范了保护区人员活动，环境公益诉讼在生物多样性、候鸟栖息、污水净化、调节空气等方面的保护效果逐步显现。

（三）突出办案重点，确保办案效果

深圳检察机关把执法办案作为环境公益诉讼工作的中心，重证据、重事实、重程序，办理了一大批环境公益诉讼案件，捍卫青山绿水，守护蓝天净土，赢得了深圳市民的高度赞誉，环境公益诉讼的法律效果和社会效果初步

显现。龙岗区人民检察院办理的李朗河污染案，通过督促环境水务部门实施污水截流、雨污分流、河道综合整治、工业生产废水排放监管等措施，基本消除河流污染，恢复周边良好生产生活环境；宝安区人民检察院以办案为突破口，办理了深圳市第一例破坏环境刑事附带民事公益诉讼，被告人获有期徒刑并被判决赔付 246 万元生态环境损害费，大大震慑环境违法犯罪行为；罗湖区人民检察院办理的东部过境高速破坏环境案，针对不科学施工造成大范围高陡裸露边坡、泥沙在降雨冲刷下漫流污染环境的情况，联合人大代表约谈建设、施工和监理单位，督促通过加强绿化、疏通渠道、净化污水等措施降低工程施工对河道环境的影响，受到人大代表和辖区群众一致赞许。

（四）加强宣传引导，倡导全民参与

检察机关充分应用平面媒体、自媒体、不定期现场阵地宣传等多种方式，强化宣传报道力度，提高检察环境公益诉讼制度的社会识别度，营造人人参与、人人支持检察环境公益诉讼的良好舆论氛围。深圳市人民检察院通过在主要媒体开辟专栏、接受电台主题访谈、举办主题宣传月等方式，使公益诉讼深入人心。2019 年 1 月 8 日，为扩大宣传教育、拓宽案件来源，深圳市人民检察院推出公益诉讼微信公众号（"深圳检察·公益诉讼"），公布经典案例办理情况，鼓励市民提供公益诉讼案件线索。罗湖区政府要求相关单位把检察公益诉讼工作纳入普法宣传，会同检察机关组织开展专题宣传活动，切实增强国家工作人员特别是领导干部以及公民、法人的法治理念和公益理念。

三 检察机关提起环境公益诉讼的完善路径

在环境公益诉讼实践不断向纵深推进的语境下，制度效果越来越好，在遏制环境污染、恢复被损环境、督促行政机关依法履职等方面作用明显。为重塑和保护良好自然环境，促进社会经济可持续发展，应当及时总结检察环

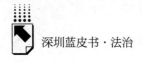
境公益诉讼经验，分析问题，补正不足，健全与中国国情相适应的检察环境公益诉讼制度。

（一）统一环境公益诉讼法律规定

虽然环境公益诉讼法律框架基本齐备，但法律规定还比较概括、粗糙，难以覆盖环境公益诉讼的具体实践。例如，《民事诉讼法》明确指出"对污染环境、侵害众多消费者合法权益等损害社会公共利益的行为"，检察机关可以提起环境公益诉讼，但没有列举出具体行为的种类和内容。

《民事诉讼法》和《行政诉讼法》已经为环境公益诉讼提供了程序保障，但实体法对环境公益诉讼的法律保障仍然不足，《环境保护法》《水污染防治法》等环境法律与检察环境公益诉讼衔接不畅，应当修订予以补正。

但更为迫切的是，包括环境公益诉讼在内的检察公益诉讼制度的主要法律根据是《民事诉讼法》《行政诉讼法》《刑事诉讼法》三部诉讼法中的若干条款及其配套司法解释，这些相对单薄的法律条文不仅不能支撑庞大的检察公益诉讼法律需求，还与其所依附的诉讼法本身立法精神和体系结构格格不入，因此，有必要在时机成熟时制定专门的公益诉讼法，以满足检察公益诉讼制度的现实和长远要求。

（二）明确检察机关调查取证权

实质性履行调查取证权，有助于检察机关充分行使环境公益诉讼权，并借此有效贯彻法律监督权。《解释》明确检察机关在办理公益诉讼案件过程中有调查收集证据的权力，有关行政机关以及其他组织、公民应当配合。虽然法律赋予了检察机关在办理公益诉讼案件（包括环境公益诉讼案件）中一定的调查取证权，但法律的授权并不周延，表现在：一是没有规定检察机关在诉前程序中的调查取证权，虽然《民事诉讼法》第210条规定了检察机关的调查核实权，检察机关有权调查公益诉讼案件相关情况，但该调查核实权范围相对狭窄，只有当检察机关为履行法律监督权而发出检察建议或者提起抗诉时方可适用;二是没有规定检察机关在立案之前初查阶段的调查取证权,检察机关只有在作出立案决定之后才能启动调查取证程序,往往因为错过最佳取证时机或者证据被湮灭影响案件质量;三是调查取证的强制力较弱,仅限于调阅复制卷宗、询问违法行为人、询问证人、征求专家意见、价值鉴定、损害评估等一般性方法,没有扣押、查封、冻结固定资产以及临时限制人身自由等强制手段,调查取证的权威性和强制力不足,取证的难度较大。

取证是证明的前提,证据是诉讼的基础,没有充分的调查取证权,检察机关就难以证明环境公益被损害的诉讼主张,就难以履行保护环境、保护公益的法律职责。检察机关是法律监督机关,在环境公益诉讼中代表公共利益而非自身利益,其诉讼地位与追求私益的民事诉讼当事人迥然不同,其诉讼权利义务也不应当等同而应当高于普通诉讼主体。因此,应当扩大检察机关的调查取证权,赋予强制取证权,提高案件质量,实现环境公益诉讼双赢共赢多赢的最佳效果。

(三)规范环境污染鉴定程序

由于环境污染破坏涉及的问题极其复杂,需要专业机构和专业人员对是否属于污染环境、污染的原因、污染的程度、损害的大小、复原环境的费用等给出鉴定意见,该鉴定意见在诉前程序、起诉裁量和审理判决中有重要的参考价值。但由于环境污染和生态破坏涉及领域复杂多样,需要不同领域的专家介入,然而具有环境专业司法鉴定资质的某一机构不一定在所有环境领域都有相应的专业人员和专业能力,且环境专业司法鉴定机构数量比较少,选择范围小。[①] 加之司法实践中存在的诸多鉴定制度的体制性和机制性问题,大量环境公益诉讼事件由于违法行为难以鉴定而无法进入立案环节,公众对检察机关的殷切期望常常落空。

要反思刑事司法鉴定中多头鉴定、重复鉴定等顽疾,由最高人民法院、

---

① 李楯主编《环境公益诉讼观察报告(2016年卷)》,法律出版社,2018,第345页。

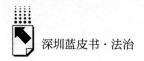

最高人民检察院会同生态环境部、科技部制定环境鉴定统一标准，规范环境鉴定机构，完善鉴定程序，增强环境鉴定的权威性。

（四）提高公益诉讼办案能力

环境公益诉讼横跨环境保护、法律两大领域，涉及的专业技术知识纷繁复杂，这对刚刚迈开步子的环境公益诉讼工作提出更高的要求和更大的挑战。长期以来，检察机关执法资源配置上存在"重刑轻民"的传统，选人用人均大幅度向刑事检察工作倾斜，民事行政检察部门处于不受重视的边缘地位，不仅人员数量配备不足，而且一直存在人员结构老化、专业知识储备缺失等问题，难以实质性开展环境公益诉讼工作。这就要求检察机关要内挖潜力、外联"外脑"，调配具有民事、环境法律知识背景或民事行政检察工作经验的干警到公益诉讼检察岗位，聘请各类专业技术人才担任顾问，为公益诉讼做好人才和知识积累工作。

（五）加强案件判决执行力度

检察机关办理环境公益诉讼案件，既要重视诉前程序、起诉和审判，又要重视判决结果的执行，防止诉讼程序前重后轻。

检察机关应承担起公益诉讼起诉人职责，监督审判机关采取各种措施落实环境公益诉讼案件判决的执行，配合支持人民法院执行判决，采用停止侵权、排除危险、复原原貌、赔付损害、公开道歉等方法还原生态环境面貌，维护环境公共利益。

环境民事公益诉讼从来就不是对个体利益定分止争的普通诉讼，而是希望以诉讼的公益性特点来提升全社会的公民意识和法治观念，塑造全体公民集体行动共同保护环境公益的良好氛围。环境公益诉讼的目标不限于对环境恢复如初，而是为全社会谋求共同分享美好生活工作环境的福祉。环境公益诉讼需要全社会的参与，需要司法机关、行政机关、社会组织和全体公民的用心维护。当然，环境公益诉讼只是提升环保理念的手段而非目的，它既不是解决环境保护难题的唯一模式，也绝不可能解决治愈根除环境保护的所有痼疾。只有责任机关尽心尽责，社会公众热情参与，环境意识全民觉醒，检察机关环境公益诉讼工作才能昂扬前行。

参考文献

徐卉：《通向社会正义之路——公益诉讼理论研究》，法律出版社，2009。

赵岚：《美国环境正义运动研究》，知识产权出版社，2018。

汪劲、严厚福、孙晓璞编译《环境正义：丧钟为谁而鸣——美国联邦法院环境诉讼经典判例选》，北京大学出版社，2006。

最高人民检察院第八检察厅编《行政公益诉讼典型案例事务指引（生态环境资源保护领域）》（下），中国检察出版社，2019。

社 会 法 治 篇

Law-Governed Society

B.13
社会组织参与法治建设的深圳实践

徐宇珊　李翊菲*

摘　要： 社会组织是法治建设的重要主体之一，深圳市委、市政府积
极支持社会组织参与法治建设，把社会组织纳入法治建设体
系并提供必要条件。目前，深圳市社会组织成为立法工作联
系点，介入未成年人司法及环保公益诉讼领域，深入不同群
体开展法治宣传活动，联合专业人士服务社会公众，参与纠
纷调解、刑满释放人员就业安置、社区矫正等社会法治工作，
积极推动法律实施，已成为深圳法治建设中一支不可或缺的
力量。

关键词： 社会组织　法治建设　法治宣传

---

* 徐宇珊，深圳市社会科学院研究员，主要研究方向为公共管理、社会组织；李翊菲，深圳市
汇贤公共服务促进中心项目主管，主要研究方向为公共管理。

《中共中央关于全面推进依法治国若干重大问题的决定》明确指出，"要发挥人民团体和社会组织在法治社会建设中的积极作用。社会组织是政府和市场之外的第三部门，具有非营利性、非政府性、志愿公益性或互益性等特征"。① 社会组织是法治建设的重要主体之一，社会组织参与法治建设有利于增强立法工作的公开性和民主性，有助于增强普法工作的多样性和普及性，有助于增强法律服务的便民性和公益性，最终有助于推动法治秩序的形成。

一 社会组织参与深圳法治建设的意义和必要性

（一）社会组织参与法治建设是深圳加快建设中国特色社会主义先行示范区的时代要求

《中共中央国务院关于支持深圳建设中国特色社会主义先行示范区的意见》中提出的五大战略定位包括"法治城市示范"，要求全面提升法治建设水平，用法治规范政府和市场边界，营造稳定公平透明、可预期的国际一流法治化营商环境。"全面"提升法治建设水平，意味着要多领域、多维度、多主体地推进法治建设。法治建设的对象是多维的，涵盖政府、市场、社会等各个领域；法治建设的主体是多元的，除了公检法等部门外，企业、社会组织，乃至公民个体，都要参与法治建设，形成共建共治的格局。因此，深圳建设中国特色社会主义先行示范区离不开社会组织的参与。

（二）社会组织能够更广泛地动员社会力量参与法治建设

法治社会建设的最终目的是规则基础之上的社会自治②，社会自治有赖于各类社会力量的有序参与。社会组织因为成员的广泛性和多样性，可以联结各类社会成员，促进所属成员对法治精神的认同和形成共识。

---

① 王名编著《非营利组织管理概论》，中国人民大学出版社，2002，第 2~4 页。
② 陈晓春、肖雪：《社会组织参与法治社会建设的路径探析》，《湖湘论坛》2019 年第 4 期。

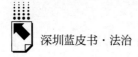
社会组织中的互益性社会团体，如行业协会、校友会等，会员与组织之间有着高度黏性，会员之间同质性强，认同度高，一个社会组织可以起到联结一类组织或群体的作用。例如一个行业协会可以把该行业内的企业组织起来，对会员企业进行有针对性的法治宣传，起到事半功倍的效果。社会组织中的各类基金会，联系广泛的志愿者、捐赠者和受益者，志愿者因志愿服务，捐赠者因捐款捐物，受益者因接受资助，而分别与社会组织产生紧密的联系，对社会组织充分信任。此类组织参与法治建设，有助于增强参与者的归属感和社会责任感，获得社会认同，成为公民参与社会治理的平台。

（三）社会组织能够更有温度地推进法治建设

社会组织作为民间力量，具有亲民性和本土性，其开展活动的方式具有灵活性和多样性的特点，更便于以人民群众喜闻乐见的方式推进法治建设。法条是冰冷的、理性的，但法治建设是温情的。各级党委政府及公检法部门的时间精力有限，在日常工作中，可能顾及不到不同群体的个别化需要和感受，社会组织则可以结合自身的使命愿景、专业所长、会员特征等有针对性地参与法治建设，为人民群众提供不同的法治服务，如关心犯罪群体的心理健康及可能存在的家庭困难，为弱势群体提供法律援助，帮助社区矫正人员、服刑人员等重新融入社会，以生动有趣的方式提供普法宣传，等等。社会组织的参与，拉近了人民群众与法治的距离，让法治更容易走进百姓的心中，让法治秩序成为群众自觉自发的生活方式，让人民群众感受到法治的温情。

二 深圳市政府支持推动社会组织参与法治建设

社会组织之所以可以参与到深圳法治建设的各个领域，一方面是深圳社会组织数量的增长与质量的提高，有越来越多的社会组织有能力参与法治建设，有专业力量推动法治进程；另一方面是深圳市政府信任和支持社会组织，认可社会组织的独特价值和贡献，将社会组织作为参与社会治理的亲密伙伴，为社会组织的参与释放空间，通过转移职能、购买服务等方式为社会组织提供相应的资源。

（一）政府赋权：主动把社会组织纳入法治建设的体系

从中央到省、区、市，近年来都可以看到明确鼓励社会组织参与相关法治工作的政策文件。如《环境保护法》赋予了社会组织提起公益诉讼的权利；《社区矫正实施办法》提出社会工作者和志愿者在社区矫正机构的组织指导下参与社区矫正工作；《广东省贯彻落实〈社区矫正实施办法〉细则》中，要求司法行政机关主要履行的职责之一是"指导、评估参与社区矫正的社会组织的工作"；《关于社会组织参与帮教刑满释放人员工作的意见》中鼓励、引导和支持社会组织参与相关工作。

深圳市也相继出台具体措施，支持社会组织参与法治建设。2017 年，深圳市委市政府印发了《关于鼓励和规范社会组织积极有序参与社会治理的意见》，提出发挥社会组织在心理健康、矫治安帮、法律援助和纠纷调处等社会治理重点领域的作用；2017 年，深圳市人民检察院和深圳市民政局联合签发了《关于联合推进深圳社会工作者参与未成年人检察工作的意见》；2019 年颁布的《深圳市食品药品安全志愿服务管理办法》保障了志愿者的社会监督权。

这些法律法规和政策文件都清晰地表明，政府支持社会组织及各种社会力量参与法治建设，承认社会组织是法治建设中的重要主体，要发挥社会组织在法治建设中的作用。

（二）政府认可：重视社会组织的专业作用

随着社会组织的运营管理不断规范，专业性不断增强，党委政府及公检法系统意识到社会组织可以在法治建设中发挥传统公检法系统所不具备的作用，可以更灵活地回应群众需求，可以更有针对性地为相关群体提供法律服务。

2008 年，深圳市人大常委会在起草《深圳经济特区无线电管理条例》

时，曾组织来自政府部门、企业以及社会组织（市无线电爱好者协会）的代表，从不同利益主体的角度参与立法讨论。市无线电爱好者协会的受邀，表明政府看重其代表性与专业性。这是深圳的第二次立法听证，也开启了社会组织参与立法工作的大门。

2019年5月，最高人民检察院、共青团中央首次邀请社工专家出席新闻发布会，确定将包括深圳在内的40个地区作为试点单位共同推进未成年人检察社会支持体系建设。深圳市点亮心光社会工作服务中心和深圳市福田区启航公益服务中心两家社会组织，首批列入委托开展未成年人检察社会支持体系建设工作单位名单。其中"点亮心光"就是2017年深圳引入社会组织参与未成年人司法工作的重要成果。

福田区在未成年人司法保护方面，也非常重视社会组织的作用。福田区人民法院从2013年开始探索，已逐步建立未成年人司法保护的"一个核心、两个平台"。其中，一个核心的帮教团队中，包含了社工；两个平台中，包含了社会化资助平台，即在国际组织"救助儿童会"的专业指导下，在深圳市青少年发展基金会下成立大爱福田"扬帆梦想"专项基金，专门为帮扶涉罪未成年人和未成年被害人、表彰优秀司法社工等提供社会化资助。社工的专业作用是司法人员所不能替代的，青少年发展基金会等社会化资助平台的作用也是公检法系统难以覆盖的，这就凸显出社会组织在其中的专业性作用。2019年福田区设立未成年人保护专项协调小组，提出五大主要目标任务。其中有两条任务与社会参与相关，即壮大未成年人保护专业社工队伍和组建未成年人保护社会公益同盟。

此外，福田区人民法院作为深圳市首批家事审判改革试点单位，自2013年开始，专门设立少年家事审判综合团队，遵循家事纠纷伦理色彩强烈的特点和未成年人案件审判规律，把少年家事审判改革与多元化纠纷解决机制改革相融合，构建了"调解员＋调查员＋观察员＋专业社工"四位一体的新型多元化少年家事纠纷解决机制，其中"专业社工"的介入就依托社会组织完成，有多家社会组织受邀参与到此项改革试点工作。

（三）政府支持：为社会组织参与法治建设提供必要条件

深圳市各级政府为社会组织提供人财物等必要的条件，切实支持社会组织有序参与法治建设。

提供资金支持。例如《关于鼓励和规范社会组织积极有序参与社会治理的意见》中提出，社会组织设立的行业性、专业性人民调解组织也适用于《深圳市人民调解工作经费管理规定》，也被纳入"一案一补"范畴，使之享有与政府主导设立的人民调解组织同等待遇，发挥社会组织在人民调解工作中的积极性。同时，深圳市政法委对社会组织在心理健康、矫治安帮、法律援助和纠纷调处等重点领域开展的优秀项目进行评选和资助，既提供资金支持，又给予能力建设培训，帮助这些项目发挥更大作用。

提供空间支持。龙华区自 2017 年开始策划打造了"律岛"法律茶座，由社会组织负责运营管理，茶座给法律服务类社会组织开展活动提供了场所，成为社会组织联结公众、律师甚至社区矫正人员的空间平台。

提供人员支持。各级党委政府及公检法部门为社会组织参与法治建设提供相关培训，加强社会组织的党建工作，组织相关人员深入学习法律知识，提高社会组织的专业能力和服务水平。

三　社会组织参与法治建设的主要做法

（一）社会组织参与立法：相关社团成为立法工作联系点

社会组织是不同阶层和不同群体的利益代表，它们要比个人更有理性、智慧、影响力和动员能力，也更能形成有序的民主协商和立法参与机制。[①]

2017 年，深圳正式启动政府立法工作联系点制度，吸引社会力量参与

---

① 马长山：《从国家构建到共建共享的法治转向——基于社会组织与法治建设之间关系的考察》，《法学研究》2017 年第 3 期。

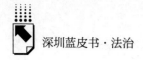

立法工作，为政府起草法规提供一手资料。首批工作联系点共 12 家单位，其中，就有 5 家是社会组织，它们分别是深圳市质量强市促进会、深圳工业总会、深圳外商投资企业协会、深圳市房地产业协会、深圳市中小企业发展促进会。2019 年，深圳市政府立法工作联系点扩容，深圳市律师协会等行业协会成为新的联系点。此外，社会组织多次参与到相关立法工作，反映不同利益群体的诉求，体现立法的民主共识。

（二）社会组织参与司法：介入未成年人司法领域及环境公益诉讼领域

社会组织参与司法工作，是打破依赖增加编制、增加人员的传统模式和路径，运用社会力量促进司法工作的新途径，有助于提升司法工作的效果。

司法社工，一直是深圳岗位社工的重要组成部分，伴随着深圳社会工作的一路发展，司法社工已经辐射到市区两级法院、检察院以及各个街道的司法所，逐步探索出具有深圳特色的司法社会工作服务模式，特别是在未成年人司法领域，已形成本土特色。

深圳市点亮心光社会工作服务中心是一家专门服务于涉罪未成年人及未成年被害人的社会服务机构。成立两年多来，该中心的服务覆盖了深圳市区 9 家检察院、3 家法院。2019 年 9 月 5 日 CCTV12 社会与法频道，对深圳市点亮心光社会工作服务中心进行了报道。

深圳市福田区人民法院的家事审判改革试点，有多家社会组织参与其中，发挥了专业社会力量的作用。深圳市千鸟关爱单亲家庭协会的专业社工为离异家庭未成年子女提供心理疏导，保障离异家庭未成年子女健康成长；深圳市慈卫公益事业发展中心开展判后回访、家事调解、心理疏导等工作，帮助当事人走出婚姻危机。

同时，2018 年，深圳市福田区人民检察院和广东内伶仃福田国家级自然保护区管理局发起了福田国家级自然保护区生态保护联盟，该联盟是国家级自然保护区中首家生态保护联盟。12 家成员单位中，有 4 家公益组织，分别是红树林基金会、观鸟协会、蓝色海洋保护协会、绿源志愿者保护协会。社会组织与司法及行政机关各自发挥作用，优势互补，建立环境公益诉讼工作机制，切实保护好生态家园。

（三）社会组织参与普法：深入不同群体提供各类法制宣传

法制宣传是法治建设的重要内容。过去，政府主导型的普法模式，手段较为单一，具有灌输式教育的意味，受众往往被动接受，缺少积极主动性，普法效果甚微。将普法教育从政府主导向社会化转变，充分调动社会力量参与普法活动，有利于普法工作更加深入群众。

深圳市青年社会组织联合会作为团市委主管的平台型社会组织，从2017年开始参与到以"社会组织＋"为核心的"青少年普法工程"，广泛发动全市各类相关专业社会组织参与，培育了超过两千名专业社工，采用论坛、戏剧、主题班会、夏令营、个案帮扶等新颖的形式为青少年提供普法教育，让法律渗透至青少年的认知深处。"青少年普法工程"现已有"社会组织参与防治校园欺凌"和"社会组织参与青少年毒品预防教育"两个品牌项目，活动在近百所学校落地开展，受到学校、家长、社会的广泛肯定。

深圳市行业协会一直是面向企业普法的重要力量。各行业协会通过各种信息平台和培训讲座，让会员第一时间了解政府最新出台的相关法律法规和政策文件，引导会员遵守法律法规，并充分运用好有关产业政策，助力自身发展。《劳动法》、《环境保护法》、金融领域相关法律法规、知识产权保护的法律法规等，都是各行业协会持续为会员提供的法律宣传教育内容；同时，行业协会会结合当年热点问题进行专题培训。例如，2019年，税务部门多次联合不同行业协会，对会员企业进行减税降费宣讲。

（四）社会组织提供法律服务：联合专业人士服务社会公众

社会组织通过整合律师资源，组建律师志愿者团队，为社会提供公益性的法律服务。如由一群热心公益的律师自筹资金、自发创办的深圳市福田区维德法律服务中心，组织法律人士利用专业技能和业余时间向社会弱势群体

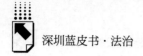

以及公益慈善组织提供志愿法律服务。

龙华区的"律岛"法律茶座，由深圳市龙华区众和法律服务协会负责运营管理。法律茶座搭建了专业法律人士、社会公众、企业，甚至社区矫正人员的沟通平台。法律茶座一是服务于专业人士，将法官、律师、心理咨询师等专业人士吸纳为会员，会员依托法律茶座互相交流分享法律知识和技能；二是服务于社会公众，法律茶座每天对外开放，为公众提供免费茶饮、法律书籍，并组织会员驻点，为辖区群众提供免费的法律咨询；三是服务于政府，法律茶座配合政府开展纠纷调解、普法宣传等工作；四是服务于企业，为企业及职工提供法律讲座；五是服务于社区矫正人员，为社区矫正人员提供服务社会的平台。

社会组织不仅为公众提供公益性法律服务，还会根据业务领域提供专业法律服务。2019年4月，深圳全市37家行业协会成立知识产权保护工作站，签署自律宣言。这37个工作站依托37家行业协会成立，涵盖了新能源、IT、电子等新兴产业，钟表、服装等传统产业，以及金融、电子商务等现代服务业，为26205家会员企业提供知识产权宣传培训、信息检索、法律咨询、争议解决等综合性科技创新和知识产权保护服务。① 行业协会成立知识产权保护工作站，是构建深圳大保护体系的重要内容之一，发挥了行业协会的桥梁纽带作用，通过行业自律服务和管理，带动会员企业提高自我保护水平。

（五）社会组织推动政府法治工作：民间评价政府

法治政府是法治建设的重要组成部分，社会组织作为独立第三方，依法对政府行为进行监督，符合依法治国的理念。

深圳市马洪经济研究发展基金会（以下简称"马洪基金会"）于2013年开启"金秤砣奖"评议活动，秉承客观、公平、公正的原则，从民间视

---

① 数据来源：《深圳37家行业协会知识产权保护工作站签署自律宣言》，深圳新闻网，http://www.sznews.com/news/content/2019-04/24/content_21694253.htm，最后访问日期：2020年4月24日。

角对各级政府工作进行科学评议，至今已连续举办七届。几年间，马洪基金会对深圳市各区、委、办、局公共服务白皮书执行情况，全国各省区市政府财政信息公开等情况进行评价，评选出"金秤砣""银秤砣""铜秤砣"和"纸秤砣"奖等，加快了民间评价政府的进程，有力地推动了政府信息公开。2019年，"马洪基金会"围绕新实施的《中华人民共和国政府信息公开条例》《政务公开工作要点》等相关政策法规，再次优化评议指标体系，增加"互联网＋政务服务"、现场信息采集等亮点内容，分别对全国31个省、自治区、直辖市和深圳市10个区（新区）政务公开的质量和效果开展第三方独立评议。

（六）社会组织成为社会法治的中坚力量

社会组织具有贴近民众的优势，可以直接、快速地反映民情民意，可以在政府与民众中间架起沟通的桥梁，反映不同民众的利益诉求，采取积极的态度和方法，有效化解矛盾和解决问题。

1. 社会组织参与各领域纠纷调解

社会组织参与人民调解是指社会组织通过说服、疏导等方法，促使当事人在平等协商基础上自愿达成调解协议，妥善解决矛盾纠纷的活动。引导社会组织有序参与各类矛盾纠纷化解，有助于资源整合、优势互补，引导和带动更多社会力量共同参与社会矛盾纠纷化解。目前，深圳全市社会组织建立的人民调解组织近20个。2019年中共深圳市委政法委员会、深圳市中级人民法院、深圳市司法局、深圳市人力资源和社会保障局表彰通报的"诉调对接先进集体"中，就有多家社会组织，如深圳市律师协会、深圳市版权纠纷人民调解委员会、深圳市专利协会、深圳市绿果果低碳环保志愿服务协会、深圳市谐和医患关系协调中心、深圳市潮青联谊会等等。

行业协会是解决商事纠纷的重要主体。由深圳仲裁委员会主导，深圳市律师协会、深圳市商业联合会、深圳市个体劳动者协会、深圳市私营企业协会共同发起设立的深圳市民商事调解中心是专司调解之职的常设机构。行业协会协助企业解决知识产权、股权争议、合同履约、劳动争议等方面的纠纷，是协会用专业法律知识维护企业自身权益、高效服务会员企业的表现，让企业更加快速有效地解决各种商事纠纷。

深圳市银行业消费者权益保护促进会是全国首家银行业消费者权益保护第三方机构，为金融消费者打造多元化的纠纷解决机制。促进会打破传统金融纠纷解决途径，创新实行"背靠背"调解方式，即由调解员分别与当事人交谈了解事情情况，共同商议解决问题，且调解结果具有单边强制力，消费者对结果不满仍可选择其他渠道维权，充分体现对弱势方的倾斜性保护。深圳市银行业消费者权益保护促进会荣获"2018深圳金融业发展突出贡献奖"。

劳资纠纷也是社会组织参与纠纷调解的重要领域。盐田区作为"省市共建和谐劳动关系综合试验区"，积极引入社会力量，不断推动形成社会组织有序参与和谐劳动关系构建的新格局。培育孵化专业化社会调解组织——盐田区和谐劳动关系服务中心，依托深圳市集装箱拖车运输协会等行业协会推行"移动仲裁庭"，探索建立劳动争议专业化社会化调解新模式。

深圳市幸福和谐继承服务中心人民调解委员会则是调解遗产继承纠纷的专业性人民调解组织，百余名公益律师通过专业的调解服务，全程免费地协助当事人快速达成合法合理、公平公正的遗产分配方案，并提供法律咨询、心理疏导、后续回访和弱势群体权益保护等多项公益服务，有力地维护家庭和睦、社会和谐。

2. 社会组织参与刑满释放人员就业安置工作

根据《关于社会组织参与帮教刑满释放人员工作的意见》的要求，深圳有关社会组织积极参与到相关工作中。深圳市生命之光帮教协会是一家专门从事刑释人员安置帮教工作的社会组织，服刑人员、刑释人员、戒毒所的解戒人员等均是该组织的帮扶对象。服务内容包括为服刑人员和刑释人员提供免费的就业安置，在监狱为服刑人员举办刑释前的就业推介会。

3. 社会组织参与社区矫正

依照《社区矫正实施办法》的要求，深圳各类社会组织深入基层，以灵活多样的方式参与社区矫正工作。深圳市春雨社会工作服务社为社区矫正人员提供法律知识、心理健康、公共道德、禁毒知识、时事政策等多元化的教育课程。在社区矫正服刑人员日常管理中，有"双8"的要求，即每月参加社区服务和公益劳动各8小时，社会组织的介入，让"双8"的作用更有效地发挥出来。深圳市光明区社联社工服务中心组织社区矫正人员，以社区调解微剧场的形式，向群众宣传法律知识，达到助人自助的目的。龙华区的"律岛"法律茶座也为社区矫正人员提供了落实"双8"服务的场所，他们将社区矫正人员纳为茶座义工，在茶座对外开放的时间向公众提供社会服务，让社区矫正人员在服务社区的同时修复他们与社会的关系，逐步培养他们的社会责任感、集体观念和纪律意识，也潜移默化地改变了社会对社区矫正人员的不良印象。

4. 社会组织参与群防群治

社区构建共建共治共享的社会治理格局，离不开社区每一个居民的参与，社会组织的作用是可以把个体化的参与变成组织化、制度化的参与。南山区南园社区，结合现代科技手段，推动政府、企业、群众等多元主体共同参与社区治理，打造了南园模式。南园社区组织辖区1700多名居民，成立了平安南园促进会，组建了楼管员联合会，形成了社区一级的群防共治体系，实现了群防群治的动态管理和一呼百应，社区力量协助民警共同管理好社区。

（七）社会组织推动法律实施：宣传倡导推进落地

社会组织是推动法律落地实施的重要力量，通过面向社会的宣传倡导和具体服务，让法律条文变为现实。

早在2009年，深圳就出台了《深圳市无障碍环境建设条例》，这是中国首部有关无障碍环境建设的条例。2018年初，中共深圳市委六届九次全会率先提出创建无障碍城市目标，并于同年11月26日出台《深圳市创建无障碍城市行动方案》，标志着深圳创建无障碍城市正式启动。广大社会组织积极参与深圳无障碍城市建设，从不同角度为无障碍城市发声，特别是深圳市无障碍环境促进会、深圳市信息无障碍研究会等专业社会组织充分发挥了解残疾人需求、提供残疾人服务的优势，从向社会公众宣传无障碍理念和普

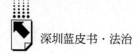
及无障碍知识，到制定无障碍城市的一系列标准，再到具体推动环境及设施的改造，发挥不可替代的作用。

与建设无障碍城市类似，深圳的社会组织在推动建设儿童友好型城市方面也做出了重要贡献。深圳 2016 年提出建设中国第一个儿童友好型城市，于 2018 年率先发布实施《深圳市建设儿童友好型城市战略规划（2018—2035年）》和《深圳市建设儿童友好型城市行动计划（2018—2020 年)》，2019年对外公开发布中英文版《深圳市儿童友好型社区、学校、图书馆、医院、公园建设指引（试行)》《深圳市儿童友好出行系统建设指引（试行)》《深圳市母婴室建设标准指引（试行)》等七大领域建设指引。大量的社会组织及专业社会工作者参与了儿童友好城市行动计划的落地实施。深圳市妇女儿童发展基金会和深圳市妇女社会组织促进会，作为两大市级平台类社会组织，募集资金，整合资源，组织进行国内外研讨和交流，对各区、各街道、各社区落实儿童友好建设进行督导。深圳其他相关社会组织也积极参与其中，深圳市龙华区家庭服务协会积极举办儿童议事会，为推动儿童参与提供了宝贵经验。

2018 年 5 月 1 日正式实施的《深圳经济特区食品安全监督条例》明确赋予志愿者社会监督职责，鼓励和支持志愿者开展宣传教育活动、举报违法行为和对食品安全工作提出建议，为志愿者提供法制保障。2019 年，深圳市食药安办组织起草了《深圳市食品药品安全志愿服务管理办法》。深圳食药志愿服务队伍通过社会监督、宣传培训、服务民生与监管以及其他食品药品安全志愿服务活动，开展食品药品志愿服务，成为推动《深圳经济特区食品安全监督条例》落地实施的重要社会共治力量。

四 未来展望

深圳建设中国特色社会主义先行示范区的法治城市示范需要社会组织更有效地发挥专业作用，这离不开党委政府的正确引领。一方面，党委政府要引导社会组织加强自我规范管理，建立良好的内部治理结构，依法开展活动，树立良好的守法形象，成为法治建设中的典范。另一方面，党委政府特别是公检法系统，要为社会组织参与法治建设指明方向，找到适合社会组织发挥作用的领域和环节，提供相关政策和必要条件，引导社会组织结合自身宗旨和使命，开展专业服务，有序地参与法治城市建设。

社会组织参与法治建设才刚刚起步，未来具有广阔的空间和巨大的潜力。期待社会组织更加积极地参与立法、司法、普法等法治工作，更加理性智慧地反映社会各利益相关者的诉求，更加主动有效地运用网络和媒体，营造公开透明的法治环境。期待社会组织可以在法治精神的引领下，推动本行业、本领域以及生活共同体制定规则，如以社会组织为主体牵头制定团体标准、签署行业自律公约、建立乡规民约等。期待社会组织可以延伸法律服务的边界，让百姓时时刻刻能接受到法治服务，培养市民的规则意识，引导市民树立自觉守法、相信法律的观念。

参考文献

王名编著《非营利组织管理概论》，中国人民大学出版社，2002。

王名主编《社会组织概论》，中国社会出版社，2010。

马长山：《从国家构建到共建共享的法治转向——基于社会组织与法治建设之间关系的考察》，《法学研究》2017年第3期。

陈晓春、肖雪：《社会组织参与法治社会建设的路径探析》，《湖湘论坛》2019年第4期。

张君艳：《社会组织在法治社会建设中的功能与作用实现路径研究》，《世纪桥》2015年第6期。

王晓雪、祝娟、陈晓阳等：《社会组织参与法治社会建设的实践探索与启示》，《中国司法》2018年第4期。

陈柏峰：《中国法治社会的结构及其运行机制》，《中国社会科学》2019年第1期。

B.14
深圳城市公共安全法律规范发展研究

佟翰 许娇*

摘 要: 近年来,深圳光明滑坡事件、龙岗汽车轮胎店火灾事件
等一系列安全事故,凸显出深圳市城市公共安全法律法
规在制定与执行过程中仍存在一定的空白与疏漏。通过研
究深圳市城市公共安全法律法规的"成长史",可以发现
深圳城市公共安全法律规范还存在公共安全总体立法有待
完善、多元共治体系尚未建立、安全执法亟待加强等问
题,需通过制定统一的城市公共安全管理法规、建立多元
共治的法律规范体系、建设高素质专业化行政队伍等措施
予以解决。

关键词: 城市公共安全 多元共治 安全执法

一 城市、公共安全、城市公共安全释义

(一)城市

城市是人类文明发展到一定阶段的产物。城市是以非农业产业和非农业

---

* 佟翰,法学硕士,深圳市城市公共安全技术研究院宣教中心副总经理,主要研究方向为市场
监管、行政执法、城市公共安全;许娇,法学硕士,深圳市市场监督管理局南山监管局办公
室四级主办,主要研究方向为市场监管、刑事错案。

人口集聚为主要特征的居民点，包括按国家行政建制设立的市、镇。① 从城市公共安全管理研究的角度来说，城市是指相对脱离农业生产及相应的生活方式，集政治、经济、文化等复杂要素于一体的居民集聚地。②

（二）公共安全

安全是一套复杂的系统，公共安全是其中一个环节。有学者认为，公共安全是指不特定多数人的生命、健康、财产安全以及重大公共财产安全和其他公共利益的安全。③ 笔者认为，公共安全是指为社会正常运行和公民进行正常的生产生活所必须稳定的外部环境和秩序。

（三）城市公共安全

城市公共安全是指在相对脱离农业生产及相应的生活方式，集政治、经济、文化等复杂要素于一体的居民集聚地，社会正常运行和公民进行正常生产生活所需的稳定外部环境和秩序。

二　深圳城市公共安全法律规范

（一）深圳市城市公共安全分类

根据突发公共事件的发生过程、性质和机理，突发公共事件分为自然灾害、事故灾难、公共卫生事件、社会安全事件四类。④ 深圳市作为建立城市仅 40 年的经济特区，其城市公共安全重点领域和法律规范制定倾斜方向不同于一般城市。统计分析深圳市涉及城市公共安全的法律规范，以及

---

① 《城市规划基本术语标准》（GB/T 50280 - 98），中国建筑工业出版社，1999。
② 参考赵汗青《中国现代城市公共安全管理研究》，博士学位论文，东北师范大学，2012。
③ 高庆国：《对危害公共安全罪中"公共安全"含义的探讨》，《郑州经济管理干部学院学报》2005 年第 2 期。
④ 《国家突发公共事件总体应急预案》，中华人民共和国中央人民政府网站，2006 年 1 月 8 日，http：//www.gov.cn/yjgl/2006 - 01/08/content - 21048.htm。

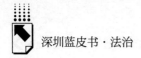

深圳建城 40 年来发生的重大城市公共安全事件，本文将深圳城市公共安全分为道路交通安全、社会治安安全、食品药品安全、自然安全、公共设施安全五类。

（二）深圳城市公共安全法律规范分类

当前，深圳市城市公共安全管理工作进入制度化、规范化、法治化的轨道，形成了一套以国家法律为依据，以政府机关发布的措施、指示、命令等非立法性文件、应急预案，以及检验检测机构技术规范、标准为基础的系统的公共安全管理法律规范体系。具体分类如下。

第一，道路交通安全法律规范是指为规范道路交通参与者行为，保障安全行车、走路，避免发生人身伤亡或财物损失而制定的法律规范。如 2019 年 11 月 1 日颁布实施的《深圳经济特区道路交通安全违法行为处罚条例》。

第二，社会治安安全法律规范是指公共管理部门为维护社会治安秩序制定的法律规范，包括维护公共秩序、国家机关办公秩序和公民生活秩序，保护国家、集体和个人财物，保护公民人身权利不受侵犯。如 2002 年颁布的《深圳市公安局保安服务督察办法》。

第三，食品药品安全法律规范是指为规范食品药品的质量安全，确保公共部门对食品、药品进行有效监管而制定的法律规范。如 2016 年颁布的《深圳市食品安全举报奖励办法》。

第四，自然安全法律规范是指公共部门为预防、治理、救援自然因素造成的人民生命、财产、社会功能和生态环境等损害的事件，避免公众的生命财产出现巨大损失、生态环境和社会稳定受到严重威胁的法律规范。[①] 如 2007 年颁布的《深圳市突发性地质灾害应急预案》。

第五，公共设施安全法律规范是指为规范政府或其他社会组织提供给社

---

① 参考王义保、许超、刘蕾、李明、庆文、吴欣同、张莹《中国城市公共安全感的状况与评价（2018）》，王义保、许超、曹明主编《中国城市公共安全感调查报告（2018）》，社会科学文献出版社，2018，第 55 页。

会公众使用的公共建筑或设备建设、使用、维护、保养和拆除的法律规范。如2001年颁布的《深圳市燃气工程建设管理办法》。

三 深圳城市公共安全法律规范发展特点

深圳城市公共安全法律规范的发展可以分为四个阶段，呈现出从偏重道路交通安全、住宅安全、社会治安安全向全面安全、整体安全的转变。法律规范的构建从传统的政府一元主导问题处理、事故应急处置向开放性、系统化的多元化城市公共安全共治转变的历史脉络。

（一）1980～1990年，起步阶段

深圳市城市公共安全相关法律法规以单项法规规章为主，主要规范治安安全、公共设施安全以及交通安全，其中法规7件，规章14件，规范性文件1件，共22件（详见表1，统计过程中剔除了不属于法律法规规范的内容）。

表1 1980～1990年深圳城市公共安全相关法规、规章、规范性文件

单位：件

	法规	规章	规范性文件	合计
道路交通安全	3	0	1	4
公共设施安全	3	5	0	8
食品药品安全	0	1	0	1
社会治安安全	1	8	0	9
自然安全	0	0	0	0
总　计	7	14	1	22

（二）1990～2010年，探索开拓阶段

2004年颁布的《深圳市人民政府关于依法维护公共场所秩序的通告》，2005年颁布的《深圳市海上交通安全条例》，2007年施行的《深圳市食用农

产品安全条例》，2009 年颁布的《深圳市安全管理条例》等法律法规规范性文件为城市公共安全体系构建和行政执法监管奠定了较坚实的法律基础。《深圳市海上交通安全条例》的颁布实施，表明深圳市城市公共安全领域法规建设进入扩展与完善阶段。

（三）2010～2016年，全面发展阶段

2010 年 7 月 1 日，根据国务院批复，深圳经济特区范围扩大到深圳全市，特区立法权可以覆盖整个深圳，深圳从此摆脱了"一市两法"的尴尬境地，进入大特区时代，深圳城市公共安全法律法规体系的构建进入全市一体化的全面发展阶段。在此期间，深圳在深度研判城市安全实际情况的基础上，针对存在的风险、隐患、问题，在道路交通、社会治安、食品药品、自然灾害、公共建筑等领域均有重要法规、规章、规范性文件颁布实施，做出了具有针对性及前瞻性的法律规定。2010～2016 年，共制定了 75 件城市公共安全相关法规、规章、规范性文件。其中关于道路交通安全的 14 件，关于公共设施安全的 16 件，关于食品药品安全的 35 件，关于社会治安安全和自然安全的各 5 件；其中法规 37 件，规章 33 件，规范性文件 5 件（详见表 2，统计过程剔除了不属于法律法规规范的内容）。特别是食品药品安全领域，深圳市响应国家政策部署，高度重视食药安全，从食药安全监管、信息处理、举报奖励、安全标准化等方面，密集出台相关规范性文件，为提升深圳市食品药品安全水平，夯实了法律基础，明确了前进方向。

（四）2016年至今，转型升级阶段

2015 年 12 月 20 日，深圳市光明区发生山体滑坡事故，为深圳市的城市公共安全管理敲响了警钟，2016 年是深圳市"城市管理治理年"，深圳城市公共安全法律建设自此进入转型升级阶段。在此期间，深圳城市公共安全法律建设从两方面入手，齐头并进。

表2　2010～2016年深圳城市公共安全相关法规、规章、规范性文件

单位：件

	法规	规章	规范性文件	合计
道路交通安全	8	4	2	14
公共设施安全	7	6	3	16
食品药品安全	14	21	0	35
社会治安安全	3	2	0	5
自然安全	5	0	0	5
总　计	37	33	5	75

一是着重从自然灾害（治水提质）、公共建筑（拆违控违）、道路交通（轨道交通）等方面入手，加快相关法律法规的制定与完善，加强行政执法力度，颁布实施《深圳经济特区绿化条例》《关于严厉惩处建设工程安全生产违法违规行为的若干措施（试行）的实施细则》《深圳市城市轨道交通运营管理办法》等一系列法律法规、规范性文件，提升深圳市城市公共安全管理水平，夯实城市公共安全法律基础。

二是狠抓党政部门安全管理工作职责和党政领导干部生产职责制度建设，强调各级党政领导干部要守土有责、守土尽责，形成安全生产工作齐抓共管的强大合力。[①] 2019年10月，深圳市政府六届一百八十九次常务会议，审议通过市安委办提交的《深圳市党政部门安全管理工作职责规定》（2019版）以及《深圳市党政领导干部安全生产职责规定》。

四　深圳城市公共安全法律规范的问题与短板

（一）城市公共安全总体立法有待完善

1997年10月，深圳市人大常委会颁布《深圳经济特区安全管理条例》，

---

① 《深圳市委常委会召开会议　传达学习贯彻习近平总书记重要指示和中央有关会议精神》，人民网，2018年6月29日，http://sz.people.com.cn/n2/2018/0629/c202846 - 31757687.html。

这是国内首个安全管理方面的地方性法规。2009 年，深圳在此基础上，根据当时的社会经济发展情况对安全监督、生产经营安全管理、公共场所安全管理、应急救援等城市公共安全部分领域和环节做了较为细致的规定，出台了《深圳市安全管理条例》，但缺乏整体规范，未涵盖城市公共安全的全部领域。

近年来深圳市委、市政府（含市政府组成部门）相继出台了《深圳经济特区道路交通安全违法行为处罚条例》《深圳市突发事件应急预案管理办法》《深圳经济特区特种设备安全条例》《深圳市燃气管道安全保护办法》等法律法规，对《深圳市安全管理条例》进行完善和细化，但实际操作中，个别单行法律规范在制定过程中存在仅考虑个别领域短期需要，缺乏长远规划的问题，亟待城市公共安全总体立法予以规范引导。例如，随着社会发展，诸如智能机械停车库等涉及社会公共安全的新生事物不断涌现，相关建设标准、管理权限、监管限度等亟须在立法层面予以明确。

（二）多元共治体系尚未建立

深圳城市公共安全法律规范制定、实施的出发点是厘清政府职责，手段是引导、规范政府部门城市公共安全工作，目的是构建政府部门主导，市场主体落实责任，新闻媒体、市民群众主动参与的城市公共安全多元共治体系，但是现阶段多元共治体系尚未全面建立。

例如，《深圳经济特区特种设备安全条例》是深圳市特种设备[①]安全监管依据的核心法律，全文分为八章八十六条，该条例核心在于明确政府部门的安全监管责任和特种设备生产经营使用单位的主体责任，而对如何发挥新闻媒体监督作用，实现保险公司事前防灾、事后补偿的"社会稳定器"作用，调动社会公众参与特种设备安全监管积极性等，仅做出原则性规定，可操作性较差，远不能满足构建多方参与、多元共治体系的要求。

[①] 特种设备是指涉及生命安全、危险性较大的锅炉、压力容器（含气瓶，下同）、压力管道、电梯、起重机械、客运索道、大型游乐设施和场（厂）内专用机动车辆。

（三）城市公共安全执法亟待加强

人力和能力，是加强城市公共安全执法效能的基本支撑，缺一不可。如今，按照户籍人口数配置的执法人员数量和执法物资越来越难以应付急剧攀升的工作量，一专多能的素质要求给一线执法人员增添了更多执法"重担"，深圳公共安全执法力量捉襟见肘。

五　深圳城市公共安全法律规范发展的展望与建议

（一）制定统一的跨部门、跨行业的城市公共安全管理法规

2016 年 11 月 9 日，深圳市政府发布的《深圳市安全生产"十三五"规划》指出，要及时制定完善相应的安全生产地方性法规规章，制定完善安全生产规范性文件和有关标准，探索建立城市安全风险管理指标体系，全面构筑适应特大城市安全发展需求的法规标准体系。① 深圳应把握机遇，统筹大局，制定一部统一的跨部门、跨行业的城市公共安全管理法规。

制定统一的城市公共安全管理法规，应对以往出台的各种公共安全法律法规进行梳理，对不符合深圳市公共安全的法规文件要及时修订或废除。在以往法规基础上，制定一部具有引领性、法律原则与具体实施兼顾，且为今后城市安全管理法治建设预留空间的城市公共安全纲领性法规，以助于形成一个自上而下的系统性公共安全管理法规体系，避免法律法规之间的冲突。

（二）建立多元共治的法律规范体系

从深圳市公共安全共治实践来看，现有法律规范缺少对社会共治主体

---

① 《深圳市人民政府办公厅关于印发深圳市安全生产"十三五"规划的通知》，深圳政府在线，2016 年 12 月 13 日，http://sz.gov.cn/zfgb/2016/gb983/content/post-4949805.html。

的定义、引导和约束，严重制约了城市公共安全共治体系构建。政府部门在制定城市公共安全法规文件时，应依据公共安全不同领域的具体情况，有针对性地鼓励、引导多元主体参与制定公共安全法规文件，弥补参与主体的缺失。

政府部门应明确政府、生产企业、新闻媒体、社会公众、行业协会、保险机构均为公共安全参与的核心主体。其中政府担负着安全监管与政策引导的责任，生产企业是落实安全生产主体责任、维护安全生产秩序的首要责任人，新闻媒体行使第三方监督权，社会公众作为公共安全的直接承受者和生产参与者发挥着日常监督、提供投诉举报线索的作用，行业协会在所属行业内起到监督、保护合法经营企业严肃行业纪律的作用，保险机构可作为安全风险把控方及转移方。

（三）满足执法物资需求，建设高素质专业化行政队伍

高素质的执法队伍和合理必要的物资装备保证，直接关系城市安全监管执法工作的成效，因此，政府部门应尝试通过多种途径，提高执法装备质量，提升执法队伍素质。物资装备是安全监管执法高效开展的基础，政府部门一方面应保证安全监管中安全监测、执法保障的物资设备充足；另一方面要充分利用现代科学技术，以"互联网＋安全监管"为发展方向，不断提升物资装备的技术含量。同时街道办、社区应大力支持安全监管执法工作，在合法合规的情况下，提供执法车辆、执法记录仪等执法物资。

执法队伍的素质和专业能力，直接影响安全监管执法水平和案件查处成效。政府要大力加强对执法人员执法能力和行政素养的教育培训，不断提高行政人员业务能力和水平，建立一支行政能力过硬、专业技术拔尖、法律素养层次较高的行政队伍。通过安全生产单位实地走访，以执法骨干为基础，分层次、有步骤地组织实地教学、技能培训和业务交流，提高行政人员业务水平，满足城市安全行政执法需求。

参考文献

杨鸿台：《特大型城市制定〈城市公共安全管理条例〉的立法必要性——以上海市地方立法为视角》，《中国名城》2013 年第 1 期。

欧益科：《试论城市公共安全》，《工业安全与环保》2009 年第 6 期。

张红：《城市环境治理中公众参与面临的困境与对策》，《中共青岛市委党校青岛行政学院学报》2015 年第 3 期。

王庆：《我国城市公共安全管理问题与对策研究——基于国家治理体系现代化的视角》，《天水行政学院学报》2018 年第 1 期。

王晓静：《论城市住宅社区公共安全风险管理——以广州市为例》，《科技促进发展》2014 年第 6 期。

B.15
深圳商事信用监管体系的实践与发展

石 珍 杨海军*

摘 要： 随着体制机制不断完善，制度基础不断夯实，信息化建设不断加强，信用奖惩不断深入，深圳商事信用监管体系已经基本形成，并在多个领域形成了示范引领效应。但就现状而言，深圳商事信用监管体系基础有待夯实，信用等级评价尚需规范，商事信用信息的全面运用刚开始起步，仍不能有效适应"智慧城市"建设的发展趋势，仍不能客观满足治理体系与治理能力现代化的时代需求。因此，需要着眼顶层设计，有效强化政府主导、法治先行的制度支撑；坚持信息引领，全力夯实商事信用监管体系的数据基础；立足数据驱动，持续完善分类分级风险预警的防控机制；突出智能匹配，切实加强失信受惩寸步难行的刚性约束；聚焦流程再造，创新构建智慧智能协同高效的治理网络。通过多种举措，全方位、全领域、全业务、全链条、全过程推进商事信用监管体系建设。

关键词： 信用监管 国家治理 商事制度改革 事中事后监管 联合奖惩

---

* 石珍，西南政法大学宪法学与行政法学硕士，现任深圳市市场监督管理局四级主办，主要研究方向为行政法；杨海军，西南政法大学宪法学与行政法学硕士，现任深圳市前海合作区人民法院法官助理，主要研究方向为行政法。

自深圳于 2013 年在全国率先启动商事登记制度改革以来，社会公众参与经济活动的门槛被大幅度降低，海量的商事主体加入了投资创业的行列与队伍。截至 2019 年 12 月底，深圳商事主体已经达到 327.7 万户，全市每千人拥有商事主体已经达到 251.6 户，创业密度连续多年居全国第一。[①] 但如何规范高速增加的市场主体的行为，调和市场主体数量剧增与执法资源有限的冲突与矛盾，调整并减小"先照后证""注册资本认缴制"等商事制度可能对市场经济秩序产生的不利影响，也成为商事登记制度改革之后必须关注并加以解决的难题。此时，构建与市场主体持续快速增加相适应的有效监管模式——商事信用监管体系就成为重新组织监管链条和进行监管方式变革的关键举措和有效路径。

一 法治创新：深圳商事信用监管体系构建情况

作为国内较早开展社会信用体系建设的城市，深圳市自 2001 年开始即率先全面启动社会信用体系建设，政府成立信用管理机构，构建企业信用信息应用体系。经过将近 20 年的发展，随着体制机制不断完善，制度基础不断夯实，信息化建设不断加强，信用奖惩不断深入，深圳商事信用监管体系已经基本形成，并在多个领域形成了示范引领效应。

（一）突出立法先行，商事信用法规制度渐成体系

在全市层面，早在 2002 年，深圳市就在全国率先出台了《深圳市企业信用征信和评估管理办法》，对企业信用信息征集、披露及信用评级进行规范。在 2017 年，深圳市又因时制宜，及时梳理总结全市信用体系建设成果，充分吸收先进城市的信用建设经验，深度分析当前信用体系建设中存在的问题，有的放矢地制定了《深圳市公共信用信息管理办法》（以下简称《管理

---

① 如无特殊说明，本报告所用数据均来源于深圳市市场监督管理局官方网站，参见《深圳市市场监督管理局 2019 年工作总结及 2020 年工作计划》，2020 年 3 月 13 日，http：//amr. sz. gov. cn/xxgk/ghjh/ndgzjh/content/post_ 7296162. html。

办法》），确立了深圳市公共信用体系的基本制度框架，这也是广东省首部宏观层面的综合信用法规。2019 年，深圳又发布了《深圳市电子商务经营者第三方信用评价与应用暂行办法》，对电子商务信用建设进行探索实践。同时，深圳市配套制定了公共信用信息查询、异议处理数据管理、信用报告格式、信用档案、安全管理、绩效考核等 10 项制度，初步搭建起了全市社会信用体系建设的规章制度框架。再细分到商事信用监管领域，作为牵头单位，市场监管局（原市场和质量监管委）先后出台了《深圳经济特区商事主体年度报告实施办法》《深圳经济特区商事主体经营异常名录管理办法》《商事主体登记监管暂行办法》《深圳市商事主体登记及许可审批信用信息公示平台管理办法》《商事主体信用监管暂行规定及其实施细则》等，重点对市场监管信息归集、异常名录管理、风险预警、失信惩戒做出明确规定，并持续规范经营异常名录管理和严重违法失信企业名单制度、下发撤销冒名登记工作规范。同时，全市各相关部门在交通运输工程建设、知识产权（专利）、失信企业协同监管和联合惩戒、环境保护、重大税收违法、严重拖欠农民工工资、海关失信企业、安全生产等领域分别签订了联合惩戒备忘录，在海关高级认证企业方面签署了联合激励备忘录。由此，深圳市已经形成了系统性的商事信用法规制度体系。

（二）突出信息支撑，公共信用平台日趋完善

深圳公共信用平台起步于 2002 年。经过近 20 年的建设，该平台在征信系统、信息披露及联动惩戒等方面持续优化，为深圳在全国率先开展商事信用监管提供强有力的支撑。一是信息归集特别全。截至 2019 年 12 月底，该平台已经归集全市 78 家信源单位 554 个信用目录 7355 个数据项的信息，涉及全市 513 万家商事主体（含注销、吊销）信用信息 1.02 亿条，涵盖投诉举报、抽查检测等覆盖商事主体全生命周期的动态、有效信息，并通过滚动年报试点归集了 122 万条企业监管联系人信息。二是技术支持水平特别高。平台对应的移动应用端"深信"App 可一键查询全市商事主体信息和 18 万条商品信息，自动关联个人名下商事主体，并于 2019 年在全国信用 App 观

摩活动中位列政府类前三，获全国政府类示范推广项目奖。三是对外服务功能特别强。该平台集成了信用动态、红黑名单、双公示、报告自动生成打印及在线校验、异议处理、信用承诺等多项功能，社会公众可通过办事窗口、网页、微信等 10 余种途径免费查询，数十家金融机构、征信机构也可以通过开设接口进行信用信息查询。2019 年，深圳公共信用平台又与中国银行、招商银行签署信息共享协议，引入南方大数据中心、华夏邓白氏等市场力量，推动粤港澳企业信用信息共享，同时在积极研究与农行进行数据对接，向微众税银等 7 家征信机构提供信用信息数据。

（三）突出应用实践，信用监管举措有效落地

一是信用风险预警机制初步构建。2019 年，深圳市开始在许可登记、信用修复、经营异常名录移出等业务中推行信用承诺，并逐步建立企业个性化信用信息档案，实施分级分类和差异化监管。对符合 11 种异常情形的商事主体，实现在办理商事登记和相关事项时从严审核，在不予办理"秒批"业务中直接拦截，截至 2019 年 12 月底已累计对 2.2 万家商事主体实施风险预警。二是信用联合奖惩机制探索前行。2019 年，深圳市逐步完善了市场监管领域红黑名单的认定标准和奖惩规则，并率先将红黑名单和奖惩规则自动嵌入政府审批、监管、服务等工作流程，在重点事项中试点应用，对列入红名单的企业实施试点激励事项；在人才引进"秒批"等加快审批举措中，自动拦截失信主体。截至 2019 年 12 月底，累计对"老赖"限制任职登记 1.3 万次，对经营异常名录商事主体和严重违法失信企业名单企业限制登记或备案 54 万次。三是"企业信用画像"精准发力。自 2016 年开始，深圳市以公共信用数据库为基础，辅以大数据分析应用，在前海试点企业信用评价（"企业信用画像"），实现"大数据引领管理、大数据驱动监管、大数据精准扶优"的监管模式，搭建片区市场监管体制改革新模型，成为全国"最佳实践案例"。之后，深圳市又持续优化"企业信用画像"，从经营指数、合规指数、履约指数、荣誉指数四个指数维度优化评价指标体系，推动"企业信用画像"评价应用于年报抽查、"双随机、一公开"等市场监管环

节。截至 2019 年 11 月已经"完成对全市 2046065 家商事主体（不包含个体工商户）数据清洗以及关联法人股东高管和纳税报表，建立数学模型对数据进行逻辑抽取并完成评级工作"。① 四是信用金融服务不断强化。至 2019 年底，深圳市持续深入构建"信用＋"应用体系，推动"信用＋许可""信用＋资金资助"，因地制宜试点打造"信用＋产业园"，探索开展"信易贷""信易游""信易批"等"信易＋"系列项目，积极推广"企信惠"项目在南山欧洲城、坪山六合城等区域落地实施，探索信用约束向失信企业法人、股东和高管等自然人延伸。五是省内省外协同共进。至 2019 年底，深圳市已经突破地域限制，先后与浙江、湖南、重庆、福建、黑龙江、辽宁等省市以及香港等境外地区合作，实行信用信息联网查询，还与省内东莞、惠州、汕尾、河源等地市签署"3＋2"区域信用合作备忘录，推动形成"一处失信、处处制约"的区域信用信息共享与信用奖惩联动机制。

二 现实抵牾：深圳商事信用监管体系实践困境

近年来，自上而下推行的"放管服"改革从根本上改变了传统的"入口监管"体系，将原本在"行政管制"之下的营业自由及市场领域几乎不加限制地暴露在商事主体个人行动中，由此也带来了较大的交易秩序风险，客观上必须以"互联网＋大数据＋信用"的思维构建商事信用监管体系，以化解事前审批缺位带来的监管风险。然而，经过 40 余年的改革开放，深圳商事信用监管体系从总体上来说正处于螺旋上升的状态，虽然在制度构建、平台建设、数据归集、信息共享、联合惩戒上取得了一定的成绩，但商事信用监管体系仍不能有效适应"智慧城市"建设的发展，仍不能客观满足治理体系与治理能力现代化的时代需求。从征信到评信，从建信到用信，还有非常远的路要走，还有非常多的困难要克服。

---

① 参见曹威、李恒《深圳信用网上线 17 年今年查询量过亿》，《深圳特区报》2019 年 11 月 25 日。

（一）商事信用监管体系基础仍需夯实

一是信息归集有待统一。从国家层面来看，自上而下已经有了统一归集商事主体信用信息的具体思路和举措，也部署并开展了卓有成效的归集工作。国家市场监管总局、国家发改委已经分别基本建成了国家企业信用信息公示系统、全国信用信息共享平台两大平台。但在具体操作层面，两个平台数据标准不一、更新时间不一，这仍然制约了数据的适时归集与共享。二是信息化水平有待提高。目前商事信用监管平台的信息化建设已经能够实现移动化、数字化、流程化，但离真正的智能化还有较大的差距。在实际运行过程中，信息化系统建设投入大、周期长，短期内难以为信用监管提供深度智慧化的大数据分析服务。同时，政府数据更新不及时、报送不完整，也对后续用数据驱动监管、进行精准分析造成了影响。

（二）信用等级评价尚需规范

当前的信用评价工作还比较粗浅，评价的数据不够翔实，评价的方法比较简单，未有意识地对数据进行特征有序化、归类专题化、处理结构化的分析以及对碎片化数据进行有效整合，[1] 影响了评价维度、评价权重和评价结果。整体而言，信用信息开发和利用不充分，信用产品供给创新动力不足、需求潜力未充分挖掘，信用产品市场发展滞后。[2] 一是信用分类分级研究深度不够。国务院专门发文推行的双随机制度，其核心基础就是商事主体信用分类分级。没有信用分类分级，有限的执法资源就会被分散，监管风险就摸不清、找不到、管不透。就目前而言，商事主体的信用信息，更多只是被归集到了一块，被形式化地展现在了信用平台，但商事主体的风险归类、信用评级还需要深度推进，信用信息数据背后隐藏的监管风险还需要充分有效挖掘。不管是监管部门，还是普通大众，还都难以直观地判断商事主体的信用

---

① 任小青：《大数据背景下市场主体信用监管研究——以宁波市鄞州区为例》，硕士学位论文，宁波大学，2017，第20~21页。
② 刘肖原等：《我国社会信用体系建设问题研究》，知识产权出版社，2016，第115页。

好坏、风险高低，信用信息尚未发挥应有的价值。二是市场化的信用产品极度缺失。虽然无论是国家企业信用信息公示系统，还是全国信用信息共享平台，都归集、积累了大量的商事主体信用信息，但大部分数据仍然处于"休眠"状态。无论是商业机构，还是行业协会，对信用信息的掌握与使用基本上都仍处于初步了解情况和进行浅显问题分析层面，难以有效完成信息征集、信息评估等一系列工作。很少有专业机构充分借助现有的信用信息数据进行相关性和差异性的细致分析，也很少有专业机构依靠掌握的信用信息数据定期开展专题分析和风险预判，这无法满足企业对信用信息服务的商业需求。特别是极为看重信用的金融机构，也很少利用网上公示的信用信息，开发相应的金融产品。

（三）商事信用信息的全面运用刚开始起步

一是信用奖惩的法治建设有待完善。在国家层面，尚无对应的法律就商事信用监管体系建设进行方方面面的规范，仅有个别行政法规就特定领域的信用奖惩进行了规范，如运用最广泛的《企业经营异常名录管理暂行办法》。在地方层面，虽然深圳市已经出台了《深圳市公共信用信息管理办法》，在信用监管上迈出了重要一步，但在落实联合奖惩的很多细节上尚不具备全面实施的条件。二是商事信用与个人信用的衔接有待深化。商事信用主要由国家发改委、国家市场监管总局分别牵头管理，个人信用则由中国人民银行进行汇集管理，但不论哪个平台都处于探索阶段，商事信用与个人信用的交集与融合十分有限。比如，目前商事主体的信用记录不能制约实际经营者，商事主体申请移出经营异常名录的成本极低，另起炉灶新设一个商事主体，便能规避信用风险，由此随意注册、虚假注册等不良现象十分突出。截至 2019 年 9 月底，全国范围内的企业有 3723.90 万户，被纳入经营异常名录的企业便有 591.42 万户，占比高达 15.88%。① 三是联合惩戒力度仍有

---

① 国家市场监管总局：《2019 年前三季度市场环境形势分析》，http://www.samr.gov.cn/zhghs/schjxsfx/202003/t20200305_312540.html。

待加大。政府评价规范商事信用大多还停留于在不在红黑名单上、有没有处罚记录等单一维度上，很少参考经营异常名录的相关规定。经营异常名录效应发挥的部门协同性不够，其警示、惩戒效应自然也发挥不出来。

三 智慧重构：深圳商事信用监管体系完善路径

传统商事信用监管不仅费时费力，而且难以提高被监管对象的积极性与增强其自觉意识，监管的效果不佳。商事信用监管是一种新型监管方式，它最大限度地减少了政府对企业日常经营的干扰，强化了市场主体诚信经营的意愿，在降低监管成本的同时提升了监管效率和效果。因此，必须以信息化为引领、以信用为核心，通过体制机制创新，全方位、全领域、全业务、全链条、全过程推进商事信用监管体系建设。

（一）着眼顶层设计，有效强化政府主导、法治先行的制度支撑

商事信用监管体系的构建是一个庞大而复杂的系统工程。这种监管方式围绕着信用数据、信用知识、信用管理的流程，形成了过程监管思路；围绕着信用数据库的持续补充更新、企业信用等级的升降，形成了连续的动态监管特征；围绕着企业信用资源的开放获取、互联共享、多方使用，形成了增值性质的社会监管格局。[1] 由于市场经济本身存在发育不完全和机制不健全问题，市场甚至会存在不守信的不良风气，在较短的时期内单单依赖市场自身的力量是不可能完善社会信用管理体系的，必须在政府的引导和协调之下，统一规划，各司其职，分步实施，循序推进，方能达到预期的建设要求。可以说，社会信用评价体系和社会征信制度的建立、社会信用信息的公开和共享、社会信用中介组织和社会信用市场的发展、良好社会信用环境的营造都离不开政府的力量。[2] 其中，实现监管职能最重要的基础仍然是于法有据、

---

[1] 李善民主编《中国自由贸易试验区发展蓝皮书（2015—2016）》，中山大学出版社，2016，第137页。

[2] 展西亮：《信用工程论》，中国金融出版社，2015，第215页。

程序正当、标准统一的政策体系，因而需要对政策协同的横向维度、纵向维度以及时间维度进行全面关注并给予充分整合，这样才能实现高效便捷的监管。① 不仅要尽快在顶层设计层面对商事主体信用标准体系、评价体系、风险防范体系、信息披露体系、监督管理体系、联合惩戒体系等进行系统规范，还需要各区、各部门及时因地制宜地制定配套的落地方案，形成科学合理的商事信用监管体系。

（二）坚持信息引领，全力夯实商事信用监管体系的数据基础

开放灵活的信息获取机制、与公众共享的公共关系管理系统和机构数据，不仅能够令公务员更加认真负责任，而且能为公民提供一种新的参与形式——"公民创新者"。如果把"用户创新"的理念转变为在行政管理过程中的公民参与，公民就可以作为创新者想出新的且对社会或公共管理有益的方式来分析、解释或使用数据。② 因此，加强事中事后监管的建设自然也离不开信息平台对市场主体、执法主体、社会参与主体所发挥的信息共享和行为拘束的功效，"尤其是社会信用体系的完善更是成为市场主体在减少政府准入管控前提下遵守相关制度约束、规范市场行为的重要保障"。③ 故而构建商事信用监管体系首要的便是建立政府监管大数据网络平台，加强信息技术的运用，提高政府监管的科技含量，克服传统监管模式中信息壁垒的弊端，充分发挥信息在政府监管中的功能。④ 这就需要打造一个全面权威、集中统一、互联共享的"信用信息大数据中心"，持续将商事主体信用信息展现在具体的坐标位置上，形成全景多维信用画像，让社会全面便捷地查询使用商事主体信用信息。在"大归集"的过程中，一是通过人员身份信息智能

---

① 沈开艳、周奇等：《自贸试验区建设与中国经济创新转型发展》，上海社会科学院出版社，2016，第62页。

② 〔美〕亚历山大·舍隆：《公民关系管理：政府治理中的客户关系管理研究》，杨光煜、尚翔等译，中国财富出版社，2015，第1150页。

③ 胡加祥等：《上海自贸区成立三周年回眸（制度篇）》，上海交通大学出版社，2016，第112～113页。

④ 李琪：《政府作用与市场作用》，上海人民出版社，2015，第179页。

比对、地址信息自动认证，提高商事主体身份信息与地址信息的真实性与准确度，最大限度防止虚假登记许可，为智慧信用监管打下坚实的基础。二是要通过统一的信用信息标准体系，全口径归集商事主体信用信息，实现登记许可平台、申诉举报平台、检测鉴定平台、巡查检查平台、执法办案平台等的横向互通、纵向互联，并循序渐进适时对接电商平台、金融机构、信用服务机构、行业主管部门等第三方掌握的商事主体信用信息，确保信用信息集成范围最广、参与主体最多、信息门类最全、标准管理最严、归集效率最高。

（三）立足数据驱动，持续完善分类分级风险预警的防控机制

要构建基于信用等级分类的前瞻性信用风险预警机制、有效性信用风险快速处置机制，充分发挥信用信息数据在快速定位风险企业、提高检查执法靶向性、帮助政府部门精准培优扶良方面的积极作用。一是要以信用信息数据和基础网络平台为基础，至少应该在市级层面统一标准，科学构建商事主体信用分类分级指标体系。各地政府部门可在微调指标赋值权重的基础上，建立具体的评价模型，对商事主体信用进行科学分类分级，并有针对性地进行预警提示。二是要根据所掌握的登记许可信息、申诉举报问题、检测鉴定结果、巡查检查线索、执法办案数据，结合行业特质、区域特性、时间特点，有针对性地研究风险评估指标体系，构建风险评估预警模型，对异常风险进行有效识别、细致分析、科学评估、及时预警。三是要强化信用风险信息共享共用，大力实施信用风险联动防控，及时对异常失常信息进行处置，有效加强对违法违规风险的靶向监管，提升风险隐患协调处置能力，防止出现区域性、系统性、行业性市场风险。

（四）突出智能匹配，切实加强失信受惩寸步难行的刚性约束

社会声誉在守信和失信两者之间的价值差异及示范效应，可以激励社会成员产生自觉遵守社会管理规则和道义准则的意识与行为。[1] 因此，要达成

---

① 关建中：《中国信用体系建设蓝图》，中国金融出版社，2016，第88页。

以市场主体为核心的监管共识，从由监管货物、资金等要素转向以监管市场主体为主，实施分级监管，给予诚信企业高度自由，对失信企业从严惩罚。① 一是建立"清单化、自动化、责任化"的强制性联合奖惩机制。根据信用信息的性质类别、危害后果、应用场景等，科学设定强制性奖惩清单，明确联合奖惩实施主体范围、区域范围、时间范围，并通过统一的联合奖惩平台，将对应的信用信息自动嵌入审批监管、申报评定、奖励服务等工作流程中，智能提示并强制政府机关、事业单位、行业协会、金融机构等实施联合奖惩，确保强制奖惩事项及时有效落实到位。二是建立"清单化、差别化、标准化"的政府推荐性联合奖惩机制。根据各单位实际情况，统筹制定差异化的推荐性联合奖惩清单，并通过统一的联合奖惩平台，将对应的信用信息自动推送给各行政机关。各行政机关通过自行研究出台的标准模型，对照收集到的信用信息，智能评定信用类别等级，依法依规、不打折扣地实施信用惩戒。三是建立"商事主体信用惩戒延伸到自然人"的联动奖惩机制。在将奖惩信息记入商事主体信用记录的同时，记入其法定代表人、主要负责人、董事监事高管和其他直接责任人员的个人信用记录，强调商事主体信用与个人信用的互联互动，推动联合奖惩措施落实到人。

（五）聚焦流程再造，创新构建智慧智能协同高效的治理网络

一是按照"巡办分离"的思路，建立"社区网格员及时发现 + 系统平台精准分拨 + 监管人员快速处理 + 结果信息客观反馈"的"日常巡查网"。将"直观性强、肉眼辨识度高、重复检查率高"的检查事项相对集中地委托街道网格队巡查，并通过统一的监管平台，将巡查发现的问题反馈给监管部门，由监管部门按要求处理，并将处理结果反馈到系统，形成管理闭环，使问题和隐患"第一时间发现、第一时间处置、第一时间解决"。二是按照

---

① 沈开艳、周奇等：《自贸试验区建设与中国经济创新转型发展》，上海社会科学院出版社，2016，第59~60页。

"人防技防并举"的思路,建立"技术机构检测鉴定 + 系统平台精准分拨 + 监管人员快速处理 + 结果信息客观反馈"的"重点检测网"。将"专业性强、技术依赖度高、违法状态难识别"的检查事项委托技术机构检测鉴定。充分运用信用分类分级结果、大数据风险分析结果,根据重点时段、重点区域、重点产品,有针对性地统筹安排检测任务,并通过统一的监管平台下达抽检任务,检测机构将发现的问题反馈给监管部门,由监管部门按要求处理,并将处理结果反馈到系统,形成管理闭环,确保隐性违法行为被及时发现并查处。三是按照"分类监管"的思路,建立"检查事项清单化 + 人员对象随机化 + 任务生成自动化 + 检查结果公开化"的"随机抽查网"。将行政相对人按照守法与违法状况做出分类,根据违法的频度和程度确定执法的频度。违法行为发生少的相对人,对其执法的频度就低;违法行为发生多或者违法程度高的相对人,对其执法的频度就高,从而让守法者感觉自由,让频繁违法者感觉不自由。[①] 充分运用信用分类分级结果、大数据风险分析结果,通过统一的监管平台,智能设置商事主体检查比例与频次,科学编制执法检查事项清单,随机抽取监管人员与检查对象,并以信息化方式统筹部署随机抽查任务,确保随机抽查全过程数字化、信息化、可视化,切实增强监管检查的靶向性与精准性。四是按照"部门联动"的思路,建立"登记审批双向互动、多报合一并联审查、监管信息互联互通、权责明晰联动互补"的"部门协同网"。通过统一的许可登记平台,实现注册登记信息与许可审批信息的双向推送、订阅与对接,确保无证经营行为被及时发现、及时处理。通过全市统一的信息公示平台,实现商事主体信息"单一来源、一次报送",解决商事主体多头填表、数据打架等问题。五是按照"政企互动"的思路,建立"企业联系人法定化、警示信息送达自动化、监管互动智能化"的"政企互动网"。搭建智能化的政企联动平台,科学编制提示警示清单,实时将违法违规行为提示信息、许可证到期提示信息、风险预警信息、税务申报提示信息、企业年报提示信息、经营状态变更提示信息、文书信息

---

① 刘平:《行政执法原理与技巧》,上海人民出版社,2015,第475页。

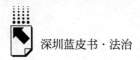

等推送给法定的企业联系人，并收集企业联系人反馈信息，为商事主体提供更加便捷有序、优质高效的监管服务。

参考文献

刘肖原等：《我国社会信用体系建设问题研究》，知识产权出版社，2016。

李善民主编《中国自由贸易试验区发展蓝皮书（2015—2016）》，中山大学出版社，2016。

沈开艳、周奇等：《自贸试验区建设与中国经济创新转型发展》，上海社会科学院出版社，2016。

〔美〕亚历山大·舍隆：《公民关系管理：政府治理中的客户关系管理研究》，杨光煜、尚翔等译，中国财富出版社，2015。

胡加祥等：《上海自贸区成立三周年回眸（制度篇）》，上海交通大学出版社，2016。

李琪：《政府作用与市场作用》，上海人民出版社，2015。

关建中：《中国信用体系建设蓝图》，中国金融出版社，2016。

刘平：《行政执法原理与技巧》，上海人民出版社，2015。

B.16
深圳沙滩资源管理实践
与可持续利用路径探寻

——基于公共信托规则的视角

王　玮[*]

摘　要： 深圳本土的沙滩管理实践以属地管理为主，对海域使用权人可能造成沙滩生态损害的制约手段则很少或十分有限。美国公共信托规则对于我国完善深圳沙滩资源管理制度、实现沙滩价值有一定借鉴作用：一是赋予沿海区政府生态损害赔偿诉讼资格；二是使公众在沙滩的权利具有可诉性和具体化；三是明确沙滩使用权人的信托义务；四是强化沙滩转让及开发中的公众参与。

关键词： 沙滩管理　海域使用权　公共信托规则

除属于集体所有的以外，滩涂资源属于国家所有，这是滩涂的法律归属在宪法上的明确表达。沙滩在法律用语中即沿海滩涂。沙滩不仅是重要的景观资源，还具有巨大的经济、文化、科学及娱乐价值。深圳的海岸线总长260公里，沙滩资源保护不仅影响海域旅游的可持续发展，也对全球海洋中心城市的定位具有深远意义。中国并无专门针对沙滩保护的单行法，深圳也

---

* 王玮，法学硕士，现为深圳市大鹏新区政府专职法律顾问，主要研究方向为环境与资源保护法、环境司法、比较环境法等。

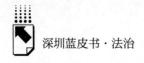

无专门针对沙滩管理的行政法规。2020 年深圳制定了海域使用管理条例，规定将优质沙滩纳入海岸线进行严格保护。

一　本土实践：沙滩管理的立法缺失与保护现状

（一）沙滩作为一种自然资源的独特价值

中国海域管理立法将海岸线作为海域管理和陆地管理的分界线，但受海洋潮汐动态影响，沙滩的实际形态可能部分是"土地"，部分是"海域"，既可能是"湿地"，也可能是海岸线。沙滩具有以下价值。

1. 空间使用价值——商业价值

由于尚无针对沙滩的专门立法，沙滩作为自然资源，其独特价值并未为法律所确认，通常只被作为土地或者海域的用益物权所确认，此种价值也是唯一为法律所确认的价值。沙滩作为"物"具有空间利用价值。在符合用途规划的前提下，可以建设工程项目及其他附属设施。作为海岸线，国家对沙滩上的建设项目实行严格管控，以符合公共利益建设项目为主，建设活动限于码头、口岸以及其他公共服务设施等。此外，沙滩也可以进行开发，从事捕捞作业以及开采海砂等，或者圈围用于渔业养殖及其配套设施建设。

2. 通行价值——无形价值

沙滩是公众亲海空间的重要载体，公众为享受海洋，因此在必需或者合理必需的前提下使用沙滩，为进行科学研究、航行、贸易、捕鱼、游泳或者其他消遣活动，需要穿过干沙滩进入海洋。除必要的通行外，公众还需在沙滩短暂停留，沙滩本身提供了开阔空间，也是重要的观光资源，公众可在享受海洋之余在干沙滩进行必要的休息，进行日光浴、野餐等消遣活动。

3. 生物多样性载体——生态价值

滩涂被誉为"海洋之肾"，其在调节海洋生态环境及海洋气候等方面的作用不可替代。其不仅是众多两栖动物的生殖繁衍地，还具有储水、泄洪等功能，能够维护水生态系统的多样性。

（二）沙滩保护相关立法

2018 年国家机构调整组建了自然资源部，最核心的是确立了自然生态空间用途管制。中国目前尚无统一的自然资源法，对矿产资源、水资源、海域资源、森林资源、草原资源等均通过单行法进行规定，而且已经在自然资源物权化过程中建立了有偿使用制度。尽管没有专门针对沙滩保护的立法，除作为海域的一部分或者作为土地被予以普遍保护以外，还可以作为以下形态被法律特殊保护。第一，作为海岸线保护，沙滩属于沙质岸线，国家海洋主管部门于 2017 年出台了规范性文件，[①] 提出了自然岸线保有率的目标，并将海岸线分为三个类别进行保护，禁止在严格保护岸线范围内构建永久性建筑物以及其他损害海岸地形地貌和生态环境的活动。深圳于 2020 年最新出台关于海域使用的经济特区法规，也明确将优质沙滩列入严格保护岸线，保护其自然形态，并严格限制开发。第二，作为湿地保护，处在潮间带的沙滩，属于滨海湿地，受海洋保护法保护，其中具有特殊保护价值的滨海湿地应当建立海洋自然保护区进行保护。即便如此，上述两种方式仍无法覆盖沙滩的全部区域。如深圳海岸线划定时，以海岸线为界，在向陆一侧划定一定范围的管控距离，形成海岸建设管控区。[②] 由于不同地块沙滩的面积不同，划定区域可能无法涵盖全部沙滩，沙滩退化、面积缩小的情况仍可能发生。从其他地区的经验来看，如上海、江苏等地，通过专门立法，规范开发管理沙滩等事项，采用行政许可方式，赋予相对人对沙滩的用益物权，其可以转让、出租、抵押或者依法开展经营活动等。

---

① 具体指《海岸线保护与利用管理办法》（国海发〔2017〕2 号）。
② 《深圳市海岸带综合保护与利用规划（2018—2035）》中"核心管理区向陆一侧划定 35 到 50 米的管控距离，协调区划定 100 米的管控距离"。

（三）深圳沙滩管理的本土实践——以大鹏新区为例

深圳海岸线总长 260 公里，拥有 56 个沙滩，54 个在大鹏新区，故以大鹏新区的沙滩管理模式为例。大鹏新区的 54 个沙滩中，面积在 1 公顷以上的沙滩数量达 17 个，面积最大的沙滩达 20 公顷，即被誉为"中国最美八大海岸线"之一的西涌沙滩。在管理上，实行由办事处具体管理的模式，以属地管理为主，按照沙滩安全性、生态保护价值、末端可达性等沙滩现状和沙滩保护利用规划对沙滩实行分类管理，将沙滩划分为四个类型[①]：第一类是已取得海域使用权的沙滩，此类沙滩有 8 个；第二类是未取得海域使用权的可作浴场开放沙滩，此类沙滩有 12 个；第三类是未取得海域使用权的不宜作浴场开放沙滩，此类沙滩有 8 个；第四类是因安全、生态、交通等因素暂不具备开放条件的沙滩，此类沙滩有 26 个。具体管理措施分为两类，一类是享有海域使用权的，由使用人自行管理；另一类是无海域使用权的，由办事处通过购买服务委托服务单位管理，负责警示宣传、安全巡查、卫生保洁等工作，并建立考核制度。同时，政府部门加大日常执法巡查力度，但由于沙滩执法的法律法规依据较少，在沙滩执法涉及的部门较多，且 2008 年海岸线调整至今，经过十多年的自然变化，存在原海域变成陆地、陆地变成海洋的情形，给具体执法带来困惑。深圳出台的经济特区海域管理的法规将于 2020 年 5 月 1 日生效，条例明确将沙滩保护的职责赋予沿海各区人民政府，并授权海洋综合执法机构进行执法，且设置了公众参与程序，将需要改变海域自然属性或者自然岸线的项目用海审批事项公开征求公众意见，与公众利益密切相关的用海项目还以听证方式，将公众参与形式法定化。

（四）沙滩上复杂的利益关系

沙滩本身的法律定位复杂，在沙滩之上的利益也很复杂，存在土地使用

---

① 《深圳市大鹏新区沙滩管理工作规范（试行）》（深鹏经服规〔2018〕1 号），大鹏新区政府在线，2018 年 1 月 17 日，http://www.dpxq.gov.cn/xxgk/xxgk/zcfg/wj/xqbmgfxwj/content/post_3226955.html，最后访问日期：2020 年 6 月 28 日。

权人、当地集体经济组织、海域使用权人、社会公众等多个利益主体。在沙滩使用过程中，一方面，在政府监督管理职能的发挥上，延续"靠海吃海"的传统观念，当地人以海为生，对沙滩保护也做出巨大贡献，设立海域使用权或土地使用权可能会完全排除当地人的用海权利，当地人的利益无法得到保护。同时，由于历史遗留原因，尽管深圳进行了土地国有化改革，但尚存在较多原属于农村集体经济组织的沙滩及沙滩周边土地未完成补偿手续，实际使用权仍属于股份合作公司，可能存在私下出租的行为，权利人复杂，加大了管理难度。在2018年底大鹏新区开展的西涌沙滩综合整治提升工作中，沙滩地块产权人擅自转租，出现不少"二手权利人"甚至"三手权利人"，沙滩上产权关系混乱，对沙滩的圈占行为也在加剧，极容易出现"社区赚钱、公众利益受损、政府买单"的困境，使政府陷入被动。另一方面，在沙滩使用权人权利的行使上，公众享有的亲海空间权利并未在法律上确认，若在环境损害责任较难确定的情况下，受经济利益的驱使，沙滩使用权人会想方设法改变沙滩自然形态；与此同时，合法的开发行为也能造成沙滩退化等不可逆的损害，导致作为监管者的政府"无计可施"。不可持续的用海行为造成海洋污染、沙滩退化等，严重侵害沙滩上固有的公众权利，导致公众享有的开阔空间以及其他亲海权利不复存在，公众却无途径应对这种侵害行为。

二 域外经验：美国公共信托规则的起源与发展

对于如何完善沙滩资源管理制度，美国公共信托规则提供了路径。公共信托规则，即政府充当管家的角色，以信托形式拥有可航水域以及与之密切相关的土地，无论这种信托财产是否转让，政府都负有保障公众享有在信托财产上从事捕鱼、航行、商贸、消遣等活动权利的责任。公共信托规则最早作为一种理论起源于古罗马法《查士丁尼法学总论》（又译《法学阶梯》）：按照自然法，空气、水流、海洋及海岸为一切人共有。随着海上贸易的发展，为应对私有潮汐地所有权的不断扩大给公众造成的不便，英国把这一理念写入《大宪章》，但实际上其被"束之高阁"，并未进行实质性拓展。后来，美国将这一理论适用于司法程序，成为环境保护的根本制度，可以用来保护影响当地气候等的生态系统、开放空间的自然景观以及为鸟类和海洋生物提供食物的栖息地等。

（一）公共信托规则的"启明星"案件

环境法的发展伴随着一系列环境观念的改变。在崇尚私人财产权神圣不可侵犯的英美法系，财产权的"权利束"中最重要的特征是绝对的支配权和完全的排他性。与之相对应的是征收制度，美国宪法明确了"未经合理赔偿，不得征收私人财产用于公共用途"，在严格的私有财产权保护制度下，政府所采取的任何对私有财产权利的限制都可能构成"征收"或"管理性征收"，需要对此进行补偿。随着人口的增长和工业现代化，人们越来越认识到地球上的资源是有限的，对于自然资源来说，最重要的不是如何保护其权利的完整性，而是如何确保其被可持续地高效利用。公共信托规则即起源于这样的背景下，在"启明星案"伊利诺伊中央铁路诉伊利诺伊州案①中，1869 年，州政府通过立法授权将芝加哥市全部滨湖区域及土地转让给一家铁路公司，四年后，政府反悔想撤销此项转让，铁路公司以自己是土地所有权人为由提起诉讼，但最终败诉。最高法院判决政府转让无效，政府不能通过立法放弃信托责任。判决引用普通法展开论述，州政府拥有密歇根湖可航水域及其下的土地，且这种所有权与普通土地的所有权不同：可航水域以及土地由政府以信托的形式拥有，社会公众可以进行商贸、捕鱼以及航行等活动，而不受私人阻碍或干扰。政府仅能以改善航道或支持商贸活动等公共利益的目的授权转让若干水下土地，土地授权转让还应不实质损害剩余土地和水体上的公共利益。本案在司法程序中首次明确了公共信托规则：信托责任是公众赋予政府的，这种责任不因信托财产的转让而免责，政府只能在

---

① 判决详见 Illinois Central Railroad Co. v. Illinois (1982) 146 U. S. 387, 13 S. Ct. 110, 36 L. Ed. 1018。

信托财产被用于改善公共利益，或对信托财产上的公共利益没有实质损害的前提下处分信托财产。

（二）公共信托规则的里程碑案件

公共信托规则的里程碑案件是莫诺湖案①，洛杉矶政府在莫诺湖的引水工程，至1970年造成莫诺湖水量急剧减少，水位不断下降，水域面积减少了三分之一，极大破坏了其自然美景和生态价值。环保组织依据公共信托规则提起诉讼，要求禁止洛杉矶水利与能源部的引水行为，并最终获得胜诉。法院认为，莫诺湖的湖滨、湖床和湖水都受公共信托保护，政府应当考虑到其对公共信托规则保护下的价值的影响，并尽可能地避免或减小对公共信托利益的损害。至此，公共信托规则的保护范围进一步扩大，在公共信托规则发展成为保护潮汐地的"盾牌"之后，其保护范围扩大到航运河，还用来保护环境生态价值及消遣价值。

正如卡罗尔·罗斯所表明的，从罗马法到英国普通法再到现代美国案例，它们清晰地延续了水域及其淹没土地固有的公共本质，因为这些资源私有化并不能产生效率。②并且由于其具有高度灵活性，此后，越来越多的主流案例将宪法和法律的条款解释成公共信托规则，由法院对"流失的公共资源进行严格审查"，有些州开始将适用范围扩大到水域以外的其他资源，甚至用以应对气候变暖。

三 借鉴与启示：完善沙滩资源管理机制

简单来说，美国公共信托规则，即政府对信托财产负有信托责任，且

---

① 判决详见 National Audubon Soc'y v. Superior Court（Mono Lake），33 Cal. 3d 419，441，658 P. 2d 709，724，189 Cal. Rptr. 346，361，cert. denied，464 U. S. 977（1983）。

② Rose，"The Comedy of the Commons：Custom，Commerce and Inherently Public Property，" *U. CHI. L. REV.* 53（1986）：711，723，749 - 761，774 - 777. 道路和水域的公共权力通过产生规模收益和消除私有化的危险如垄断等来促进商贸活动。

不因转让而免除，基于此，政府有权限制财产权人对信托财产的使用方式，以保护公共信托上的公众权利。此种信托义务为信托财产所固有，对其使用财产的限制不属于征收，不给予补偿。公共信托规则侧重于"公"，财产权规则侧重于"私"。因此，公共信托规则又被视为对私人财产权利的威胁。某些特定自然资源在权利上属于私人，同时它的价值是全社会享有的，享有这些自然资源，就必须对社会与自然承担义务，且这种义务没有相应的补偿也可以强制执行，由政府作为执行主体。举个例子来说，假设政府将沙滩连同一片土地出让给 A，A 在土地上开餐厅，其将沙滩围合管理，只有用餐的顾客才可以出入沙滩。根据公共信托规则，公众享有使用平均海潮线以下的湿沙滩的权利，因此 A 不能排除社会公众出入沙滩的权利。

深圳新出台的关于海域使用的行政法规，已经或多或少可以寻觅到公共信托规则的影子，比如明确政府责任、公众参与以及提出将优质沙滩作为自然海岸纳入严格管理，等等。除此之外，笔者尝试在沙滩的可持续利用上，探索公共信托规则其他方面的价值。公共信托规则仍存在价值，其为私人财产权与公共利益的衡平提供了方案，通过保障公众权利，保障亲海空间的自然状态，保护了水域及相关土地的自然状态等，这对经济高速发展的深圳具有借鉴价值，有利于维护环境秩序。立法上可尝试从以下几个方面构建规则发挥"公共信托价值"。

（一）赋予沿海区政府提起生态环境损害赔偿诉讼资格

沿海区政府是沙滩保护的直接责任主体。政府可利用的管理抓手较少，即使采取行政执法的方式，也可能由于罚款数额较少而实际损害较大，无法弥补环境损害，而诉讼途径成为政府作为沙滩"管家"的有效路径。沙滩作为信托财产，内含三种权利：第一种是海域使用权人的使用权，此种权利从所有权人即国家取得，可以合法使用沙滩；第二种是沙滩承载的公共利益，基于沙滩资源归国家所有，即全民所有，公众可以出入沙滩、享受沙滩景观以及在沙滩上消遣娱乐等；第三种是沿海区政府的信托职责，受公众委托取得，以信托方式持有沙滩，当沙滩使用权人以损害沙滩或者侵犯公众权利的方式使用沙滩时，其享有限制沙滩使用权人以此种方式使用沙滩的权利，此种限制是强制的，不给予沙滩使用权人任何补偿，如沙滩使用人擅自将规划为向公众开放的沙滩围合，阻止公众出入，政府有权强制其拆除围合设施；如使用人对沙滩资源造成环境损害，包括沙滩退化、沙滩生态系统破坏等，政府同样可以行使"管家"职责，通过诉讼途径，实现对沙滩损害人的追偿，这样在公众公共利益和使用权人之间，建立一种平衡关系。进入诉讼并不是最终目的，由于诉讼流程耗时长，会耗费政府解决此问题的大量精力，笔者赞同有学者提出的如下观点，即将磋商作为强制性前置程序，并规定其积极配合沙滩修复，可以适当减少赔偿费用，提高损害赔偿人磋商的积极性；若其消极怠慢，可以赋予沿海区政府设置"黑名单"权限，通过"声誉罚"，将其损害生态环境的行为予以一定期限的公开，或者"资格罚"，在一定期限内限制其在辖区范围内参与建设工程、城市更新等项目，迫使其考虑后续后果而积极与政府进行磋商。

（二）使公众在沙滩的权利具体化及具有可诉性

沙滩资源和其他自然资源一样，具有稀缺性和不可再生性，有的损害能够通过生态修复来恢复，而有些损害则是不可逆的，如生物灭绝等。公众在沙滩上的公共信托利益应归为一种环境权，体现为对清洁沙滩、生物多样性以及娱乐消遣的需求。中国法律虽然未对公共利益的具体内容进行明确，但秩序作为法律最重要的价值，维护公共利益的原则几乎已是共识。在公共信托规则下，可以通过诉讼途径使公共利益具体化，可能包括以下内容。第一，肯定公众在沙滩上观景、捕鱼、野餐及日光浴等消遣的权利，以发挥沙滩资源用于科学研究、文化、消遣娱乐等的价值，但不以此为限，来保护沙滩自然状态、开阔的空间以及生物多样性。第二，出入沙滩的权利。此种权利是为第一种权利提供便利而设置的一种"地役权"，为开辟亲海空间提供了依据，公众有权穿过私人土地进入沙滩，即公众有权穿过水域和最近公共道路之间的干沙滩。当公众的权利受到阻碍时，在公共信托规则视域下，公众有权通过诉讼途径要求海域使用权人或者土地使用权人保障此种权利的实现，或者直接要求沿海区政府予以纠正土地使用权人的使用方式。同样地，此种权利应以合理且必要为前提，以防止权利滥用。

（三）明确沙滩使用权人的信托义务

使用人在对沙滩资源履行"开发者养护"责任的同时，也需承担相当于"绿色社会责任"的义务，在追求盈利的同时，也要使用对沙滩损害最小的方式，实现沙滩利用的可持续。与前面两点对应，一方面，应明确以沙滩环境的改变和破坏以及造成的公众权利损害的诉讼条件、赔偿方式、赔偿范围和计算方法，实现生态系统价值可量化，对使用权人来说责任可预期；另一方面，沙滩使用权人应尽量以保持沙滩自然状态的方式使用沙滩，兼顾沙滩上的公众利益以及当地原村民的利益，积极开辟公众亲海空间，为公众行使权利提供途径和便利。信托义务的现实化并不造成使用权人权利的减损，同美国公共信托规则一样，在沙滩使用权人取得此项权利时，沙滩资源作为全社会共同的财富，由全民平等地享有，信托义务就已经必然包含在其所享有的权利中。

（四）沙滩转让和开发中的公众参与权

尽管自然资源具有稀缺性，但一味强调对其的保护而不利用并不能实现自然资源的高效利用，在市场经济下，实现自然资源的有效流通和有序开发显然更有利于经济效益和社会效益的最大化。基于沙滩资源上的复杂利益关系，为平衡各方利益，一个可行的路径便是决策前的公众参与，让作为决策者也是信托人的政府、决策相关社会公众以及本地居民、沙滩使用申请人通过法定程序将自身诉求表达出来，让信托价值在沙滩转让和开发之前得到妥善考量。同时，作为信托人的政府涉及沙滩的各项重大决策，应以听证情况为根据，使听证程序不流于形式。

四 结论

需要说明的是，公共信托规则不是万能的，离开法院的有效介入，它无法发挥作用。即使在美国，由于与财产权的私有制相冲突，过度扩大信托财产的范围，会侵蚀私人财产权利，也会导致"公地悲剧"，故其使用范围目前仅限于与水域相关的土地，其他与水域无关的土地适用这种规则几乎不会取得成功。尽管如此，公共信托规则仍具有强大的生命力，为平衡政府责任、权利人海域使用权、公众权利提供了一种思路和解决方案。

参考文献

Joseph L. Sax, "The Public Trust Doctrine in Natural Resource Law: Effective Judicial Intervention," *Michigan Law Review* 68 (1970): 471 – 566.

理查德·A. 艾珀斯坦：《征收——私人财产和征用权》，李昊等译，中国人民大学出版社，2011。

王小钢：《生态环境损害赔偿诉讼的公共信托理论阐释——自然资源国家所有和公共信托环境权益的二维构造》，《法学论坛》2018 年第 6 期。

张峰、叶榅平：《自然资源物权化的困境与出路》，《上海财经大学学报》2012 年第 2 期。

詹姆斯·戈德雷：《私法的基础：财产、侵权、合同和不当得利》，张家勇译，法律出版社，2007。

B.17
深圳市住房制度体系的历史
演变与发展趋势

殷 昊*

摘 要： 住房制度旨在解决住房困难群众的居住问题，但由于经济发展状况、社会制度水平、土地供应能力等因素的限制，住房制度的功能效果还需完善。本文通过对深圳市40年的住房制度发展进行研究，对正在推行的以多主体供给、多渠道保障、租购并举的住房保障与供应体系为核心内容的"1+3+N"公共住房制度的重点分析，梳理住房制度发展的基本逻辑，认为住房法治化进程加快、住房民生属性突出、住房租赁市场壮大是未来深圳住房制度发展的重要趋势。

关键词： 住房问题 住房困难群体 公共住房制度

　　随着人口的增长，住房供给与住房需求的矛盾不断加剧，住房问题成为世界各国普遍面临的重大挑战。为此，各国采取了积极有效的措施解决住房问题。例如，英国的住房金融政策、新加坡的组屋制度、韩国的公营住宅制度、德国的社会住房制度等。

　　作为现代城市的典型，深圳的住房问题十分突出。深圳经济特区40年的发展史中，住房制度的改革和创新发挥重要作用。研究住房问题的历史形

---

* 殷昊，中国政法大学法学硕士，深圳市房地产和城市建设发展研究中心助理研究员，研究方向为经济法。

态及住房制度的历程，分析住房制度的发展规律和发展趋势，对解决深圳当前的住房问题具有重要意义。

一 住房问题和住房制度

（一）住房问题的产生

住房问题的发展在不同的历史阶段有不同的表现：原始社会时期与自然灾害和猛兽搏斗下的初级生存，农耕文明村落下的家庭，工业社会中的住宅。前两阶段，住房问题对社会的影响并不突出。进入工业文明后，大量人口涌入城市并且推动城市化的发展，城市化导致人口聚集和土地供应紧张，住房问题第一次成为社会问题。

（二）住房制度的内涵

1. 住房制度的目标

住房制度的目标主要包括三方面内容。一是社会目标。住房制度作为社会制度的组成部分，需要推动社会经济的发展。二是政治目标。住房制度作为国家政治制度的重要内容，对完善现代化国家治理体系、构建和谐社会具有重要作用。三是经济目标。住房制度的完善推动房地产市场的健康发展，为经济的可持续发展提供动力。

2. 住房制度的范围

根据住房的属性，住房分为商品住房和公共住房。相应地，住房制度也分为商品住房制度和公共住房制度。本文对深圳市住房制度体系的研究，既包括商品住房制度的演变，也包括公共住房制度的发展。

3. 住房制度的对象

住房制度的对象主要是政府、公民及其他市场主体。在商品住房制度中，房地产开发商等市场主体和消费者发挥主体作用。在公共住房制度中，政府和公民占据主要地位。在不同的制度背景下，双方的关系和权利义务也不同。

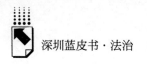

（三）公共住房制度的价值

商品住房制度的发展一定程度上解决了工业文明引起的住房问题。但是随着社会经济的发展，住房问题日益演变为中低收入者的生存难题。尤其是在供需矛盾的城市，例如我国一线城市，人口不断增加，住房需求不断增长，住房价格进一步上涨，住房问题更加突出，商品住房制度的局限性逐步显现。

同时，随着公民基本权利保障制度的不断完善，住房权概念的出现，住房问题由私人问题演变为社会问题，保障公民的住房权也成为现代国家的重要责任。公共住房制度的社会价值不断凸显，和医疗保障、劳动保障、教育卫生等基础制度，构成现代化国家政治制度的重要基石，成为现代文明的重要代表。

二 深圳市住房制度的历史阶段

住房制度是社会经济制度的组成部分，不仅决定于社会经济状况，还作用于社会经济发展。因此，深圳市公共住房制度的发展也反映了深圳经济特区四十年的风雨历程。

（一）住房商品化的发展：1980~2000年

作为改革开放的先锋城市，深圳为了解决日益严重的住房问题，最早启动住房制度改革。

1985年，深圳市出台《深圳经济特区行政事业单位干部职工住宅商品化试行办法》（深府〔1985〕40号），提出大幅提租，鼓励家庭住房消费，树立商品住房观念，先行探索住房商品化改革。

1988年6月，深圳市发布《深圳特区住房制度改革方案》，率先对"财政包干、低租金、福利制"的住房旧体制进行改革，建立了以"补贴提租、鼓励买房、建立基金、新房新政策、住宅区管理社会化、企业化、逐步实现商品化"为基本思路的新的住房制度。①

1989 年，深圳市出台《深圳经济特区居屋发展纲要》，建立"双轨三类多价"住房供应模式，由市房管局提供给党政事业单位职工福利商品房，按照准成本价或全成本价出售；提供给需要扶持的企业职工微利商品房，以微利价出售。房地产开发单位为企业单位职工提供市场商品房，以市场价格出售。

1999 年，深圳市出台《深圳市国家机关事业单位住房制度改革若干规定》（深圳市人民政府令第 88 号），加快住房社会化和商品化进程，规范各级干部职工住房面积标准、住房价格、住房调换、取得全部产权等，出售的安居房类型包括准成本房、全成本房、全成本微利房和社会微利房四类，解除安居房产权约束，使职工通过房改购买的安居房可以进入市场。

2003 年，深圳市出台《关于印发深圳市机关事业单位住房分配货币化改革实施方案的通知》（深府〔2003〕104 号），全面实行住房分配货币化，停止为机关事业单位职工建设和分配全成本微利房，符合条件的职工家庭可以申请购买经济适用房，努力解决包括暂住人员在内的中低收入群体的住房问题，以市场化为目标的住房制度改革进入收尾阶段。

经过近 20 年的努力，深圳市大力推进公有住房改革，逐步停止住房实物分配并实施住房分配货币化，基本完成"市场化"房改，实现了从福利型住房分配体制向商品化、市场化、社会化的住房供应体制的转变。

（二）住房保障制度的完善：2000～2018 年

随着住房市场化的逐步完成，深圳的商品房市场空前繁荣，但和全国一样，房价持续攀升，群众住房问题日益突出。同时，为了推动"人才强市"政策的开展，解决人才队伍住房问题也迫在眉睫。鉴于此，建立市场经济条件下由政府主导的住房保障体系和人才住房制度十分必要。

2007 年底，深圳市出台《关于进一步促进我市住房保障工作的若干意

---

① 张思平：《重启深圳住房制度改革之三：总结四十年得失，警惕房改偏向》，新浪财经，http://finance.sina.com.cn/china/gncj/2019-02-28/doc-ihrfqzkc0076618.shtml。

见》，明确提出住房保障体系的总体要求：一是与城市财力和土地资源承载能力相适应；二是与产业政策和人口政策相衔接；三是与经济发展和社会保障的整体水平相协调；四是扩大基本保障范围，做到"应保尽保、全面覆盖"；五是要符合深圳实际，促进城市发展。

2010年，深圳市颁布《深圳市保障性住房条例》，率先在立法层面完善和规范住房保障制度，对保障性住房建设的规划、用地、资金、价格、准入、退出以及监管机制等做了详细规定。

2011年，深圳又出台《深圳市安居型商品房建设和管理暂行办法》，进一步规范安居型商品房建设和管理，对安居型商品房的用地、开发建设、销售及管理等做了详细规定。《深圳市安居型商品房建设和管理暂行办法》《深圳市安居型商品房轮候与配售办法》等政策文件出台后，深圳市采取"定地价、竞房价"等方式引导企业参与安居型商品房建设，使市场成为保障房安居工程建设的一支重要力量。

2012年底，深圳市出台《深圳市住房保障制度改革创新纲要》，进一步完善与规范住房保障体系，明确提出减少直至停止经济适用住房建设与供给，将公共租赁住房和安居型商品房作为保障性住房的基本模式。

同时，为全面落实"人才立市""人才强市"战略，深圳率先探索人才住房制度。2008年出台《深圳市高层次专业人才住房解决办法（试行）》，建立高层次专业人才住房保障制度，分类别实行购房补贴、租住人才公寓、租房补贴等政策。2010年发布《关于实施人才安居工程的决定》。2011年颁布《深圳市人才安居暂行办法》（深圳市人民政府令第229号），明确提出要把人才列为公共住房政策的重点保障对象，着力解决其安居问题。2016年出台《关于促进人才优先发展的若干措施》（深发〔2016〕9号）、《关于完善人才住房制度的若干措施》（深发〔2016〕13号）、《关于发布人才住房户型面积和户内装饰装修设计指引的通知》等一系列文件，逐步形成了具有深圳特色的人才住房政策体系。

综上，保障性住房和人才住房双轨并行的局面逐步形成：基本保障性住房"保基本"，人才住房"促发展"。这种转型和发展是深圳住房改革工作承先启后、极其关键的重要历程。

（三）"1＋3＋N"公共住房制度的形成：2018年至今

深圳经济特区作为中国改革开放的试验田，曾经是住房制度改革的发源地，再次举起改革创新的旗帜。

2018年8月5日，深圳市出台《深圳市人民政府关于深化住房制度改革加快建立多主体供给多渠道保障租购并举的住房保障与供应体系的意见》（深府规〔2018〕13号，以下简称《意见》）。作为新时代深圳市住房制度改革的纲领性文件，《意见》突出了一系列改革措施：一是提出了人才住房、安居型商品房、公共租赁住房各占住房总量的20%，增加了公共住房的供给；二是确立了收入财产限额制度，要求申请安居型商品房、公共租赁住房需要满足收入财产限额条件；三是拓宽了公共住房的建设筹集渠道，提出了"六类十五种"建设途径；四是优化了公共住房的分配管理规则，促进住房分配管理公开、公平、公正；五是明确了封闭流转制度，进一步突出住房的民生属性；等等。

2019年6月，为落实《意见》，加快住房制度改革，深圳市发布《深圳市公共租赁住房建设和管理办法（征求意见稿）》《深圳市公共租赁住房建设和管理办法（征求意见稿）》《深圳市公共租赁住房建设和管理办法（征求意见稿）》（以下简称"三办法"），向社会公开征求意见。希望通过"三办法"的制定，明确新时代深圳市公共住房制度体系的具体内容。

同时，为推动《意见》和"三办法"落地，深圳市开始研究制定"三办法"的实施细则和配套文件，希望形成以《意见》为总纲、以"三办法"为内容、以实施细则为支点的"1＋3＋N"公共住房制度体系，深圳市的住房制度改革将进入新时代。

三 "1＋3＋N"公共住房制度体系的主要内容

为落实十九大报告"坚持房子是用来住的、不是用来炒的定位，加快建立多主体供给、多渠道保障、租购并举的住房制度，让全体人民住有所居"，深圳市公共住房"1＋3＋N"制度体系内容主要包括如下几方面。

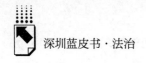
（一）住房种类

在"1+3+N"公共住房制度体系设计中，未来深圳市的住房种类将主要包括市场商品住房、政策性支持住房、公共租赁住房。

1. 市场商品住房

目前市场商品房在住房供应中占主导地位。为扩大住房保障的范围，"1+3+N"公共住房制度体系调整了市场商品房的供应比例，明确规定市场商品住房占住房供应总量的4成。

2. 政策性支持住房

在未来的住房体系中，政策性支持住房分为人才住房和安居型商品房两类。《意见》规定，人才住房和安居型商品房各占全部住房供应的2成。其中，人才住房主要供应给符合条件的人才，安居型商品房主要保障满足收入财产条件的深圳户籍居民。人才住房和安居型商品均可租可售。

3. 公共租赁住房

《意见》规定，公共租赁住房占住房供应总量的2成。不同于人才住房、安居型商品房，公共租赁住房主要针对中低收入群体，只租不售，保障居民的基本住房需求。

（二）主要目标

"1+3+N"公共住房体系提出了2018～2035年的住房发展三大目标。

1. 制度建设目标

"1+3+N"公共住房体系的制度目标是构建多主体供给、多渠道保障、租购并举的住房制度体系，统筹解决各类居民的住房问题。

2. 住房总量目标

"1+3+N"公共住房体系的总量目标是为深圳市民建设筹集170万套各类住房。根据人才住房、安居型商品房和公共租赁住房各占住房供应总量2成的目标，这三类保障性住房总量不少于100万套。

3. 住房品质目标

"1 + 3 + N"公共住房体系的品质目标主要包括：一是促进住房空间布局合理化，二是提升住房品质，三是完善公共配套服务设施，四是推动住房绿色化、智能化、科技化。

（三）建设筹集

一是住房建设主体。"1 + 3 + N"公共住房体系将住房的建设主体分为8类，主要包括市、区政府，人才住房专营机构，房地产开发企业，社区股份合作公司和原村民，住房租赁经营机构，企事业单位，各类金融机构，社会组织。

二是住房建设渠道。面对土地资源紧缺、居住用地供应不足、住房供需矛盾大的现状，"1 + 3 + N"公共住房体系创新性地提出了6类建设筹集渠道，即增加建设用地、盘活存量用地、利用招拍挂商品住房用地、盘活各类存量用房、轨道交通车辆段和停车场、开展城际合作等，建设人才住房、安居型商品房和公共租赁住房。

（四）分配管理

一是在住房分配途径方面，人才住房实行按批次分配方式，包括面向用人单位配租以及面向个人配租配售两种途径；安居型商品房由原来的轮候制度改为按批次分配和轮候制度并存的方式；公租房继续实行轮候制度，同时增加面向用人单位定向配租的方式。

二是在住房申请条件方面，人才住房因人才的户籍情况、婚姻状况、社会保险累计缴费年限等因素的不同明确了租赁和购买条件；安居型商品房和公租房均设立了收入财产限额，其中安居型商品房还对申请家庭的社会保险缴费年限由原来的 5 年调整为 10 年。

三是在住房流转管理方面，《深圳市人才住房建设和管理办法（征求意见稿）》《深圳市安居型商品房建设和管理办法（征求意见稿）》规定人才住房和安居型商品房在一定时间内实行封闭流转。购房家庭自签订买卖合同之日起至取得完全产权前，可向符合条件的申请家庭转让，也可向主管部门申请回购。自签订买卖合同之日起，购房人累计在本市缴纳社会保险满15年，或者年满60周岁且购房满10年，在向政府缴纳增值收益后，经批准可以取得所购人才住房或安居型商品房的完全产权。

四 深圳市住房制度体系的发展趋势

纵观深圳市40多年的住房制度发展史，一方面，住房商品化改革稳步推进；另一方面，公共住房制度不断成熟。双轨并行的住房制度体系逐步构建。在历史发展的基础上，分析、归纳深圳市住房制度体系的发展规律和发展趋势，对完善深圳市乃至全国的住房制度具有重要的借鉴意义。

（一）住房制度法治化进程不断加快，住房政策法规体系逐渐形成

住房制度体系的建立是一项系统工程，需要长期规划、循序渐进、不断完善。因此，深圳市应立足国情，做好顶层设计，加快构建"1 + 3 + N"公共住房政策法规体系，使公共住房工作走上法制化的轨道。

在"1 + 3 + N"公共住房政策法规体系中，未来深圳市将从以下两方面推动立法工作。一是落实《深圳市人民政府关于深化住房制度改革加快建立多主体供给多渠道保障租购并举的住房供应与保障体系的意见》要求，推动《深圳市公共租赁住房建设和管理办法（征求意见稿）》《深圳市人才住房建设和管理办法（征求意见稿）》《深圳市安居型商品房建设和管理办法（征求意见稿）》落地。目前"三办法"的立法工作已进入攻坚阶段，于2019年底完成了向社会公开征求意见，将在修订完善后提请市政府审议发布。二是完善《深圳市公共租赁住房建设和管理办法（征求意见稿）》《深圳市人才住房建设和管理办法（征求意见稿）》《深圳市安居型商品房建设和管理办法（征求意见稿）》。"三办法"将《意见》的主要思想以法治化的方式落地，而实施细则和配套规定则是"三办法"落地生根的重要保障。

（二）住房的民生属性不断突出，住房保障方法和手段日益完善

住房具有经济属性和民生属性，住房的居住特性决定了其民生领域产品的性质，一方面可以作为固定资产用于投资，另一方面是公民基本生存权利的保障。相比较而言，民生属性应该是住房的基本属性。只有在满足民生属性的基础上，才能进一步考虑经济投资价值。从英国、美国、新加坡等国家的住房保障经验看，公共住房符合民生属性的基本定位。

在"1+3+N"公共住房制度体系中，住房的民生属性更加突出。住房政策不仅要关注住房建设对经济稳定的作用，还要关注住房公平、住房支付能力不足等社会问题。诚然，兼具两种政策目标的住房政策会出现不协调，甚至冲突的问题。深圳市深刻领悟贯彻"准确把握住房的居住属性"，"坚持房子是用来住的、不是用来炒的定位"，确定了至2035年建设不少于100万套人才住房、安居型商品房和公共租赁住房的目标，并明确提出从2018年起，在新增居住用地中，确保人才住房、安居型商品房和公共租赁住房的比例不低于60%。从某种意义上说，深圳住房制度的革命性变革，在基本尊重过去房地产发展的基础上，以"房住不炒"和"住有所居"的民生价值为导向。

（三）住房租赁和住房保障并举，住房租赁市场不断发展

在"房住不炒"的定位和中央及地方政府的一系列调控措施下，住房市场体系和住房保障体系双轨并行，住房价格将逐渐趋于平稳，住房租赁将成为满足中短期住房需求的主要方式。完善和发展住房租赁市场是完善公共住房制度体系的重要内容，是实现城镇居民住有所居的重要途径。

在"1+3+N"住房体系中，发展住房租赁市场主要包括两方面内容。一是多渠道增加房源供应，实现租赁市场多元化。当前租赁市场的主要矛盾是住房需求与市场供给不匹配，大力发展房源供应是解决问题的重要方法。鼓励私人房源出租，增加市场化房源的供给主体；鼓励国有企业将闲置房源交由专业租赁运营机构；培育专业化租赁机构，提高租住品质，促进市场供

应主体多元化。二是加快住房租赁市场法制建设。良好的社会需要一套完善的法律和行为规则框架，完善住房租赁市场政策法规建设，推进租赁管理法治化进程已成为当务之急。一方面要推动全国性租赁立法，为地方租赁立法提供正当性；另一方面需要完善租赁具体制度建设，如准入制度、安全制度、退出制度等，指导租赁市场发展。

参考文献

吴炜煜：《社会保障商品房供给体系研究报告》，《中国房地产》1995 年第 12 期。

李会勋：《保障性住房地方立法及实践研究》，博士学位论文，西南政法大学，2015。

武妍捷、牛渊：《住房保障对象范围界定及机制构建研究》，《经济问题》2018 年第 3 期。

邹军、郑文含：《住房政策与住房规划》，《城市规划》2009 年第 1 期。

B.18
深圳住房租赁市场现状及立法研究

郑柯娜*

摘　要： 培育和发展住房租赁市场，是落实租购并举住房制度，解决人口净流入城市住房问题的必然要求。目前深圳市住房租赁法制不健全，难以解决实践中诸如租金高企、城中村租赁缺乏监管等问题。针对这一实际，深圳应当加快建立健全住房租赁法制体系，保护承租人合法权益，构建租金管理制度，完善城中村住房租赁监管，以完善顶层制度设计，促进住房租赁市场的平稳健康发展，为全国住房租赁市场管理提供"深圳样本"。

关键词： 住房租赁　租赁市场监管　租金管理

深圳市有近80%的人口需通过租赁解决住房问题，培育和发展好住房租赁市场，是贯彻落实党中央、国务院关于"加快建立多主体供给、多渠道保障、租购并举的住房制度"的重要内容，也是为人口净流入城市统筹解决好住房问题探路的必然要求。2019年6月，深圳市人大常委会已将《深圳经济特区房屋租赁市场管理若干规定》列入立法工作计划预备项目，以提高深圳市住房租赁管理水平，为促进住房租赁市场发展提供有力的法律保障。

---

* 郑柯娜，西南政法大学诉讼法学硕士研究生，及法国艾克斯－马赛大学欧盟商法硕士研究生，深圳市房地产和城市建设发展研究中心助理研究员，中级经济师，主要研究方向为房地产及房屋租赁法律政策研究。

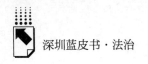
一 深圳市住房租赁市场现状

深圳市住房租赁市场发展起步较早，自 2017 年被列为全国首批 12 个住房租赁试点城市后，租赁市场活跃度不断提高，呈现以下特点。

一是住房租赁需求持续增长，租赁人群占比高。深圳市常住人口持续净流入，潜在住房需求，特别是住房租赁需求庞大。深圳市统计局公布的国民经济和社会发展统计公报显示，2014～2019 年，深圳市常住人口从 1077.89 万人增长至 1343.88 万人，增长了 24.68%，常住人口持续增长。然而，根据安居客数据，在此期间深圳市每平方米商品住房交易价格由 26419.75 元上升至 54165.83 元，增长了 105.02%。房价快速上涨，租房需求将更加迫切，"先租后买"，甚至"长期租赁"的人数不断攀升。据统计，目前中国在城镇地区租房生活的人口约有 1.6 亿人，约占中国城镇常住人口的 21%，而深圳租房占比达到 80% 以上。① 结合深圳市实际管理人口规模较大的情况，以及粤港澳大湾区发展引力，未来深圳市将保持人口持续流入的发展态势，住房租赁需求也将不断攀升。

二是存量住房以城中村自建房和工业区配套宿舍为主。目前，深圳市住房及居住状况呈现"总量较大、两个为主"的基本特征。2018 年统计数据显示，深圳市住房及居住类建筑总量约 1065 万套（间），存量住房中以城中村村民自建房和工业区配套宿舍为主，在全市租赁房源中，城中村租赁住房占全市租赁住房的比例为 62.6%，工业配套宿舍占 20.4%，两者合计占全市租赁住房的 83%，是租赁市场的主体。②

三是租赁住房种类丰富且市场化程度高。截至 2018 年 5 月，全市共有各类出租住房（含公寓、宿舍）738 万套（间），约占存量住房总套数的 73.5%。③ 从租赁房源类型上看，房源种类丰富，涵盖了从低端便利的城中

---

① 李宇嘉、王锋：《迎接住房租赁时代》，《城市开发》2017 年第 10 期。

② 王锋：《深圳住房租赁市场发展特点与政策导向》，《中国房地产》2018 年第 16 期。

③ 王锋：《深圳住房租赁市场发展特点与政策导向》，《中国房地产》2018 年第 16 期。

村、配套宿舍到高端完善的商务公寓等各类住房，基本上满足了不同收入层次家庭及个人的居住需求。同时，深圳市住房租赁市场呈现较高的市场化程度，全市市场化出租的住房占租赁住房总量的 86.2%，政府公租房等政策性租赁住房仅占 13.8%。[①] 租赁住房出租率高、空置时间短、流转速度快，体现出较强的出租方市场特性。

二 深圳市住房租赁法规及规范性文件概述

（一）现行有效的住房租赁法规及规范性文件

1.《深圳市出租屋管理若干规定》

《深圳市出租屋管理若干规定》（以下简称《若干规定》）于 2020 年 1 月施行，着重强调对流动人口信息采集登记和出租屋管理。当然，《若干规定》的发布对加强住房租赁管理有一定的积极作用。一是提出了建立内容广泛、信息全面的房屋编码信息制度，加强出租屋信息管理；二是明确了禁止出租的房屋类型以及租赁中的禁止行为；三是规定了出租人和承租人应承担的义务；等等。

但《若干规定》作为地方政府规章，法律效力层级较低，且其制定目的是加强人口及出租房管理，并未涉及房屋租赁市场及租赁行业监管，亦并未解决目前深圳市住房租赁市场中存在的诸多具体问题，因此对规范和发展深圳市住房租赁市场起到的作用有限。

2.《深圳市人民政府办公厅关于加快培育和发展住房租赁市场的实施意见》（深府办规〔2017〕6号）和《深圳市住房租赁试点工作方案》（深规土〔2017〕643号）

2017 年，深圳市出台了《深圳市人民政府办公厅关于加快培育和发展住房租赁市场的实施意见》（深府办规〔2017〕6 号）和《深圳市住房租赁试点工作方案》（深规土〔2017〕643 号）住房租赁市场发展的纲领性文

---

① 王锋：《深圳住房租赁市场发展特点与政策导向》，《中国房地产》2018 年第 16 期。

件，以规范和发展住房租赁市场为主要方向，从完善法律法规、促进租房租赁机构化发展、完善支持政策、制定租赁住房标准、规范行业秩序与加强租金指导等方面，支持住房租赁消费，促进住房租赁市场健康发展，满足深圳市中低收入家庭和各类人才住房需求。

3.《深圳市住房租赁监管服务平台管理办法（暂行）》（深建规〔2018〕15号）

为加强对住房租赁信息的监测与租赁市场管理，深圳市住房和建设局制定《深圳市住房租赁监管服务平台管理办法（暂行）》（深建规〔2018〕15号），提出要搭建并形成信息共享、服务全面、监管有力的住房租赁平台，建立租赁信息报送制度以及租赁交易备案制度。但文件中并未要求全市所有租赁住房必须在政府住房租赁监管服务平台上登记信息，因此从实践效果来看，相关规定难以有效落实，住房租赁信息监测难以据此实现。

4.《深圳市人民政府关于规范住房租赁市场稳定住房租赁价格的意见》

为规范住房租赁市场、稳定住房租赁价格，深圳市于2019年6月出台了《深圳市人民政府关于规范住房租赁市场稳定住房租赁价格的意见》（深府规〔2019〕7号，以下简称《意见》）。《意见》对住房租赁市场做出了较为全面的规定，并提出了空气质量检测、租赁合同备案、加大住房租赁供应等多个制度，有助于解决深圳市住房租赁市场所面临的诸项焦点问题。但由于其仅作为政府规范性文件，不具有法律效力，且相关规定较为原则，不具有实操性。

5.《深圳市房屋租赁合同书（住宅）》和《深圳市住房和建设局关于发布房屋租赁企业备案操作指引的通知（试行）》

深圳市住建局于2019年11月制定并启用新版《深圳市房屋租赁合同书（住宅）》示范文本，发布《深圳市住房和建设局关于发布房屋租赁企业备案操作指引的通知（试行）》，这两个文件对深圳市住房租赁合同备案以及行业规范具有重要的指引作用。

（二）仍处于制定中的住房租赁法规及规范性文件

1.《深圳市房地产市场监管办法（修订草案征求意见稿）》

深圳市于 2019 年 1 月就《深圳市房地产市场监管办法（修订草案征求意见稿）》向社会公众公开征求意见。在该修订草案中专章规定房屋租赁，首次将房地产租赁作为维护房地产秩序、促进房地产市场平稳健康发展的内容之一，包括建立实名租赁制度、加强租赁房屋管理、完善租赁合同备案制度、建立房屋租赁行业监管制度、建立租赁资金监管制度、明确历史违建的出租要求等多个方面，可以说是涉及了房地产租赁的多方面、多角度。

然而，该修订草案有关房地产租赁的内容与已废止的《深圳市经济特区房屋租赁管理条例》存在诸多重合，未全面考虑目前深圳市住房租赁行业发展所面临的新挑战、出现的新状况，难以解决住房租赁市场中的新问题，适用性存疑。

2.《深圳市住房和建设局关于商业和办公用房改建为租赁住房有关事项的通知》（征求意见稿）

自 2018 年下半年起，经济下行压力显现，深圳市商业和办公用房空置率上升。因此，政策允许将闲置的商业和办公用房改建为租赁住房，盘活空置房源，这样，不仅可以满足深圳市住房租赁持续增长的需求，增加住房租赁市场的有效供给，解决群众住有所居的问题，也有助于进一步调整深圳市房地产布局，适应城市发展需要。

（三）已废止的法规

1992 年深圳市人大常委会印发了《深圳市经济特区房屋租赁管理条例》（以下简称《条例》），《条例》在适用期间，对深圳市房屋租赁管理起到规范作用。一是设立了房屋租赁合同强制登记制度，以掌握全市房屋租赁基本情况；二是解决了深圳市城中村权属不清所引发的租赁监管难问题；三是要求市主管部门定期颁布房屋租赁指导租金引导租赁当事人合理约定租赁价格。随着国家及深圳市法制建设不断完善，《深圳经济特区居住证条例》中规定的居住登记制度可实现租赁信息登记，《广东省城镇房屋租赁条例》规定了租赁管理工作，而《条例》其他部分内容亦由《中华人民共和国合同法》及相关法规、规定所覆盖，因此已无保留和适用的必要，最终深圳市人大常委会决定于 2015 年 9 月废止。

三 深圳市住房租赁发展存在的问题及困难

深圳市作为 12 个首批开展住房租赁试点的城市之一，持续稳定推进培育和发展住房租赁市场相关工作，住房租赁市场管理政策体系逐步建立。然而，长期"重购轻租"亦导致住房租赁相关法制不健全、租赁市场监管不够、租赁主体规范不足等问题凸显，制约了深圳市租赁市场的健康稳定发展。

（一）住房租赁法制建设滞后

长期以来，住房市场"重购轻租"特征显著，深圳市租赁立法严重滞后于实践发展。自 2015 年《条例》废止后，深圳市虽出台多项规范住房租赁市场的政策，但制度体系仍不完善，缺乏规范住房租赁市场的法律法规，亦没有解决住房租赁市场特殊问题的规范性文件，因此难以对住房租赁市场的健康发展起到支撑作用。

另外，相较于发达国家住房租赁法制建设，中国缺乏针对住房租赁的民事法律法规，且租赁市场管理的行政立法并不完善。

德国在《民法典》中专门设立了住房租赁章节，对住房租赁市场予以全面规范，对承租人的权益予以充分保障，为住房租赁市场的规范和管理提供了基本保障。同时，德国制定了针对住房租赁的专门法，如《住房解约保护法》《住房建设法》《住房补贴法》等，[①] 对住房租赁中的具体问题予

---

① 郭宇峰：《租赁市场发展面临的主要问题及对策分析》，《长江论坛》2018 年第 3 期。

以规定。美国也极为重视住房租赁法制建设，通过制定《租金管理法》《公寓法》等，严格规定了市场房屋、公寓出租的具体事项，并要求出租人严格遵守政府制定的各项法规，保证承租人的合法权益。日本在《民法》中对住房租赁合同的相关内容做出了特别规定。

《中华人民共和国民法通则》中并未涉及租赁关系，而《中华人民共和国合同法》也仅在第十三章"租赁合同"中，将包括住房租赁在内的各种租赁进行了笼统的规定，未对房屋租赁中可能出现的特殊情形予以规定，针对性不强。已经审议的《中华人民共和国民法典（草案）》中，沿用《中华人民共和国合同法》的制定方法，将"租赁合同"作为专章规定，共计32条，规定了租赁合同的相关内容，但其规范对象依然是租赁物而非住房租赁，因此针对性亦有限。此外，中国针对租赁市场管理的行政立法并不完善。住房和城乡建设部于2010年12月1日出台了《商品房屋租赁管理办法》，作为部门规章，这部法规仅仅规范了全国范围内的商品住房租赁行为，在适用对象和管理范围上都十分有限。

（二）城中村住房租赁市场缺乏监管依据

长期以来，城中村是深圳房地产市场供应端的主力军，目前深圳市有62.6%的租赁住房来源于城中村。深圳城中村租赁具有租金低、生活成本低的特点，城中村内的日常餐饮及生活服务等各项价格都远低于商品住房小区，因此有60%~70%的人口居住于城中村。

然而由于历史遗留问题，绝大部分城中村房屋属于违法建筑，缺乏完善的产权手续。根据《商品房屋租赁管理办法》规定，违法建筑不得出租。深圳市大部分租赁住房就处于法律规范之外，这既在客观上造成"全民违法"，又使得城中村住房租赁监管缺乏国家法规政策支撑，管理工作难度加大。

在《条例》实施期间，主管部门仍可依据《条例》规定为缺乏合法产权证明的城中村房屋办理备案，并通过备案加强对城中村住房租赁市场的监管。然而，自《条例》废止后，区主管机关已不再为城中村房屋

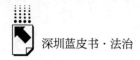

的租赁合同办理备案手续，进一步将城中村房屋租赁排除在租赁监管的范围之外。

（三）租金上涨明显，缺乏法治化管理手段

随着人口持续流入，人口结构不断优化，居民收入稳定增长，深圳市住房及非住房租金上涨都较为明显，严重影响了部分居民的生活品质、城市的经济发展。此外，长租公寓企业进入住房租赁市场，在提供专业化、规模化的租赁服务，提升住房品质的同时，其运营和盈利模式也推高住房租赁价格。为迅速扩大规模，魔方、蛋壳、自如等长租公寓企业间的竞争日趋激烈，以抢占市场占有率为目的，提高租金成为长租公寓企业获取房源、迅速扩大规模的普遍方式，造成了哄抬租金的问题，影响了市场预期，违背了市场运行规律。长租公寓对商品存量房进行装修升级，采用"N+1"的出租模式，且通常需收取一定数额的管理费，在城中村大量揽租，改建成公寓后，以垄断性、高价推租给来深建设者，造成二次推高房租，给承租方带来沉重的经济负担。据统计，2018 年，深圳商品住宅平均租金环比增长7.5%，学校附近住宅的基本租金上涨 10% ~ 20%，① 可见深圳市住房租金上涨态势明显。

1994 ~ 2017 年，深圳市每年持续发布指导租金。2018 ~ 2019 年，由于住房租赁市场波动大、房屋租赁主管部门机构改革，政府未公开发布指导租金，目前深圳住房和建设局正在组织编制 2020 年的租金指导价。该指导租金并非由政府定价，而是参考租金，主要作用一是便于租赁双方了解房屋所在地租金基本情况，二是为法院裁判房地产纠纷和调解租赁纠纷提供参考，三是便于房屋租赁课税。但由于该参考租金存在管理覆盖面小、更新周期长、租金调查体系不完善等问题，对深圳市租赁市场租金水平影响甚微。同时，由于缺乏租金管制等强有力的行政监管手段，对租金上涨等行为难以约束，对租赁当事人的引导作用有限。

---

① 数据来源于《2019 深圳房地产年鉴》。

（四）住房租赁乱象多，行业主体缺乏法律约束

近年来租赁行业在深圳等人口净流入较大的城市发展迅猛。在深圳市住房租赁市场中，存在出租人、租赁企业、房屋经纪企业、二房东、股份公司、居民小组等多个受益主体，其中部分主体只获取收益，不承担责任，且没有法律约束这些行业主体扰乱住房租赁市场的行为，使得业主违约、二房东多收费、拒退押金、随意上涨租金、收取喝茶费、虚增公摊面积等乱象频繁出现，造成承租人处于被动且劣势地位，权益受损，租房成本不断提高，生活质量被迫下降，恶性循环蔓延，最终导致租赁关系不够稳定，引发大量房屋租赁纠纷。

四　深圳市住房租赁立法的具体建议

深圳既是中国改革开放的前沿阵地，也是中国法治建设先行先试的示范城市。自 1992 年第七届全国人大常委会第二十六次会议正式授予深圳立法权后，深圳在住房领域积极探索、改革创新，学习借鉴境内外成熟立法经验，充分发挥特区立法的先行性、试验性作用，牢固树立法治先行理念，制定并颁布了诸多适用于住房改革发展需要的法规和规章。然而，随着住房租赁市场快速发展，深圳市住房租赁管理法制建设短板凸显，出现和积压了许多痛点、堵点、难点问题亟待解决。为此，深圳市应进一步完善住房租赁法律制度，促进深圳市住房租赁方面的规范化发展，巩固法治城市建设成果，实现以法治保障住有所居、住有宜居的目标。

（一）加快住房租赁立法，建立配套制度

立法先行，发挥立法的引领和推动作用，结合特区实际情况，推进住房租赁立法及相关配套制度的建立，逐步完善住房租赁法制体系。一方面，要充分发挥特区立法权优势，制定专门针对住房租赁管理的法规，如加快推进《深圳经济特区房屋租赁市场管理若干规定》立法工作，为住房租赁主管部门提

供市场监管抓手以及执法依据，以立法巩固住房租赁领域改革成果，不断完善深圳市住房租赁管理制度。另一方面，要借鉴国外经验，对住房租赁中的具体问题予以规范，如注重承租人权益保护，建立住房租赁合同网签备案与公共服务提供的联动机制，探索租金管理机制，将历史遗留违法建筑住房租赁纳入法治化轨道等，构建稳定的住房租赁关系，促进住房租赁市场健康发展。

（二）强调承租人合法权益的保护

深圳市有近80%的人口需要通过租赁解决住房问题，住房租赁市场基本属于出租人强势市场，因此保护处于弱势地位的承租人权利应逐渐成为住房租赁市场管理的重要理念。

建议在住房租赁立法中进一步保护承租人权益。一是要明确住房租赁合同必要的内容以及出租人、承租人的权利义务，限制出租人利用其优势地位侵害承租人的合法权益。二是应设计合同解除权、违约条款等合同制度，为权益受到侵害的承租人提供法律救济，同时，建立租赁纠纷调解的行政手段和措施，由住房租赁主管部门对住房租赁市场中存在的业主违约及二房东乱收费、拒退押金、随意涨租等违法违规行为进行处罚，主管部门在受理、调解住房租赁问题的过程中，不仅要为租赁当事人搭建平台进行调节，同时要采取行政手段和措施保护承租人权益。三是应建立并完善住房租赁平台，完善交易、服务和监管功能，加大执法宣传，扩大平台影响力，逐步将所有租赁房源全部纳入监管平台，实现对全市租赁房源的数字化管理，为承租人提供质量好、透明度高的租赁信息，促进租赁市场的信息化、公开化发展。

（三）鼓励住房租赁关系的长期性、稳定性

根据链家研究院2017年的市场调研，有近20%的租客平均每段租赁时常不到1年，近65%的租客平均租赁时长不到2年，换房原因很大比例来自出租人随意终止合同或者随意涨租，租房者租房缺乏安全感和稳定感。然而，长期稳定的租赁关系不仅可以保护处于弱势地位的承租人基本的居住权

益，同时对发展、规范住房租赁市场至关重要。

德国、美国及日本根据本国需要，制定了维护长期、稳定的租赁关系的法规政策。德国形成了以通知终止权的限制为核心，以合同期限限制、特殊情形保护等多元租金约定以及租金升降机制为辅助手段的体系，维持租赁关系的稳定性，规定在房屋租赁期间，除非有法律规定的正当理由，出租人不得解除合同；租赁期限届满后，若承租人请求续约，承租人有优先承租的权利。美国法律规定，收回房屋时，出租人必须遵循严格的标准和程序，且须提前通知承租人，其中出租人可依据的理由包括房屋需收回自用、有关房屋并不是承租人的主要住所、承租人严重违约或者违法。日本在《民法》中规定住房租赁合同一般租期是两年，到期后自动更新，并鼓励业主持续租给相同承租人。

深圳市可借鉴其他国家的成熟经验，通过限制出租人解除住房租赁合同的权利，以侧重保障承租人的居住权，确保租赁关系稳定。可以考虑在特区立法中对出租人解除合同收回房屋的权利做出相对严格的规定，一方面是对处于定期租赁期限内以及不定期租赁中出租人的合同解除权加以限制；另一方面是对定期租赁租期届满后出租人拒绝续签合同权利加以限制。这一规定倾向于限制出租人的租赁权利，但限制的程度完全可以根据住房租赁市场管理需要、住房租赁市场供需及发展情况进行调整，因此完全可以限定在一个合理的范围内，以减少出租人在利用优势地位终止租赁合同时的任意性，进一步防止出租人滥用其租赁合同终止权，最终确保住房租赁关系的长期、稳定发展。

（四）构建科学灵活的租金管理政策

租金管制和租金指导价作为租金管理政策的重要内容，对房屋租赁市场具有指导作用。为此，美国采取"可负担"租金方式，解决中低收入阶层租赁住房的居住问题；德国通过制定《房屋租金水平表》，为新签租赁合同的租金确定提供可靠依据，维持租赁关系的稳定性。两者都旨在控制房租，防止市场供求不平衡，是住房租金管理的有益方法。

借鉴国外经验，深圳市应构建科学的住房租金评估与指导价格编制体系，实现"一房一价"，建立指导价发布制度，做到"一年一调"，进一步限制租金涨幅，明确市场预期。此外，建议根据市场变化，制定住房租赁价格指数，作为住房租赁指导价格及租金季度、月度调整的主要参考指标，增强租金管理政策的灵活性。在住房租金上涨较快，市场供需匹配失衡时，应通过建立租金管理制度，对租金上涨幅度、调整频率等做出规定，必要时也可对涨租设置严格程序，保护承租人权益。

（五）将城中村住房租赁纳入法治化轨道

建议在综合调查深圳市住房租赁市场的基础上，结合深圳市实际，将城中村住房租赁纳入法治化轨道。

一是要解决住房租赁关系合法与城中村部分房屋产权不合法间的不平衡问题。根据《中华人民共和国立法法》第九十条规定：经济特区法规根据授权对法律、行政法规、地方性法规作变通规定的，在本经济特区适用经济特区法规的规定。因此，深圳市可通过制定住房租赁法规，将符合消防、地质、建筑质量安全等住房租赁要求的城中村房屋纳入合法房源，允许其依法依规进行出租，有效解决住房租赁合同合法但租赁标的物违法的矛盾。同时，住房租赁主管部门应将城中村租赁房源统一纳入住房租赁平台，加强监管，增强城中村租赁住房信息的透明性、公开性，加大规范管理与市场监测。

二是要制定并出台针对城中村出租住房的消防、质量等安全标准，加强城中村租赁公共服务配套。一方面，要充分调研，因地施策，加大对城中村的综合整治，提升其消防安全、质量安全，以及改善卫生条件，推动部分经综合整治的城中村房屋合法进入租赁市场，增强针对城中村租赁住房的消防和安全检查。另一方面，对符合条件、纳入住房租赁平台的城中村房源，依法依规办理租赁信息采集，享受教育医疗等资源，享受与商品租赁住房同等的公共配套服务。

三是应当规范租赁运营企业进驻城中村收储房源的行为。专业化租赁运营机构开展规模化租赁可改善城中村租赁住房的供给结构，提高租赁服务品质，满足深圳市持续增加的租赁住房需求。但租赁企业大规模进驻城中村，会出现哄抬租金的问题，严重影响中低收入人群生活质量。因此，主管部门应当制定企业进驻城中村计划，规范租赁运营企业收储改造行为，稳定改造后的租赁价格，严防企业乘城中村综合整治、统一租赁之机变相涨租。

参考文献

李宇嘉、王锋：《迎接住房租赁时代》，《城市开发》2017 年第 10 期。

郭宇峰：《租赁市场发展面临的主要问题及对策分析》，《长江论坛》2018 年第 3 期。

王锋：《深圳住房租赁市场发展特点与政策导向》，《中国房地产》2018 年第 16 期。

B.19
深圳产业用地供应若干法律实务问题研究

王　玮[*]

摘　要： "地尽其用"是优化国土空间资源配置的前提，"如何用"是产业用地供应政策的核心。由于土地资源的稀缺性，出于严格土地用途管制需要，政府作为土地出让人、监管人和合同当事人，既需要"法无授权不可为"，避免不当干预土地使用权人通过市场行为行使权利，又需要提防"法无禁止即自由"，防止土地使用人权利滥用，故需要通过包括行政权在内的公权力以及各种民事手段介入产业用地土地使用人的权利取得、行使及消灭过程，进行必要的限制和监管。与此同时，要重视权利限制中的行政要素和法律效果研究，完善符合市场规律的产业用地供应制度。

关键词： 产业用地　用益物权　产业监管　退出机制

一　引言

2019年，为满足企业发展空间需求，应对贸易摩擦影响和"产业空心化"危机，深圳施展产业空间布局的"大手笔"，首次集中推出连片产业用地30平方千米向全球招商，对优化整合土地空间布局结构，促进土地节约集约利

---

* 王玮，法学硕士，现为深圳市大鹏新区政府专职法律顾问，研究方向为环境与资源保护法、环境司法、比较环境法等。

用，培育与深圳定位相符合的、对经济发展具有引领带动作用的产业项目具有深远影响。深圳作为城市空间统筹利用改革先行先试区，产业用地供应政策历来备受瞩目。作为管理人口超 2000 万的超大城市，深圳面积仅1997.47 平方千米，① 是同作为一线城市的北京面积的 1/8、上海面积的1/3，土地资源形势严峻。

中国对产业用地供应的规定，除法律法规外，各种技术性要求及管制性要求的规定散见于各类产业规范性文件中。2019 年自然资源部最新发布的产业用地供应实施指引，列举了国务院及自然资源部等制定的文件共 90 个，涉及文化、体育等传统产业，以及风力发电、光伏发电、旅游等新兴产业，并对此类型的用地供应适当放宽。产业用地供应与一般建设用地供应相比，各地有足够的政策灵活性，主要表现在以下几个方面。

（一）前置条件

产业主管部门在土地出让前，可以提出投资强度、产业类型等要求作为土地供应前置条件，但条件设置不得违反公平竞争原则，产生排除和限制竞争的效果。因此，地方政府不得通过设置特殊条件、提高出让门槛的方式定向出让，保证"一视同仁"。土地出让后，行业主管部门要对前置条件的履行情况进行监管。② 为确保实现土地用途，未达到要求的，可能被强制退出。

（二）用地成本低

不同于经营性用地，产业用地的地价并非正常市场价格，而是由政府定价。产业用地确定地价的一个基本原则是按不低于实际土地取得各项成本费用之和。

---

① 深圳政府在线，2019 年 4 月 9 日，http://www.sz.gov.cn/cn/zjsz/nj/content/post_ 1356029.html。

② 《关于支持新产业新业态发展促进大众创业万众创新用地的意见》（国土资规〔2015〕5号），中华人民共和国中央人民政府网站，2015 年 9 月 18 日，http://www.gov.cn/zhengce/2015-09/18/content_ 5023796.htm。

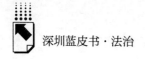

（三）供应方式多样

中国确立市场经济制度后很长一段时间，土地供应主要采取协议出让的方式。为避免协议出让可能存在的寻租等弊端，"2007 年开始全面实行招标、拍卖、挂牌方式"。产业用地的供应除前述方式，还包括租赁、先租后让及作价出资（入股）等方式，实行弹性年期供应。

除以上特点以外，土地用途管制、转让限制、强化监管等都使产业用地区别于普通建设用地出让。

二　深圳市产业用地供应的探索与实践

深圳的产业用地政策最早可追溯到 2007 年发布的《深圳市工业及其他产业用地使用权出让若干规定》（深圳市人民政府令第 175 号），2008 年修订成为深府令第 193 号文，2016 年该规定废止。此时，租赁还并未成为产业用地供应的方式。结合深圳实际，2016 年深圳市政府以规范性文件的形式颁布了《深圳市工业及其他产业用地供应管理办法（试行）》（深府〔2016〕80 号）及配套文件，首次规定了"租赁"的供应方式，"先租后让"方式已成雏形，并开始区分重点产业项目和一般产业项目供地。待 80 号文试行期届满，2019 年深圳市政府出台了《深圳市工业及其他产业用地供应管理办法》（深府规〔2019〕4 号），明确先租后让为供应方式，并融合了重点产业项目遴选等原先配套文件的内容，对股权转让的约束力加大，并增加了鼓励联合竞买方式以及土壤环境保护等监管要求。

深圳正是通过分类供应，从而达到精准供应的目的，同时保证产业用地供应政策灵活性。具体表现在以下几方面。一般产业项目用地以出让方式供应，出让年限为 20 年，政府对购买资格条件不得设置排他条件，保障公平竞争，优化营商环境。重点产业项目除出让方式外，还可以租赁、先租后让的方式供应，由于重点产业项目供应期限更长，出让年限为 30 年，租赁年限为 5~20 年，在低价上更为优惠，可以不计利息分期缴纳，因此在程序上也更加严谨，需要通过遴选程序确定，且遴选方案要进行公示，充分发挥媒体监督作用，保障信息公开透明。一方面，用地期限应严格在法定的期限内；另一方面，深圳要保证政策灵活度，为那些周期寿命不超过 10 年的新兴产业提供发展空间。经在 4 号文要求的媒体深圳政府在线网站查询，2019年，深圳有 22 个重点产业项目遴选方案已经过公示程序，数量较多的包括宝安区 7 个，光明区 5 个，罗湖区 4 个，南山区、福田区、盐田区、龙华区、坪山区、前海区各 1 个，[①] 用途包括生物检测与诊断产业园、新型电子元器件研发制造、"互联网+"未来科技城等。在监管上，强化强区放权、属地管理的要求，将监管责任具体化，由区政府承担监管主体责任，并提出具体核查要求，可以分为定期核查和不定期核查，也可主动核查或依申请核查，监管措施更加细致，可行性更强。

以上程序设置，使土地使用人的权利与义务边界更清晰。在通过"正当程序"选定土地使用人后，其享有建设用地使用权或租赁土地使用权，与权利相对应，其义务就蕴含于权利限制之中。第一，土地使用人按时支付土地使用费。土地出让金可一次性支付，也可分期支付。深圳设置了相对优惠的地价，出让底价结合权利限制以评估方式确定，换言之，对权利限制越多，享受的地价就越低，保障权利与义务相均衡。为分担风险，政府鼓励重点产业项目用地联合竞买，单一申请按照市场价格的 70% 确定，联合申请按照市场价格的 60% 确定。但在付清前，不予办理建设用地使用权登记；通过租赁方式取得土地的，租金底价按照该类建设用地出让 20 年期市场价格的 3% 确定，按年支付租金。第二，对土地的合理使用义务。"合理使用土地"也是法定要求，包括：用途法定，使用人应当按照约定用途使用土地，不得更改土地用途；使用方式法定，不得以破坏土壤的方式使用，要节约用地，不得闲置土地，提高土地利用效率。第三，土地使用权消灭时的土

---

① 《深圳市工业及其他产业用地供应管理办法》第 15 条 "产业项目遴选方案应当在深圳特区报及深圳政府在线网站等媒体进行公示，公示期不得少于 5 个工作日"，此数据为在深圳市政府在线统计所得。

地移交义务。土地使用权消灭时，建设用地无偿收回，土地使用人应积极配合收回工作，将土地恢复到适宜交付的状态。除以上三点以外，土地使用人还应当履行约定义务，在土地使用权出让合同或者产业发展监管协议中明确，包括对土地的使用不得转让、不得抵押及不得出租等要求；股权约束要求，防止其逃避债务，通过股权变动的方式，操控责任财产转移或改变土地用途，摆脱政府监管；配合政府的履约核查工作，对政府进行的"全方位、全年限"监管应无条件配合；等等。

三　产业用地供应的几个法律问题探析

深圳产业用地供应政策通过各种行政和民事措施实现土地使用人权利义务的均衡，均衡的具体方式即是"权利限制"与土地出让底价挂钩。在厘清土地使用人权利来源和性质的同时，能对这些措施进行进一步探究，以观察行政规范对相对人的物权产生的影响。

（一）从权利取得角度看产业用地用途限制

深圳产业用地供应政策在法律上属于二元化的物权利用关系，和债权利用关系相区分，相对人获得产业用地的方式可以分为两种：出让方式和租赁方式。因采取的供应方式不同，相对人取得不同性质的权利。

一是因出让取得建设用地使用权。法律属性上是用益物权、他物权，建设用地使用权被作为物权被物权法认可，并肯定了它除享有所有权以外的其他权能，尽管不具有所有权这种完全排他的权利，但内容包括对国家所有的土地享有占有、使用、收益并排除他人干涉的权利。建设用地使用权一般包括五方面内容。第一，使用和收益。为实现建设用地使用权，权利人首先需要占有土地，有权利用该土地建造建筑物等并获取收益，建设用地使用权人可以在法律允许范围内对土地进行出租并收取租金。第二，处分权。权利人可以转让建设用地；建设用地使用权可以作为抵押权的标的物，也可以为自己或他人的债务提供担保，实现物的交换价值，具有融资功能。第三，资本收回权。包括在土地使用权消灭时，土地使用物的取回权和有益费用的求偿权。第四，附随权利。为保障土地使用权的行使便利而为的其他行为，如修筑围墙等，不包括以保存建筑物为目的的行为。第五，物权请求权。土地使用权受到妨害时，土地使用权人为恢复其物权的圆满状态，请求妨害人做出一定行为的权利。以上权利是建设用地使用权人的物权权利处于圆满状态所具有的权能。再看深圳对产业用地的用途限制。第一，对使用权的限制，明确不得改变土地用途。第二，对处分权的限制，产业用地的建设用地使用权及建筑物不得转让，明确禁止以股权转让或变更的方式转让产业用地。导致企业控制权发生变更的具体行为可能包括买卖、交换、赠予、企业合并或分立等，① 虽然未禁止司法处置（由于存在抵押权），但明确了司法拍卖或变卖时次受让人应承担原土地使用人的责任和义务，要确保即使使用主体变更，也不影响土地用途的一致性。从土地用途限制的角度来说，土地使用人用地的目的和政府是一致的，企业想获得产业发展空间，政府要产业发展带动经济发展。从对物权的处分限制角度来说，理论上应由法律规定，表现为"法定限制"，但遗憾的是，法律层面无直接规定。但建设用地使用权是一个物权权利，可由权利人处分，尽管法律无规定权利限制，为获得更低地价的土地，土地权利人自愿向政府让渡一部分处分权能，自愿受约束，并通过签订产业监管协议确定约束内容，不违反物权的行使规则。

二是通过租赁合同所取得的租赁土地使用权。在性质上，通过租赁形成债的关系，作为土地所有人的国家将土地出租给使用人使用。根据物权法定主义原则，物权的取得只能由法律规定，土地租赁不能设立建设用地使用权，否则，"先租后让"的供应方式就没有意义。此种方式设立的租赁土地使用权符合债权物权化特点，赋予了租赁权某些物权效力，如占有租赁土地等。深圳产业用地政策仅允许以租赁方式供应重点产业项目用地，租赁年限不少于5年且不超过20年，属于长期租赁。在债权利用关系模式下，租赁方

---

① 参见《国务院办公厅关于完善建设用地使用权转让、出租、抵押二级市场的指导意见》（国办发〔2019〕34号）的规定。

式成本低，省略了复杂的登记程序，供地年限相对较短，能减轻企业资金负担，适合有市场竞争力但市场前景尚不明朗的新产业。同样，租赁模式也对使用权和处分权进行限制，不得转租和抵押，此种限制为"约定限制"，在国有土地使用权租赁合同中明确，相对人的权利受租赁合同约束。

（二）从权利取得角度看产业用地供地期限

深圳实行弹性年期供应，以出让方式供地的，重点产业项目按照 30 年确定，一般产业项目按照 20 年确定；以租赁方式供应的，期限为 5～20 年；以出让方式供地的，在权利的起算上，根据物权与债权的二分性，建设用地使用权从登记时取得。建设用地使用权自记载于土地登记簿之日起设立、生效。实践中，现行《国有建设用地使用权出让合同》示范文本第七条设定的有效期为按"交付土地之日起算"，导致出让合同设立的债权与物权变动效力不一致，直接对相对人的土地使用期限产生影响。根据基于法律行为的物权变动区分原则，土地出让合同成立并生效后，创设了强制执行的债权请求权，相对人有权要求自然资源主管部门履行登记的合同义务，故合同约定的"交付土地之日"土地使用期限开始起算，经登记后，则明确获得该土地使用权物权保护。① 以租赁方式供地的，出让期限从租赁合同生效之日起算，这与债权生效规则一致；以先租后让方式供地的，计算总和。

（三）从权利行使角度看产业监管

现行国家产业用地供应政策中，土地使用权取得人需在签订土地供应合

① 《国有建设用地使用权出让合同》示范文本第 7 条规定："本合同项下的国有建设用地使用权出让年期为 　 年，按本合同第六条约定的交付土地之日起算；原划拨（承租）国有建设用地使用权补办出让手续的，出让年期自合同签订之日起算。"有学者认为，这一规定与法理至为不合，由此引发了如何确定"土地交付日期"的争议，并得出结论，建设用地使用权期限的起算应自登记之日起计算。笔者认为，随着基于法律行为的物权变动区分原则被广泛接受，这个不一致可以得到法律上的解释，不登记土地使用权未设立，不影响供地年期的起算（此种观点见高圣平《建设用地使用权期限制度研究——兼评〈土地管理法修订案送审稿〉第 89 条》，《政治与法律》2012 年第 5 期）。

同前出具项目用地产业发展承诺书。在此基础上，深圳进一步明确产业监管的主体，将主体责任赋予各区政府（包括新区管委会），通过区政府与土地使用权取得人签订产业发展监管协议，协议作为土地供应合同的附件，[①] 实现产业监管的具体化，更富有弹性和可接受性，有利于土地使用人积极性和创造性的发挥。

1. 监管协议性质

土地出让合同确立对土地的占有、使用、收益权利，但关于其性质是属于平等主体之间的民事合同还是行政合同至今仍存在争议。[②] 但产业发展监管协议的性质相对明确，即政府为了实现行政管理的目的，与土地使用权人就产业项目的生产技术等要素通过协商达成一致，就监管方式、违约责任等事项达成协议。产业发展监管协议的目的是满足行政管理的需要。区政府具有对相对人进行监督、制裁等权力，以及单方面强制相对人退出产业用地的合同解除权。产业监管协议中也明确表述为"责任和义务"，凸显政府一方的责任。由此，在土地使用人权利的救济上，以提起行政诉讼更为适宜。

2. 监管措施

为保障相对人积极履行协议，主要通过若干措施来实现。第一，声誉罚和资格罚，通过定期履约核查，将未通过者纳入失信"黑名单"进行联合惩戒，限制其从事其他事项的资格。第二，违约金，收取违约金是最常用的方式，根据违约程度，设置相应的违约金条款，促使其整改，如违法转让，一般先让其支付违约金，并同时促使其整改。支付违约金不是目的，只是手段。第三，回购相对人自用建筑。第四，提请土地主管部门无偿收回土地使

---

① 《深圳市工业及其他产业用地供应管理办法》（深府规〔2019〕4号）。

② 认为国有土地出让合同属于行政合同的，参见周佑勇《行政法原论》，北京大学出版社，2018，第320页；应松年《行政合同不可忽视》，《法制日报》1997年6月9日等。认为国有土地出让合同属于民事合同的，参见马俊驹、余延满《民法原论》，法律出版社，2010，第373页；王林清《国有建设用地使用权出让合同性质辨析》，《现代法学》2018年第3期。

用权，"此为最严厉的也是最终的惩戒措施"。① 区政府可根据实际需要增加或减少相应条款，采取措施力度与违约严重程度相匹配。

3. 关于政府"回购"相关问题的探讨

深圳产业用地供应政策中，"回购"出现在两个地方：一是作为惩戒措施，区政府有权回购使用人的自用或全部非自用建筑物；二是法院强制执行时，由政府回购建设用地使用权及地上建（构）筑物。出让人两种回购意图都是政府重新掌握空间资源，拿到地上建筑物的使用权，再按照规划安排土地再开发，防止因产权问题降低土地处置效率，导致土地闲置。由于《物权法》确立了"房随地走"规则，对收回建设用地，且地上存在建筑物的，可称为"回购"，并无异议。对于在惩戒措施中出现的"回购"，由于"一地一权"原则，建设用地出让以宗地为单位，不允许分割。此时，出现了三方关系，企业是建设用地使用权人，区政府是建设用地使用权监管人，自然资源主管部门是建设用地使用权出让人。按照之前的分析，城市土地所有权属于国家，企业享有建设用地使用权后对合法建设的建筑物享有所有权。区政府如何能对合法的不动产所有权进行"回购"？建议考虑此处使用"购买"更加适宜。对第二种方式，从实践经验来说，因不同的产业类型的用地方式不同，尤其是旅游设施这种很难再利用的构筑物设施，政府回购可能导致无法再利用，建议考虑不强制政府回购，由土地使用人依法处置。

（四）从权利消灭角度看产业用地的退出机制

由于土地资源的稀缺性和不可再生性，国家对土地用途严格管制。受让人不仅受到法律限制，又要受到土地所有权人的限制。下述原因，对以出让方式和租赁方式获得产业用地的使用人（承租人）产生同等效果，即权利终止，其中，产业用地的建设用地使用权的消灭自载于不动产登记簿时发生效力。

---

① 参考深圳市司法局、深圳市发展和改革委员会联合印发的《总部项目产业发展监管协议》（深司〔2019〕300号），此为总部企业项目用地的监管措施，并不一定全部适用于重点产业项目，本文也只是做可行性探讨。

1. 基于法律行为导致物权消灭，即出让人和使用人行使合同解除权

一方面，因使用权人自身问题，终止项目投资或者无法继续运营，使用人主动申请解除合同，合同解除后，土地被收回，建设用地使用权终止，出让人视具体情形退还使用人合同剩余年期的土地价款；另一方面，出让人作为合同一方当事人，在土地出让合同中，对产业项目的生产技术、投资强度、企业贡献等有明确要求，一旦发现土地闲置，或者使用人违反法律法规或者合同约定使用土地，导致土地用途无法实现，与土地高效、有效使用的意图相悖，最终导致合同目的无法实现，则使用人构成根本违约，出让人行使解除权，收回土地。

2. 法律行为以外的原因，即期限届满

对以出让方式供应产业用地的，建设用地使用权附有存续期限，期限届满自然归于消灭，此时土地所有权人可将土地无偿收回；申请续期经批准的，产生一个新的建设用地使用权。以租赁方式供应产业用地的，因租赁期限届满、合同解除等承租土地使用权消灭，合同解除的原因包括政府依法提前收回、承租人因自身原因无法运营而申请解除等。深圳的产业用地供应设计中，租赁土地使用权不超过 20 年，20 年到期后，应重新签订租赁合同，租金以政府批准租赁方案的时间为节点重新评估，故此时，承租土地使用权的期限和租金作为合同主要条款均发生变化，应认为是一个新的租赁权。根据《物权法》的规定，建设用地使用权可以继承，故此项权利也可以因为事实行为灭失。

3. 基于公法的原因

一是基公共利益提前有偿收回。自然资源管理部门代表国家行使土地所有权，将土地的部分权能转让给受让人，与受让人签订土地使用权出让合同。在土地出让后，其又代表国家行使土地管理职能，对土地的使用实行监督管理，政府同时承担维护公共利益的行政职责，所以，其基于公共利益需要可以提前收回，如为实施城市规划进行旧城区改建等确需使用土地的，可以提前收回建设用地使用权，但应给予使用人适当补偿。二是无偿收回。通常是土地出让使用合同约定开工建设日期未动工开发满 2 年的，闲置时间

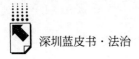

过长，作为一个惩罚性方式，无偿收回国有建设用地使用权。

4.关于深圳土地出让制度中是否可设置"抛弃"作为使用权消灭方式的探讨

抛弃是单方民事法律行为，可以使民事权利消灭，作为物权的建设用地使用权消灭。由于现行法律并未明确设置抛弃建用地使用权的规则，仍在学术讨论阶段，梁慧星编写的《中国民法典草案建议稿》将"抛弃"作为"基地使用权"（与传统民法中"地上权"相对应的法律概念）消灭的一种方式。在这个规则下，对深圳土地出让政策进行探讨。在出让模式下，受让人按本合同约定一次性或者分期付清出让价款前，无法申请出让国有建设用地使用权登记，故不能获得建设用地使用权，此时无法适用抛弃规则。在依法登记后，深圳的产业用地供应政策规定了退还剩余年期出让价款的要求，等同于从所有权人手中获得了"对价"，不属于抛弃；在租赁模式下，承租人获得的承租土地使用权，由于租金是按年支付，承租人支付了本年度租金，在开工建设前如经济上的原因，继续使用土地在经济上极为不利，在不损害土地所有人和社会公共利益的前提下，选择抛弃承租土地使用权，抛弃的意思向土地所有权人明确后，产生抛弃的效果，因抛弃而使不动产成为无主物的，城市的不动产由国家取得。这样既能减轻承租人的负担，又能使土地所有人尽快将土地租赁或出让，集约高效利用土地资源，减少土地闲置期。此种分析设置了一个前提才能成立"抛弃"消灭土地使用权的效果，即假设承租人通知原批准供应方案的政府时必定会取得其同意。政府批准也需要消耗时间，且如果政府不批准，申请人由于无财力开发土地，只能使土地闲置满2年政府才能无偿收回，加重了承租人负担的同时更导致土地利用周期变长，此种情况下，可考虑增加不经政府批准，让承租人获得"约定解除权"的规定，这也是债权物权化的体现。

从权利消灭的角度来看，深圳的土地供应政策对合同双方当事人的权利设置比较均衡，与出让人对使用人用地监管措施对等，赋予使用权人合同解除权（尽管约定开工之前或超过1年不满2年提出申请需要批准），且依不同的阶段，对退还剩余年期土地出让年金提出明确要求；对达产后使用人提出解除合同的，对其地上建（构）筑物以"建造成本折旧价"进行补偿，能够最大限度保障土地使用人的利益，增强市场主体的信心，让开发土地能力不足的人尽快退出，再引进新的主体，有利于保证产业用地使用权的稳定性，提高土地利用效率。

四　结语

产业用地供应政策兼具公、私法的双重属性，探究行政规则对民事权利的影响，尽量消除冲突现象，才能准确把握制度实施后的法律效果，实现权利上的平衡，这也是优化营商环境的应有之义。将物权法规范在深圳产业用地供应政策中进行分析，通过微观的权利变动来审视政策意旨，有助于充分保障市场主体基于《物权法》享有的权利，厘清各参与主体的定位和角色，也能为所涉及的土地管理类行政文件制定提供参考。在政府履行职能时，除了依照自身规律，关注行政规范对社会生活的调整形式、措施及法律效果外，还应关注其对物权可能产生的影响，就是地方政府土地管理政策改进之处。

参考文献

于柏华：《法律权利的双层规范结构——对霍菲尔德法律关系学说适用范围的反思》，《昆明理工大学学报》（社会科学版）2019 年第 2 期。

李嘉瑜、刘芳、魏小武：《产业用地供给政策的创新——以广东省深圳市的实践与探索为例》，《地政研究》2018 年第 8 期。

马俊驹、余延满：《民法原论》，法律出版社，2010。

温世扬：《从〈物权法〉到"物权编"——我国用益物权制度的完善》，《法律科学》（西北政法大学学报）2018 年第 6 期。

王林清：《建设用地使用权期限届满法律后果比较观察》，《环球法律评论》2016 年第 4 期。

高飞：《建设用地使用权提前收回法律问题研究——关于〈物权法〉第 148 条和〈土地管理法〉第 58 条的修改建议》，《广东社会科学》2019 年第 1 期。

大湾区自贸区法治篇

Law-Governing in The Greater Bay and Free Trade Zone

B.20
粤港澳大湾区区际司法合作问题研究

深圳市中级人民法院课题组*

摘　要：　随着粤港澳大湾区建设的全面推进，三地经贸合作、人员往来将
　　　　　日益频繁，跨境纠纷和法律冲突难以避免，这对深化司法合作提
　　　　　出更高要求和挑战。应以大湾区建设发展为契机，进一步加强粤
　　　　　港澳司法交流，完善司法协助体系，加强法律服务业合作，营造
　　　　　市场化、法治化、国际化营商环境，为丰富"一国两制"实践
　　　　　内涵、全面推进粤港澳大湾区建设提供法治保障。

---

* 课题组成员：万国营、龙光伟、黄志坚、袁银平、白全安、黄振东、林建益、成少勇、田娟、
王杰、谢雯、丘概欣。执笔人：林建益、成少勇、田娟、王杰、谢雯、丘概欣。林建益，法
学硕士，深圳市中级人民法院审判员，主要研究方向为民商法、比较法、国际区际司法协助；
成少勇，法学硕士，深圳市中级人民法院审判员，主要研究方向为司法政策、民商法学；田
娟，法学硕士，深圳市中级人民法院审判员，主要研究方向为司法制度、民商法学；王杰，
法学硕士，深圳市中级人民法院司法行政人员，主要研究方向为司法人事管理、公共政策；
谢雯，法学硕士，深圳前海合作区人民法院法官助理，主要研究方向为诉讼法学、司法制度；
丘概欣，法学硕士，深圳前海合作区人民法院审判员，主要研究方向为司法改革、民商法学。

关键词： 粤港澳大湾区　司法协助　司法交流

粤港澳大湾区具有"一国两制三法域"的特征，随着《粤港澳大湾区发展规划纲要》的出台和大湾区建设的全面推进，跨境纠纷和区际法律冲突难以避免，迫切需要深化区际司法合作，进一步加强法治保障。

一　粤港澳大湾区区际司法合作的总体状况

粤港澳大湾区山水相连、人文相亲，经贸投资和人员往来频繁，在司法合作方面具有较为稳固的实践基础。

（一）涉港澳商事审判机制不断完善

以深圳为例，涉港澳商事审判机制主要体现在以下几个方面：一是实施涉外、涉港澳台案件集中管辖，2019 年，深圳中级人民法院审理涉外、涉港澳台一审商事案件 2183 件，其中涉港案件 1548 件，数量位居全国法院第一；二是完善域外法查明与适用机制，依托最高人民法院在前海设立的港澳台及外国法查明"一中心两基地"，形成法院和第三方机构法律查明的良性互动，建立系统化查明体系；三是探索涉外、涉港澳台案件诉讼机制，前海法院完善"专业法官＋港澳陪审员＋行业专家"审判机制，实现涉外、涉港澳台审判规范化、制度化、可视化。

（二）大湾区区际司法协助稳步推进

目前，粤港澳大湾区以民商事司法协助安排为基础，以送达、取证、仲裁裁决和判决认可执行等制度构建为主要内容，初步形成司法协助领域全覆盖的民商事司法协助体系。内地与港澳及港澳之间已经达成 12 项民商事区际司法协助安排，其中内地与香港共签署 7 项，内地与澳门共签署 3 项，香港与澳门也签署了 2 项民商事司法协助安排（见表 1）。2019 年，广东省高级人民法院办理港澳司法协助案件 849 件，其中深圳中级人民法院协助港澳法院送达文书 47 件，请求港澳法院送达文书 46 件；裁定认可、执行香港特区法院民事判决 3 件。[①] 在港澳司法协助方面，自澳门回归到 2017 年底，澳门中级法院根据澳门《民事诉讼法典》第 1199 条的规定，审理了涉及香港及台湾地区仲裁裁决审查和确认案件 154 件。[②]

表1　内地与港澳及港澳之间签署的民商事区际司法协助安排情况

签署时间	名称	适用范围	生效情况
1999. 1. 14	《关于内地与香港特别行政区法院相互委托送达民商事司法文书的安排》	内地、香港	生效实施
1999. 6. 21	《关于内地与香港特别行政区相互执行仲裁裁决的安排》	内地、香港	生效实施
2006. 7. 14	《关于内地和香港特别行政区法院相互认可和执行当事人协议管辖的民商事案件判决的安排》	内地、香港	生效实施
2016. 12. 29	《关于内地与香港特别行政区法院就民商事案件相互委托提取证据的安排》	内地、香港	生效实施
2017. 6. 20	《关于内地与香港特别行政区法院相互认可和执行婚姻家庭民事案件判决的安排》	内地、香港	尚未生效
2019. 1. 18	《关于内地与香港特别行政区法院相互认可和执行民商事案件判决的安排》	内地、香港	尚未生效
2019. 4. 2	《关于内地与香港特别行政区法院就仲裁程序相互协助保全的安排》	内地、香港	尚未生效
2001. 8. 15	《关于内地与澳门特别行政区法院就民商事案件相互委托送达司法文书及调取证据的安排》	内地、澳门	生效实施
2006. 2. 28	《关于内地与澳门特别行政区关于相互认可和执行民商事判决的安排》	内地、澳门	生效实施
2007. 10. 30	《关于内地与澳门特别行政区相互认可和执行仲裁裁决的安排》	内地、澳门	生效实施
2013. 1	《关于香港特别行政区与澳门特别行政区相互认可和执行仲裁裁决的安排》	香港、澳门	生效实施
2017. 12	《香港特别行政区与澳门特别行政区对民商事案件相互委托送达司法文书的安排》	香港、澳门	尚未生效

---

① 数据来源于最高人民法院"司法大数据平台"。

② 澳门终审法院：《澳门特别行政区司法年度年报（2016~2017）》，第 106~107 页。转引自张淑钿《粤港澳大湾区民商事司法协助的现状与未来发展》，《中国应用法学》2019 年第 6 期，第 124 页。

（三）粤港澳警务合作探索初步开展

立足打击跨境犯罪的现实需求，粤、港、澳三地警方积极探索开展区际警务合作。一是定期会晤。自 1995 年起，广东省公安厅与香港刑侦主管部门及澳门相关主管部门每年进行定期会晤，定期举行对口部门协作机制工作例会等，磋商合作打击跨境刑事犯罪策略，交流侦办经验。二是情报交流。2009 年，粤港澳警方签署谅解备忘录，正式确认开发"粤港澳三地警方网上合作平台"。与此同时，粤港澳警方建立缉毒 24 小时连线与专职联络官制度，探索口岸警情紧急响应与快速协调机制。三是归口联络。广东省公安厅设立港澳警务联络科，深圳市、珠海市公安局设置港澳警务联络科，专责管理情报信息、协查线索以及调查取证等工作。四是个案协作。粤港澳警方通过情报共享、信息反馈等方式，开展个案协作、配合。

（四）粤港澳法律服务合作试点有序开展

仲裁业合作方面，2012 年深圳市通过《深圳国际仲裁院管理规定（试行）》、深圳国际仲裁院理事会审议通过《华南国际经济贸易仲裁委员会仲裁规则》，明确港澳人士可以作为仲裁院理事会理事、仲裁庭的仲裁员，担任仲裁案件代理人。同时，明确当事人可以选择香港为仲裁地。调解业合作方面，2013 年 12 月深圳前海成立粤港澳仲裁调解联盟，以"独立调解 + 独立仲裁"为跨境商事纠纷解决提供调解服务。[①] 目前，港澳专业人士可以作为调解员参与涉外商事案件调解。律师业合作方面，2014 年广东省司法厅出台《关于香港特别行政区和澳门特别行政区律师事务所与内地律师事务所在广东省实行合伙联营的试行办法》（以下简称《试行办法》），在深圳前

[①] 粤港澳仲裁调解联盟以深圳国际仲裁院调解中心为平台，由深圳和粤港澳地区的 12 家商事调解机构共同创立。在 12 家商事调解机构中，来自香港的调解机构有香港中国企业协会商事调解委员会、香港联合调解专线办事处、香港国际仲裁中心香港调解会、香港仲裁司学会、香港测量师学会、香港和解中心、英国特许仲裁学会东亚分会等 7 家机构。调解联盟主席分别由粤港澳地区的有关人士轮流担任。

海、广州南沙和珠海横琴开展合伙联营所试点。目前,广州、深圳、珠海三地已经设立粤港(澳)合伙联营律师事务所 11 家,这些律师事务所共有派驻或聘请的香港律师 41 名、澳门律师 10 名。①

(五)国际商事纠纷多元化解机制日益健全

一是搭建国际化"一站式"多元解纷平台。2018 年 1 月 8 日,前海法院成立"一带一路"国际商事诉调对接中心,先后与香港和解中心、粤港澳商事调解联盟等 47 家域内外调解组织建立合作关系。二是加强国际化诉调对接机制建设。制定《前海"一带一路"国际商事诉调对接中心调解规则》以及相关事务的实务指引,制定融资租赁、知识产权、股权转让等 22 类案件要素表,实行"类案类调"机制,实现调解规范化、专业化、在线化运作。三是加强国际化、专业化调解队伍建设。前海法院与"内地–香港联合调解中心"等建立合作关系,聘请具有金融、国际贸易、知识产权、信息科技等专业背景的调解员参与案件调处,选任 4 家内地与香港联营律师事务所共 22 名港澳籍律师参与纠纷化解工作。

(六)粤港澳司法交流日益加强

一是司法部门互访、交流。广东相关司法机关组成考察团,赴香港、澳门的高校、司法机构、政府机构和律师工会等进行参观访问。同时,邀请港澳司法机构的法律界人士来粤参观、访问。二是开展学术论坛、研讨会。自 2016 年开始,深圳中级人民法院、深圳市法学会、深圳市司法局和深圳市前海深港现代服务业合作区管理局连续四年举办"前海法智论坛";2020 年 1 月 6 日,广东省高级人民法院与香港特区政府律政司共同举办粤港澳大湾区司法案例研讨会,促进司法交流互鉴。三是组织短期研修、培训和实习。2018 年以来,广东省高级人民法院、深圳中级人民法院与香港特区政府律

---

① 王紫薇:《做好法治保障 助力律师服务粤港澳大湾区建设——访广东省司法厅梁震副厅长》,《中国律师》2019 年第 4 期。

政司合作，连续两年举办"普通法裁判思维研修班"。深圳中级人民法院、前海法院、南山人民法院作为广东省首批承担"香港法律生暑期内地实习项目"的法院，接收来自香港城市大学、香港中文大学等高校的实习生。珠海中级人民法院选聘澳门高校学生担任法官助理。

二 粤港澳大湾区区际司法合作存在的主要问题与障碍

（一）内地与港澳法律体系和司法制度存在较大差异，法律冲突影响大湾区法律规则的统一性

内地属于社会主义法系，澳门属于大陆法系，而香港沿袭英国的普通法系，后两者无论是在法律制度层面还是技术层面都与内地有较大差异。以粤港澳金融业合作为例，香港金融业实行混业经营，而内地金融业多实行分业经营；香港对外汇管理的限制性措施很少，而内地实行结售汇制。这些差异使商事主体在内地和香港开展金融合作活动时，对纠纷发生后的司法裁判预期差异较大。更为关键的是，内地与港澳的诉讼法律和司法制度存在较大差异，给深化司法合作带来一定障碍和难度。

（二）内地与香港、澳门的司法协助安排体系不够健全，实施效果不理想

一是民商事司法协助安排涉及领域范围仍有限制。如粤港之间仲裁裁决的互相认可尚未纳入两地安排之中；2019 年 1 月签署的《关于内地与香港特别行政区法院相互认可和执行民商事案件判决的安排》（以下简称《内港判决安排》）中，明确排除适用继承案件、海商案件、破产案件以及部分婚姻家事案件、部分知识产权案件、部分仲裁案件等。二是民商事司法协助实施进程仍显缓慢。在实践中，往往存在签署容易、生效转化难的问题。如2011~2016 年，内地与香港经过多次磋商，终于在 2017 年 6 月 20 日签署了《关于内地与香港特别行政区法院相互认可和执行婚姻家庭民事案件判决的安排》（以下简称《内港婚姻家事判决安排》），但时至今日，香港《内地

婚姻家庭案件判决（交互认可及强制执行）条例草案》仍未获得香港立法会通过。而《内港判决安排》的签署时间在《内港婚姻家事判决安排》之后，何时生效仍未可期。三是民商事司法协助模式单一、保守。其一，粤港澳采用两两协商、分头进行的方式分别在粤港、粤澳、港澳之间签署安排，区际民商事司法协助制度碎片化、重复化现象严重。① 其二，司法协助中对信息技术的运用不够。无论是早期制定的《关于内地与香港特别行政区法院相互委托送达民商事司法文书的安排》《关于内地与澳门特别行政区法院就民商事案件相互委托送达司法文书和调取证据的安排》，还是近期签署的《关于内地与香港特别行政区法院就民商事案件相互委托调取证据的安排》《香港特别行政区和澳门特别行政区对民商事案件相互委托送达司法文书的安排》，其对运用信息技术提高送达和取证效率均未作安排。此外，大湾区司法协助多采用积极司法协助的方式，消极司法协助方式没有得到明确的批准和适用。② 四是刑事司法协助领域的安排尚处于空白地带。目前内地与港澳之间尚未签署任何刑事司法协助安排，粤港澳跨境犯罪案件在侦办中的侦查取证难、犯罪嫌疑人移送难、非羁押强制措施执行难等问题凸显。

（三）跨境争端解决的法律服务机制不够完善，影响市场化、法治化、国际化营商环境的营造

一是现有合伙联营律师事务所数量有限。目前，粤港澳律师业合作只能以合伙联营的方式进行，现有合伙制联营律师事务所数量较少，难以满足大湾区跨境纠纷对优质法律服务的旺盛需求。二是现行合伙联营律师事务所的业务范围有限。虽然2019年修订后的《试行办法》将联营律师事务所的业务范围扩大至行政诉讼法律事务，但仍禁止合伙联营律师事务所受理、承办涉及内地法律适用的刑事诉讼法律事务。三是合伙联营律师事务所派驻或聘

---

① 张淑钿：《粤港澳大湾区民商事司法协助的现状与未来发展》，《中国应用法学》2019 年第 6 期，第 125 页。
② 消极的司法协助指只需被请求地区允许和同意其他地区司法机关在其境内执行一定的司法行为，而无须其提供主动的协作即可实现的协助形式。

用的港澳律师执业范围狭窄。根据 2019 年修订的《试行办法》，即使港澳律师取得了内地的法律职业资格，也不能承办内地法律事务，执业范围受到较大限制。四是律师业单边开放特征明显。目前港澳律师业尚未完全对广东开放，内地律师事务所难以直接为内地在港澳的投资者或者直接为港澳居民提供法律服务。①

（四）在推动司法合作方面广东与香港、澳门权限不对等，限制了可复制、可推广经验的探索

根据《香港特别行政区基本法》第 95 条和《澳门特别行政区基本法》第 93 条的规定，香港、澳门可与全国其他地区的司法机关通过协商依法进行司法方面的联系和相互提供协助。在实践中，最高人民法院代表内地法域整体与香港、澳门的司法主管机构通过磋商签署送达、取证、仲裁裁决和判决认可和执行等领域安排，再经过各自内部转化生效程序后实施。广东作为涉港澳案件的审理重镇，虽然对涉港澳区际民商事司法协助具有更为迫切的需求②，但并无独自与港澳签署司法协助安排的权限，这与大湾区司法合作的需求不匹配。

（五）深化涉港澳案件诉讼机制改革存在法律依据不足等问题，制约涉港澳案件审判质效

一是涉外商事诉讼程序立法方面。涉外商事诉讼基本沿用 1982 年民诉法的规定，相关框架、内容变化不大，涉港澳诉讼机制改革面临法律依据不足的问题。二是涉港案件送达机制方面。珠三角的前海法院等基层法院借鉴普通法系当事人送达主义的做法，探索转交送达的方式有突破现行法律规定之嫌，制约了送达效果和涉港澳案件审理效率的进一步提升。三是诉讼证据

---

① 邹平学、冯泽华：《改革开放四十年广东在粤港澳法律合作中的实践创新与历史使命》，《法治社会》2018 年第 5 期，第 12 页。

② 张淑钿：《粤港澳大湾区民商事司法协助的现状与未来发展》，《中国应用法学》2019 年第 6 期，第 124 页。

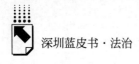

开示方面。为防止当事人"答辩突袭",前海法院探索实施"答辩失权"制度,但涉及当事人实体权益的处理,存在法律依据不够充分的问题。

(六)粤港澳三地司法和法律交流不够顺畅,亟待完善多层次合作交流机制

目前,粤港澳司法交流并未形成常态化机制。一方面,内地与港澳的司法交流多由官方机构组织,半官方组织平台相对缺乏,但在一些领域,港澳地区特别是香港地区法律界人士对参加官方交流活动存在一定思想顾虑。另一方面,目前内地法院系统与港澳地区开展司法交流,实行一事一报,需要层报最高人民法院审批后方能成行,审批程序环节多、时间长、管控严格,深层次、常态化的司法交流渠道缺乏。

三 深化粤港澳大湾区区际司法合作的方向与路径

(一)搭设粤港澳司法、法律事务主管部门协商合作平台

积极推动搭建粤港澳三地立法、执法、司法、法律服务主管部门、机构合作协商平台,建立相关主管部门、机构定期会晤机制,就相关法治问题交换意见,更好地研究、协商、解决三地在司法合作中遇到的困难,促进三地的法治交流合作系统化、常态化、规范化。同时,建立粤港澳三地司法信息交流与共享机制,对法律法规、司法案例等信息进行交流共享。

(二)积极争取中央授权,探索完善粤港澳区际司法协助体系

1. 探索粤港澳区际司法协助新模式

第一,争取中央政策支持,研究推动粤、港、澳三地共同签署民商事司法协助安排。争取最高人民法院支持,授权广东省高级人民法院与港澳司法主管机构积极磋商,在区际破产、海商、部分知识产权和仲裁相关案件判决认可和执行领域,先行探索建立粤港、粤澳区际司法合作机制。第二,充分

运用特区立法优势,完善区际民商事司法协助单行规则。争取全国人大常委会授权,在粤港澳大湾区尚未达成司法协助安排的领域,允许深圳先行制定特区法规,为港澳提供条件更为宽松、程序更为便捷的民商事司法协助,促进粤港澳之间在民商事司法协助方面尽快形成法律互惠。第三,以个案方式探索推进完善民商事司法协助。争取最高人民法院支持,授权毗邻港澳的广州、深圳、珠海等地法院,发挥个案探索作用,在跨境破产、知识产权保护等急需的领域,以个案方式灵活推进民商事司法协助进程,为形成制度性安排探索、积累经验。

2. 发挥先行先试作用,完善民商事司法协助范围和内容

第一,完善民商事送达司法协助安排。一是改进委托送达程序,探索粤港澳大湾区各中级人民法院、基层人民法院与港澳法院点对点直接委托送达模式,减少中间环节;二是探索电子送达、当事人送达、律师送达或者邮寄送达、公告送达等方式,丰富文书送达的路径、手段。第二,完善内地与香港仲裁裁决互认安排,将"执行"仲裁裁决的条文变更为"认可、执行"仲裁裁决。第三,积极磋商粤港澳大湾区民商事管辖权冲突协调安排。民商事案件管辖权的冲突协调是中国区际民商事司法协助的短板,建议在大湾区内先行先试,探索达成粤港澳大湾区民商事管辖权冲突协调安排。

3. 搭建区际民商事司法协助实施平台

争取最高人民法院授权,在广东省级层面探索建立民商事司法协助平台(中心),并将该权限下放至各中级人民法院或实行区域集中管辖,无须再通过最高人民法院转递。同时,建立统一的大湾区区际司法协助中心,全面管理内地的区际民商事司法协助案件。探索建立司法协助网络平台,对相互委托送达司法文书和调取证据的,实现在线转递、在线审查、在线办理和在线追踪。

4. 探索粤港澳刑事司法协助,推动建立粤港澳刑事司法协助体系

第一,积极争取中央授权拓展区际刑事司法合作空间。积极争取最高人民法院、全国人大常委会授权,允许深圳、珠海的司法机关单独与港澳相关主管机关磋商,与港澳签署警务合作、刑事司法协助相关协议和安排,先行

试点探索开展区际刑事司法协助。第二，推动建立警务合作常态化机制。探索由深圳、珠海政法机关分别与香港、澳门相关主管机关进行磋商，就开展跨境制贩毒品、走私、电信网络诈骗、职务犯罪等问题的警务合作签署协议，明确警务合作的内容、规范、程序等事宜，推动粤港澳警务合作常态化。第三，逐步拓展刑事司法协助新领域。在推进粤港澳警务合作常态化的基础上，积极磋商，在刑事法律文书送达、调查取证、缉捕移交逃犯、刑事裁判互认、赃款赃物追缴和移交、服刑人员移交和刑满释放者遣返等领域签署一揽子安排，或者分别签署相关安排，探索推进粤港澳刑事司法协助。

（三）推动粤港澳法律服务业深度融合，携手港澳打造国际法律服务中心

1. 完善粤港澳法律服务合作平台，推动三地携手为大湾区提供优质司法服务

第一，建立粤港澳大湾区律师联合会，负责管理、监督粤港澳大湾区联营律所及其律师、港澳代表处及其代表和律师，发挥其平台、纽带作用，拓展合作领域，提升粤港澳三地律师业合作水平。第二，推动共建粤港澳大湾区仲裁中心，引入港澳仲裁机构在粤港澳大湾区建立代表处，开展仲裁业务，发挥规模效应，提升大湾区内地城市仲裁业水平。

2. 深化合伙联营律师事务所试点，拓宽联营律师事务所和港澳律师执业范围

第一，修订合伙联营所设立的规定。推动司法部授权适当降低合伙联营律师事务所的准入门槛和对港澳的资金要求。第二，适当扩大合伙联营律师事务所业务范围和人员聘用范围。允许合伙联营律师所以自身名义聘请内地律师，同时，允许合伙联营所的内地律师代理涉及内地法律适用的刑事诉讼、民商事和行政诉讼案件，开展涉及内地法律适用的非诉讼业务。第三，给予合伙联营所更多审批、税收等政策优惠。将合伙联营事务所设立、变更等审批权限委托地市司法局组织实施。同时，探索建立粤港澳大湾区税务优惠制度，深化三地免税优惠。第四，推动放宽港澳律师执业限制，探索粤港澳三地互认律师执业资质。在深圳前海、广州南沙、珠海横琴自贸片区开展

试点，允许粤港、粤澳就特殊情形给予另一方较高或较低的准入门槛的基础上，探索律师法学学历及法律职业资格互认。同时，根据三地对等合作、互利互惠，研究统一的粤港澳大湾区律师资格条件，实现粤港澳大湾区律师业的双向对等开放。

3. 完善仲裁业合作机制

积极筹建粤港澳大湾区仲裁中心，推动三地共建国际商事仲裁中心。引入港澳仲裁机构在粤港澳大湾区建立代表处，探索在粤港澳大湾区先行先试港澳仲裁机构实际开展仲裁业务。

4. 完善调解业合作机制

吸引香港国际调解中心落户深圳，推进粤港澳大湾区调解业合作。建立两地互认的调解员资质认定体系，制定粤港澳大湾区调解规则。同时，完善粤港澳大湾区调解与仲裁、调解与诉讼的联动机制。

（四）创新涉外涉港澳台审判机制，助力营造市场化、法治化、国际化营商环境

1. 完善港澳法律查明体系和机制

通过列举、类举等方式明确涉港因素识别标准，为涉港澳因素识别提供规范指引和便利条件。同时，发挥第三方法律查明机构的专业优势，通过香港法律专家提供、委托专业法律查明机构等方式开展域外法查明工作。完善港澳法律查明专家出庭接受质证程序，明确专家意见效力；加强与高等院校、研究机构及第三方查明机构的深度合作，打造实务部门与研究部门互动合作的法律平台。

2. 完善"专业法官＋港澳籍陪审员＋行业专家"的专业化、国际化审判机制

进一步优化港澳籍陪审员制度，扩大港澳籍陪审员选任范围，吸收更多港澳人士加入陪审员队伍。探索国际商事案件专家咨询制度，积极吸收港澳各领域专家、学者和实务界人士，建立金融票据、现代物流、证券期货、知识产权等行业的专家库，为涉港澳商事审判提供咨询意见和智力支持。

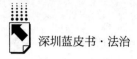

3. 完善与涉外、涉港澳台商事审判相适应，与国际接轨的管辖、送达和诉讼规则

完善涉港澳民事诉讼管辖机制，有效平衡内地与港澳管辖权，最大限度保障域内外当事人协议选择法院的意思自治，促进规则不断衔接。完善涉港澳商事案件送达机制，遵循"有效送达"原则，探索涉港当事人转交送达方式，细化涉外案件公告送达的规定，提高案件审判效率。

（五）打造国际商事争议解决中心，完善"一带一路"与粤港澳大湾区商事纠纷化解平台

1. 建设专业高效的国际商事多元化纠纷解决平台

进一步强化法院与仲裁、调解组织的衔接联动，完善"港澳籍调解员＋调解法官""港澳籍调解员＋内地调解员"等联合调解模式，提升调解在解决涉港澳纠纷中的效能。进一步完善律师参与调解、公证参与调解机制，支持商事调解组织根据当事人的需求提供有偿调解服务，提供便捷、高效、权威的纠纷化解服务。

2. 推动共商、共建、共享的多元化纠纷解决机制，促进纠纷高效化解

探索先行调解约束机制，发挥律师费、诉讼费的杠杆作用，引导当事人选择合理方式解决纠纷。完善专业化调解机制，在金融证券、知识产权、国际贸易等纠纷多发领域，建立调解案例库，提升纠纷化解的成功率。探索跨境联合调解机制，发挥港澳调解组织和调解员的地域、专业优势，完善"境外调解＋境内司法确认"模式，提升跨境调解的便捷度。

3. 完善国际商事调解规则，为粤港澳经贸往来提供高水平仲裁及调解服务

在调解机构设置、调解程序设定、调解标准制定、组织人员安排等方面，建立共建、共治、共享的国际区际对话沟通协同机制。探索在大湾区内建立统一的调解员资质认证、职业水平评价体系和职业化培训机制，完善调解员名册，推动调解规则方面与国际调解实践接轨，提高调解员的专业化、职业化水平。

（六）完善粤港澳司法交流机制，逐步增进三地法治互信

1. 争取在深圳设立"粤港澳大湾区司法研究院"

积极争取最高人民法院支持，在深圳设立"粤港澳大湾区司法研究院"。"粤港澳大湾区司法研究院"为半官方机构，同时作为"国家法官学院深圳培训基地"，由最高法院主管，定位于建设国际一流司法研究机构、司法合作交流平台和具有国际影响力的学术交流基地。在最高人民法院的统筹安排下，与港澳地区和外国司法机构开展灵活、广泛的司法合作交流，建立深层次、常态化司法合作交流机制。

2. 创新法律交流方式

通过互访参观、专题研讨、学术论坛、联合开展涉港澳法律实务培训和研修等方式，为粤港澳法律、教育、金融、科技、国际贸易等各领域人士的交流沟通搭建平台，增强互相理解、共识互信。

参考文献

黄进：《区际司法协助的理论与实务》，武汉大学出版社，1994。

何其生：《比较法视野下的国际民事诉讼法》，高等教育出版社，2015。

李焕江、易在成：《粤港澳大湾区法律论丛 I》，澳门法学协进会出版社，2019。

张宪初：《香港司法文书送达和对〈内地与香港送达安排〉的检讨》，《澳门法学》2016 年第 3 期。

劭文虹、于晓白：《内地与澳门特别行政区法院就民商事案件司法文书送达与调取证据的安排》，《人民司法》2001 年第 12 期。

张淑钿：《双边安排缺失下香港承认内地婚姻判决的新动向及应对》，《人民司法》2015 年第 15 期。

B.21
深圳前海蛇口自贸片区立法探讨

黄祥钊*

摘　要：　深圳前海蛇口自贸片区为建设高标准、高质量自贸片区，必
　　　　　须从管理体制、投资开放、贸易便利化、金融服务、综合监
　　　　　管服务、法治示范等方面进行立法规范，为培育市场化、法
　　　　　治化、国际化营商环境提供法治保障。

关键词：　前海　自贸区　贸易便利化　国际化营商环境

一　深圳前海蛇口自贸片区立法背景

深圳前海蛇口自贸片区（以下简称"自贸片区"）于 2015 年 4 月 27 日
挂牌成立，是中国（广东）自由贸易试验区的一部分。目前自贸片区的总
面积不到 30 平方公里，由前海区块（含前海湾保税港区）和蛇口区块组
成。自贸片区将营造市场化、法治化和国际化的营商环境，重点发展现代物
流、信息、金融、科技、港口、航运和其他战略性新兴服务业。自贸片区应
当构建开放型经济新体制，实现深港澳深度合作，培育国际合作和竞争新优
势，实现开放型经济治理体系和治理能力现代化，成为投资贸易便利、金融
创新功能突出、服务体系健全、监管高效便捷、法治环境规范的中国自由贸
易试验区。根据《中共中央国务院关于支持深圳建设中国特色社会主义先
行示范区的意见》、《中国（广东）自由贸易试验区深圳前海蛇口片区建设

* 黄祥钊，法学学士，深圳市司法局一级调研员，主要研究方向为行政法。

实施方案》和建设前海中国特色社会主义法治建设示范区的安排，自贸片区立法已经提上重要议程。

（一）积极落实国家自贸区重大战略部署

建设自由贸易试验区，是党中央在新时代推进改革开放的一项战略举措，在中国改革开放进程中具有里程碑意义。2019 年 2 月 18 日，中共中央、国务院印发《粤港澳大湾区发展规划纲要》，要求前海发挥引擎作用，提出推进金融开放创新、加强深港绿色金融和金融科技合作、建设新型国际贸易中心及建设国际高端航运服务中心等更高水平的顶层设计。中国（广东）自由贸易试验区于 2015 年获批设立，《中国（广东）自由贸易试验区条例》（以下简称《广东自贸区条例》）也于 2016 年出台。自贸片区作为广东自贸区的重要组成部分，要面向未来，积极改革创新，努力提高自贸片区的发展水平，为建设中国自贸区提供更多可复制、可推广的制度创新经验，把自贸片区建设成为改革开放的新高地。为此，有必要对自贸片区的体制机制、投资开放、产业发展、金融创新、监管服务和法治建设等重要事项进行立法规范，以立法保障中央重大战略部署和《广东自贸区条例》的落实。[1]

（二）为自贸片区改革充分授权

自贸片区作为改革开放先行先试地区，要以创新为引领，按照"依托香港、服务内地、面向世界"的目标定位，不断探索实践。自贸片区现有的治理结构还需进一步优化，吸引市场主体的激励机制也有待进一步完善，行政管理和服务举措尚需不断创新，法治环境和营商便利化程度尚待进一步改善和提升，深化深港澳合作、推进落实"一带一路"倡议需要更妥善的制度安排。为贯彻落实党的十九大提出的"赋予自由贸易试验区更大改革自主权"的要求，自贸片区在管理体制、投资贸易、深港澳合作、金融创

---

[1] 李猛：《中国自贸区国家立法问题研究》，《理论月刊》2017 年第 1 期。

新、监管服务和法治建设示范等方面亟须获得充分授权。因此，制定《深圳经济特区前海蛇口自贸片区条例》（以下简称《自贸片区条例》）为自贸片区进行立法授权，已经是势在必行。

（三）为建设"特区中的特区"提供法治保障

前海蛇口片区被誉为深圳"特区中的特区"，① 是中国全面深化改革的先行地和桥头堡，是深化粤港澳合作的示范区。习近平总书记明确指出"对改革开放先行先试地区相关立法授权工作要及早作出安排"。自贸片区自成立以来，围绕加快政府职能转变、贸易便利化、体制机制创新，营造市场化、法治化、国际化营商环境等进行了积极探索和大胆尝试，取得了阶段性成果，有必要及时将实践中形成的一批可复制、可推广的经验法定化。为此，应尽早制定《自贸片区条例》，为促进自贸片区快速发展提供法治保障。

二 自贸片区立法的主要思路

"依托香港，服务内地，面向世界"是国家和广东省给自贸片区的总体定位。按照中央的总体部署，要将自贸片区建设成为开放型经济新体制先行区、高水平对外开放门户枢纽和粤港澳大湾区合作示范区，彰显深圳特色，建设成为深圳模式的自贸片区。深圳特区改革开放的经验和优势，是自贸片区建设的重要依托，也是深圳有别于其他地方的重要特色。建立高标准自由贸易规则体系和开放型经济新体制，是自贸片区的核心工作之一，也是有别于其他功能区的主要特色。《自贸片区条例》要以自贸片区的实际需求为导向，充分考虑并理顺中央与地方的关系、广东省与深圳市的关系、前海深港现代服务业合作区与自贸片区的关系、南山区与自贸片区的关系、《自贸片区条例》与《广东自贸区条例》的关系、《自贸片区条例》与《合作区条

---

① 国务院关于支持深圳前海深港现代服务业合作区开发开放有关政策的批复。

例》的关系等，以理论问题和实践问题为切入点，旨在为推进改革开放、粤港澳深度合作和高端产业发展，培育国际化、法治化、便利化营商环境提供重要保障。

《自贸片区条例》立法的主要思路有以下几点。一是贯彻落实中央关于自贸区的最新规定并借鉴其他自贸区的立法经验。结合国家自贸区建设总体规划和法律行政法规授权，按照国务院《关于印发中国（广东）自由贸易试验区总体方案》《粤港合作框架协议》《中国（广东）自由贸易试验区深圳前海蛇口片区建设实施方案》《广东自贸区条例》等最新政策的规定，^① 借鉴上海、天津、重庆、福建等自贸区的立法经验，^② 结合深圳及自贸片区的实际，制定具有深圳特色的自贸片区地方立法。二是突出自贸片区的创新性。自贸片区立法应坚持改革先行、创新驱动、深港澳合作、金融创新、法治示范等基本原则，始终体现深圳的创新性，同时与国家宪法、法律和行政法规的基本原则相符，协调好特区立法创新与国家上位法的关系。三是坚持原则性与可操作性并重。《自贸片区条例》作为建设自贸片区的基本法规依据，以设定大的制度框架、制度体系和基本制度为主，为自贸片区的建设和管理留下创新和发展的空间，其规定不能过细，但又必须具有较强的操作性。因此，《自贸片区条例》要尽可能具有针对性和可操作性。四是注重前瞻性与现实性的平衡。自贸片区建设的根本目标是实现体制和机制创新，《自贸片区条例》必须具有一定的前瞻性，发挥引领自贸片区建设的作用。因此，条例在管理体制、投资开放、贸易便利化、金融创新、监管服务、法治建设等方面应有前瞻性规定，但立法的现实性及可行性仍然是基本考虑。鉴于该片区存在自贸片区、深港合作区、保税区"三区叠加"的状况，立法还要处理好"三区合一"的现实问题，使自贸片区立法更具操作性。

---

① 《国务院关于印发中国（广东）自由贸易试验区总体方案的通知》《中国（广东）自由贸易试验区深圳前海蛇口片区建设实施方案》。

② 《中国（上海）自由贸易试验区条例》《中国（天津）自由贸易试验区条例》《中国（重庆）自由贸易试验区条例》《中国（福建）自由贸易试验区条例》。

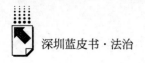

三 自贸片区立法的主要内容及创新

结合自贸片区的实际情况，《自贸片区条例》的内容框架应包括总则、管理体制、投资开放、贸易便利化、金融服务、综合监管服务、法治示范和附则等章节。主要内容有：一是管理体制，主要是明确自贸片区管理机构及其相关管理部门的职责，建立起权责一致、部门协作的自贸片区管理体制；二是投资开放，确立外商投资准入前的国民待遇、负面清单管理模式，取消或放宽有关准入限制，简化商事登记手续，对外商投资准入管理等市场行为采取"非违规不干预"的原则；三是贸易便利化，探索更加自由的贸易模式，建设高端航运服务中心、游艇旅游自由港和新型骨架贸易中心；四是金融服务，深化深港澳金融合作，推动金融科技创新，建设金融业对外开放试验示范窗口；五是综合监管服务，建立信用分类监管机制，开放专业服务等，形成多元化综合监管体系；六是法治示范，明确立法、执法、司法、仲裁、法律服务等规范，建设中国特色社会主义法治示范区。

（一）管理体制创新

自贸片区应当坚持简政放权、放管结合、优化服务的原则，建立权责一致、运行高效、部门协调的行政管理体制。在自贸片区探索设立法定机构，将专业性、技术性或者社会参与性较强的公共管理和服务职能交由法定机构承担。《自贸片区条例》拟规定自贸片区管委会作为深圳市政府的派出机构，按法定机构运作，统一履行自贸片区建设所需的各项权责；成立自贸片区金融监督管理机构，履行金融监管协调工作职责；成立综合行政执法机构，全面负责自贸片区内综合执法的统筹、协调工作；设立廉政监督机构，履行监督、监察职责，依法对自贸片区的开发、建设、运营和管理等活动进行监督监察。自贸片区管理体制创新，要以高效服务为目标，按照统筹管理、分级负责、精干高效的原则，重点实现自贸片区治理理念、管理架构、管理措施的创新，增强治理活力，挖掘体制改革潜力，形成管理体制方面的创新点：一是全面系统构建和完善管理机制、决策机制（管委会）、协调机制、咨询机制、企业化运营的管理机构、综合执法机制、廉政监督机制、驻区机构职责及社会治理体系，主要完善管理体制、自贸片区管理机构的职责、协调机制、咨询体系、监督机构的职责以及社会治理体系；二是理顺有关管理机构之间的关系，对自贸片区管理机构的职权职责做出明确规定，将管委会原来比较虚化的权责做实，实现与前海合作区管理机构运作一体化。

（二）投资开放创新

在"大胆试、大胆闯、自主改"的先行先试理念指导下，借鉴上海、天津、重庆和福建等自贸区的立法经验，在不违背上位法规定的前提下，重点从改革开放自主权、投资环境优化、外商投资准入前国民待遇加负面清单、境外投资者鼓励措施、投资收益保障、投资要素自由流动保障、企业投资激励保障和投资风险防控应急机制等方面拟制相关规定，建构起具有自贸片区投资开放特色的法规规范。一要将外商投资的"负面清单"直接纳入《自贸片区条例》。对于外商投资准入管理，创新规定"非违规不干预"的管理模式，健全高水平外商投资监管服务机制；探索实施国际投资自由，制定高水平的前海版外商投资"负面清单"，使其既适用于前海自由贸易港又符合国际规则。允许前海自由贸易港区实施符合国际通行做法的管理制度，健全投资者权益保护机制和投资便利化服务机制，建立健全投资争端解决机制，畅通投资者投诉申诉和应急处理通道。二要进一步扩大港澳投资开放。推进"深港合作"和"粤港澳大湾区"建设，通过立法探索推进"内地投资与港澳投资同权"的国民待遇，促进深、港、澳三地不断融合发展和稳定繁荣。规定对境外投资者逐步取消或者放宽准入限制措施，对港澳企业探索取消所有准入限制条件，支持港澳企业实行跨境办公，拓展港澳企业发展空间和载体，为港澳企业发展创造良好的环境。三要明确规定企业投资激励保障机制，解除投资者的后顾之忧。依法保障境外居民企业和自贸片区内居民企业的资金、设备和人员等要素的自由流动，推进"一带一路"、自由贸易港和粤港澳大湾区建设，完善自贸片区境内外投资激励保障机制。主要创新点包括：一是将外商投资的"负面清单"纳入《自贸片区条例》；二是促进与港澳地区经贸深度融合发展；三是建立投资收益保障机制，解除投资者的后顾之忧。

（三）贸易便利化创新

一是出入境监管创新。按照"区内自由、一线放开、二线安全高效管住"的原则，创新贸易便利化的监管服务体系，推进透明、高效、便利的出入境监管制度。推进"全球中心仓"集成监管创新，以物联网、人工智能等技术提高通关监管效能，完善海关特殊监管区域"先入区、后报关"等监管制度，拓展离港陆空联运、多国集拼等贸易监管模式。探索以数字化赋能海关监管，进一步降低边境管理制度成本。二是检验检疫监管制度创新。探索检验检疫制度"适当放宽"，企业可远程、免费、无纸化申报，通过大数据对比分析等风险评估措施和诚信管理，大幅降低查验比例。实施预检测和分批核销，保税展示商品可以免予检验。免除查验结果正常的外贸企业吊装、移位、仓储等费用，以减轻企业负担。推进第三方检验机构参与结果互认，扩大第三方采信的产品和检验检测机构范围，支持港澳检验检测机构在自贸片区设立进出口商品检验鉴定机构，率先在跨境电商领域开展跨境检验检测服务合作，进一步扩大互认范围。三是贸易便利化基础建设创新。建设自贸片区数字化智慧口岸，拓展国际贸易"单一窗口"跨境贸易特色功能，推动与共建"一带一路"国家"单一窗口"数据互联互通及贸易单证互认，加快形成具有国际竞争力的通关基础设施。创新跨境税收监管便利化措施，实施货物贸易外汇收支便利化措施，优化结算汇兑、贸易融资和保险等贸易服务体系。加强自贸片区人员出入境、居留等流动便利度。四是建设新型国际贸易中心。整合粤港澳大湾区贸易资源，以数字贸易为核心，丰富和发展国际贸易新规则。以科技创新赋能传统货物贸易，加快发展"保税＋"及跨境电子商务、平行进口汽车、文化艺术品贸易等新业态，推动以智能化、服务化、绿色化等为特征的新经济发展。创新建立与服务贸易、离岸贸易特点相适应的监管模式，借鉴香港经验探索建立服务贸易及离岸贸易统计体系。五是建设高端港航中心，推动粤港澳大湾区多式联运创新。结合自贸片区特点，深化"中国前海"船籍港国际船舶登记制度。建设国际高端航运服务中心，争取接轨国际航运税收及监管政策试点，发展船舶租赁、航运金融、邮轮游艇旅游等高端航运服务。六是绿色低碳循环发展创新。鼓励发展绿色贸易，探索绿色贸易监管体系创新，为国家参与制定绿色贸易国际规则提供经验。探索建立绿色供应链管理及标准体系，推动绿色供应链的创新与应用。加快建设国际一流的绿色生态港，协同推进港口安全管理体系建设。

（四）金融服务创新

金融服务创新作为自贸片区建设的重点内容之一，立法要规定在依法合规、风险可控的前提下强化金融监管，严守不发生系统性、区域性金融风险底线，进一步推进国家金融业对外开放试验示范窗口建设。重点规定金融支持科技创新、银行业开放、跨境人民币业务、资本账户与外汇管理、离岸证券交易平台建设、保险市场融合发展、跨境双向股权投资、金融城与新型金融业态集群发展、跨境支付服务、金融监管模式等创新内容，进一步加强自贸片区金融业对外开放。自贸片区金融服务创新主要包括以下几个方面。一是金融业高效运营机制创新。包括银行业开放、跨境人民币、外汇管理、支付结算、地方金融综合监管创新，鼓励民间资本进入中小型金融机构、发展有限牌照银行等。探索开放离岸金融、资本项目账户、外资支付等业务。探索设立前海离岸证券交易中心，促进证券业务国际化。建立大宗商品交易平台，推进大湾区金融基础设施建设。探索促进保险业开放，赋予港资保险机构在直接开展业务方面与自贸片区保险机构基本相同的法律地位。二是探索监管机制创新。加快建设国家金融业对外开放试验示范窗口，明确金融监管须"依法合规、风险可控"，同时加强监管，防范区域性、系统性金融风险。三是金融监管服务创新。确立自贸片区地方金融监管机构的地位及其法定职权，推进地方金融监管事务的统筹、协调开展。四是金融监管科技创新。探索试点"监管沙盒"，利用科技手段提升金融监管质量。五是地方金融监管职责创新。坚持中央与地方共治的金融监管体系，探索建立中央和地方共治的金融监管新体制。

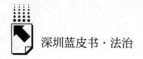

（五）综合监管服务创新

围绕安全高效的监管机制和便捷优质的服务措施，探讨管理体制与服务制度在自贸片区的具体定位。处理好立法的稳定性与前瞻性、自贸片区和前海合作区的不同功能定位、上位法规定与先行立法三者之间的关系。一要深化行政审批制度改革。深化自贸片区行政审批制度改革，减少行政许可事项，建立行政许可事项的动态评估机制，及时调整、优化行政许可事项，推进自贸片区行政体制改革。以明确各行政部门职责权限为核心，编制执法机构权利清单，完善信息公示制度，实现行政执法和行政许可透明化、法治化，使许可权的行使相对集中。二要促进监管模式转型。推动自贸片区行政监管方式改革，通过推动事中、事后监管方式创新，依法厘清有关市场监管部门的职责，推进市场监管法治化、制度化和规范化。集中有效监管资源，依法查处市场活动中的违法行为。三要加快政府职能转变。推动自贸片区管委会由"全能型政府"向有限政府、透明政府和服务型政府转变。加快建设自贸片区统一的信用信息共享交换平台和企业信用信息公示系统，推进政府部门公共信用信息共享，强化信用体系约束，健全以信用监管为核心的监管制度；全面实施"双随机一公开"监管模式，在随机监管与结果公示的结合中推进透明政府建设。在网上办税、商事登记改革、电子政务建设中推动服务型政府建设。通过执法方式改革，推进自贸片区政府职能转型。自贸片区综合监管服务创新点包括：一是探索建设以统一的监管信息共享平台为核心的社会信用体系，推进自贸片区行政管理模式与服务体制创新；二是创新负面清单实施机制，构建动态外资管理制度，完善外商投资便利化措施，逐步实现自贸片区外商投资管理能力和治理体系现代化；三是推进相对集中的行政处罚权与行政审批制度改革；四是健全反垄断工作机制和国家安全审查工作机制；五是探索建立政府提供、政府与市场合作提供、市场提供三位一体、有机结合的社会服务供给机制；六是规定健全信息共享、协同防控等相关配套机制，以及市场风险监测、评估、应急处置机制等创新内容。

（六）法治示范创新

从推动法治建设示范区的国家定位出发，结合自贸片区法治建设的现实情况，按照法治创新、开放发展、示范引领、深港合作的基本功能定位，应规定法治原则、立法协调、立法暂时调整适用、行政复议、行政与司法"两法衔接"、司法职业保障机制、公共法律服务、普法及法制宣传、国际仲裁规则、深港司法合作和多元纠纷解决机制等内容。一要坚持先行先试、协同推进、法治引领的原则，进一步推进自贸片区中国特色社会主义法治建设示范区建设，构建与粤港澳大湾区开放型经济新体制相适应的法治工作机制，为自贸片区提供一流的法治保障。二要根据自贸片区发展定位的需要，及时就自贸片区经济社会发展的事项对有关立法进行废、改、立和暂时调整，为自贸片区发展制定更为灵活适用的法规和政策依据，为自贸片区改革创新提供法治保障。三要健全执法和司法"两法"衔接工作机制，整合行政执法和司法资源，确保司法救济途径畅通，以制度创新倒逼改革加速；探索设立相关专门法庭和司法职业保障机制。四要加强与港澳司法机构的交流与协作，推动建立港澳司法机构信息查询互通和协作平台，创新跨境送达、调查取证、管辖、诉讼、承认与执行等司法信息的交换与互助机制，增强司法互信。五要建立调解、仲裁、裁决、诉讼等多元化纠纷解决机制，在自贸片区建成涉外民商事争议仲裁中心、线上民商事调解中心、涉外法律服务中心，为境内外企业提供高效的法律服务。以深圳前海国际仲裁院为基础，建立国际一流的仲裁规则，建立高效的线上线下仲裁平台，使自贸片区成为民商事和知识产权仲裁的国际示范区。自贸片区法治建设创新内容包括以下几个方面。一是开放专业服务业，《自贸片区条例》可规定扩大境外专业人士在自贸片区执业范围，具有境外执业资格的金融、会计、建筑、规划、设计、专利代理等服务领域专业人才，经主管部门备案后可以在自贸片区内提供服务，其境外从业经历可以视同境内从业经历。此项创新规定有利于吸引专业人士参与自贸片区建设和服务，进一步提升自贸片区专业服务水平。二是拓展涉外法律服务业范围，放宽取得内地律师执业证在自贸片区律师事务所执业的港澳居民律师执业限制，规定其可以从事内地非诉讼法律事务和刑事诉讼以外的其他诉讼法律事务。对国家司法部《关于取得内地法律职业资格的香港特别行政区和澳门特别行政区居民在内地从事律师职业管理办法》中关于港澳居民律师执业限制做了变通，扩大了其执业范围，有利于自贸片区涉外法律服务业的发展。三是劳动争议处理，要构建和谐劳动关系，根据契约自由原则充分尊重劳资双方关于劳动合同的约定，鼓励劳资双方通过劳动合同约定解决争议。《自贸片区条例》可规定，除法律、法规的强制性规定外，自贸片区的用人单位与其员工发生劳动争议，可以优先适用劳动合同的约定。

综上所述，用足用好经济特区立法权，加快制定《自贸片区条例》，以特区立法护航自贸片区建设发展，对国家有关自贸区规划发展的规定予以变通和突破创新，破除自贸片区发展的制度性障碍，高标准、高质量建设好自贸片区，是习近平总书记对自贸片区发展的殷切期望，是贯彻落实国家发展自贸区的重大战略部署，也是推进落实《中共中央国务院关于支持深圳建设中国特色社会主义先行示范区的意见》和《粤港澳大湾区发展规划纲要》①的基本要求。为此，尽快制定并出台《自贸片区条例》，是2020年深圳一项重要的立法工作任务。

---

① 《粤港澳大湾区发展规划纲要》《深化粤港澳合作推进大湾区建设框架协议》。

智慧法治篇

Law Governing with Intelligent Technologies

B.22

深圳智慧法院建设的探索
创新与发展策略

李明超*

摘　要： 深圳智慧法院建设一直走在全国前列，借助互联网、大数据、
人工智能等信息技术探索创建了诸多司法审判、管理和服务
平台。但是，深圳智慧法院建设面临智能化系统统筹管理机
制不健全、智慧化基础设施建设相对滞后、数据共享平台尚
未建立、数据深度应用系统有待提升以及信息安全保障系统
有待加强等问题。深圳全面提升智慧法院建设应当完善政法智
能化建设的顶层设计、积极争取建立深圳互联网法院、推进法
院一体化信息基础设施建设、深入探索政法办案智能管理系

---

* 李明超，法学博士，深圳大学法学院助理教授、硕士生导师，主要研究方向为行政法与行政
诉讼法。

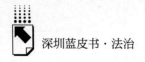

统、创新司法外部服务平台、推动大数据管理和开发应用系统平台建设以及健全信息系统运行维护和安全管理平台建设等。

关键词： 智慧法院　人工智能　大数据应用　信息安全

一　深圳智慧法院建设的探索创新

随着科技的快速发展，信息化已经成为法院建设的必然选择。智慧法院的建设是当前人民法院司法改革的重要方面，是实现中国特色社会主义审判体系和审判能力现代化的重大举措。[①] 中国司法系统借助信息技术、互联网、大数据、云计算以及人工智能提高办案效率和透明度，使审理流程发生了广泛而深刻的质变。[②] 深圳的智慧法院建设一直走在全国前列，近年来进行了一系列卓有成效的探索。

（一）"融""智""慧"三大平台构建智慧法院建设体系

福田区法院面对不断增长的司法需求与司法资源严重不足之间的矛盾，通过智慧法院建设，坚持司法办案第一要务，在遵循司法案件办理流程内在逻辑的基础上，针对诉前调解、审判执行和法院管理等关键业务，探索建设了"融""智""慧"三大平台，三者相融互促、互为体系，构建起全流程、全在线的新型工作方式。目前福田区法院全面改进智慧法院建设工作机制，创新建立"JEC"（J代表法官、E代表工程师、C代表科技公司）项目团队。以"融""智""慧"三大平台为智慧法院建设主干，在三大平台框架内开发建设特色功能模块，形成高度集约化、体系化的"3 + N"（三大平

---

① 参见周强《加快智慧法院建设推进审判体系和审判能力现代化》，最高人民法院网，http：//www. court. gov. cn/zixun－xiangqing－44262. html，最后访问时间：2020 年 2 月 1 日。
② 参见季卫东《人工智能时代的司法权之变》，《东方法学》2018 年第 1 期。

台 + N 个特色模块）的智慧法院建设架构。

1. 抓好诉前："融"平台推动线上多元解纷，汇集社会力量扩充司法资源

"融"平台整合各方资源，以重塑工作流程为核心，建立线上多元纠纷解决机制，构建了源头解纷、智能调解、繁简分流的多元纠纷解决工作新格局，使得纠纷化解更方便、更高效、更彻底。

第一，在线司法确认，就地解纷促源头化解。把解纷触角向最基层延伸，主动下沉"融"平台的在线司法确认功能。目前在辖区街道、社区、专业调解组织共设立了 30 个在线司法确认工作室，其中深圳市贸促委调解中心在线司法确认工作室系全国首个法院与专业纠纷解决机构设立的在线司法确认工作室。福田区法院司法确认综合用时缩短到半小时以内，大幅度提高了司法确认的使用率，使得调解结果能够当场确定，避免纠纷反复，去除当事人往返法院之累。

第二，线上智能调解，创新服务促高效办理。调解立案材料在线提交、在线审核、线上补全，当事人在线自主选择调解员，可实行远程调解。强化主动引导，"融"平台能够及时向诉讼当事人推送诉讼类案裁判文书、在线进行案件评议，并可以引导诉讼当事人正确预判和评估裁判结果，指引诉讼当事人选择合适的纠纷解决方式。

第三，生成繁简分值，自动识别促审判提速。通过"融"平台进一步强化多元解纷机制的梳理功能，在诉前调解阶段增加计算案件繁简分值环节，由"融"平台根据案件事实、证据材料等要素自动生成分值，作为案件繁简识别的重要参考，有效提高了调解不成转诉讼案件的分案速度和审判效率。

2. 诉中诉后："智"平台推动大量类案速裁，提高司法质效、提升诉讼体验

"智"平台（类案全流程在线办理平台）的建设契合了福田辖区金融产业发达、金融司法需求和金融风险防范需求巨大的特点，平台功能覆盖司法办案全过程，全程留痕、阳光透明，以全流程、全在线的信息化服务提升当事人诉讼体验。

第一，在线自助立案、在线缴费。起诉信息录入操作简单，批量案件实

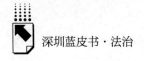

现一键秒立，告别人工逐个录入。

第二，电子送达。法律文书通过电子邮件等方式发送给诉讼当事人，并与邮政 EMS 系统对接，法院轻点鼠标传输文件、EMS 打印文书并安排送达，大幅缩短送达流程，提高送达效率。

第三，要素式在线审理。案件在线审理流程包括七个模块，每个模块都有明确的信息收集和案件办理流程要素，在线审判围绕各模块要素进行，还在证据审核环节引入公证，并可以提供互联网在线开庭和远程视频调解。

第四，智能辅助裁判。在裁判文书撰写阶段，"智"平台根据法官确认的要素，自动形成令状式裁判文书。

第五，网上执行。所有与财产相关的强制执行措施在线完成。

第六，电子盖章。该功能适用于每个办案节点的法律文书，极大减少辅助性事务耗时。

此外，以点带面、逐步铺开的做法促进平台得到快速发展完善，覆盖案件类型迅速扩大至借款合同、支付令、知识产权、融资租赁等其他类型化案件。目前，"智"平台正围绕制度建设、技术功能、服务对象、类型化案件四个维度进行进一步优化升级。

3. 审判管理："慧"平台推动辅助事务集约，资源在线调配提高使用效率

"慧"平台（庭审管理中心智能服务平台）建设以解决大量烦琐的重复性审判辅助事务为导向，通过信息化的方式重新塑造审判辅助事务流程，以提升司法效率，让法官专注庭审和裁判。

第一，以智能集约为管理方式。"慧"平台通过在线智能排期，为每个案件的法庭、陪审员和速录员等进行信息编码，并随机排定案件的承办法官、合议庭成员和开庭时间等。

第二，以辅助开庭为重要内容。当事人通过扫描传票上的二维码登录"慧"平台，实时获取开庭指引；庭审记录内容实现数据化管理，庭审语音可以实时转换为庭审笔录。

第三，以变革审判管理模式为方向。"慧"平台将实现审判管理工作线上进行，统计数据实时抓取、监控指标自动生成、审限和流程管理自助预

警、案件评查线上办理。

第四，以融会贯通为目标追求。未来"慧"平台将与"融"平台、"智"平台联网并行，数据互通，实现全流程无纸化网上办案、审判管理全部在线开展，构建全要素集约化智慧法院体系。

（二）"一网两台"有效破解执行难

案件"执行难"，难题之一就在于被执行人下落难找、财产难查，导致胜诉方合法权益实现周期长甚至无法实现，严重影响司法权威和司法公信力。近年来，深圳法院不断完善执行工作机制，创新执行工作方式，主要思路是：将科技手段全程融入破解"执行难"案件的核心关键节点，实现信息化平台与整合社会资源的对接，将协作联动与智能操作相结合，提升执行联动部门的积极性和便利性，对被执行人形成有力震慑，强力维护司法权威和法律尊严。围绕这一思路，深圳法院运用"一网两台"科技手段，将查控触角全面深入"老赖"生活的各个场景和细节，通过业务集约办理和执行资源统一调度，精准高效地破解"执行难"案件的关键问题。依托信息化平台，深圳已初步构建起公、检、法等各部门相互配合的"大执行"工作格局，为基本解决案件"执行难"做出了积极努力。2011年以来，深圳法院综合运用"一网两台"三大科技平台，形成强大合力破解"执行难"案件。其中，"鹰眼查控网"全面查控被执行人及其财产、"极光集约平台"建立起同质化事项集约统管办理机制、"速控平台"实现了执行流程的集约化办理。

1.建立"鹰眼查控网"，完善执行联动机制

"鹰眼查控网"是深圳法院创立的对被执行人及其相关人员的财产和人身进行查询和控制的信息化工作平台。深圳中级人民法院于2010年即着手建设"鹰眼查控网"，全市法院将执行查控请求上传至"鹰眼查控网"，查控网整合请求后，发送至各协助单位，协助单位办理后将结果返回，全程操作均在信息平台进行，便捷、准确、迅速。"鹰眼查控网"先后与银行、证券、车管、国土等部门建立了网络协作查控机制，全面实现对被执行人财产的"五查"（银行存款、房地产、车辆、工商股权、证券）。

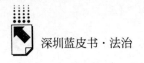

2.升级完善"极光集约平台",建立同质化事项集约统管办理机制

面对执行"案多人少"的困境,深圳中级人民法院在2010年成立的执行指挥中心的基础上,开发了"极光集约平台",实现司法事务集约化管理,通过电子化处理平台,合并送达、查封等事务性工作,优化、整合了司法资源。2017年,又对原有的"极光集约平台"进行升级改造,按"市内辖区负责制""市外分片轮值"的原则,根据实施任务的区域、类型、时限等要求,将来自各个案件的执行事务进行集中归类,统筹实施。

3.开发"速控平台",分流简化执行流程

2017年5月,深圳中级人民法院开发"速控平台",打造"漏斗式纵向分流"的执行流程体系。快执团队负责执行案件的立案工作,然后通过"速控平台"的"五查"完成首次分流,再根据案件中所涉财产的变现难度和周期进行再次分流。"速控平台"依托最高人民法院"总对总"系统和"鹰眼查控网"进行过滤后,15%的案件通过在线查冻扣直接办结,一键点击即可自动生成多份执行所需的法律文书,并对接邮局司法专邮送达。需要财产变现的案件,则交由普执团队跟进评估、网络司法拍卖。

(三)首创破产财产网拍平台建设

深圳中级人民法院首创破产财产网拍模式,搭建了全国首个破产网拍平台,形成以"管理人+辅助拍卖服务+网络平台"为主要内容的破产网拍新模式。其中,翡翠国际航空公司三架飞机通过网络大幅溢价拍卖,得到世界银行关注。同时,深圳中级人民法院还率先开发破产信息公开平台,制定公开细则,为全国法院破产案件信息公开平台建设及相关操作规范提供了实践样本。

(四)"互联网+枫桥经验"促进纠纷化解

前海合作区法院通过信息科技手段,创新"互联网+枫桥经验",极大地提高了调解的便捷程度和处理效率。一是通过新浪网"在线法院"和"云会议"调解系统建设在线调解平台,进行线上调解工作;二是建设"一带一路"法律公共服务平台,收集整理共建"一带一路"31个主要国家和地区的法院判决、法律制度和文献，向域外公众提供免费的线上法律信息服务，并邀请相关法律工作者提供线上法律事务咨询服务；三是建设"线上法院"，为公众提供更加智能化和便捷化的司法诉讼服务，使得纠纷解决机制更加便捷高效。

（五）"互联网＋"知识产权审判新模式

南山区作为深圳的创新强区，PCT 国际专利申请量占全国总量的 1/4，南山区法院的知识产权案件数量在深圳基层法院中位列第一。南山区法院创造性地将互联网运用于知识产权司法保护中，推出全国首家"互联网民事纠纷调解中心"，在全国率先实现了"E 立案""E 送达""E 调解""E 庭审""E 公开"的"互联网＋"审判新模式，并设立了南山区法院知识产权互联网审理中心（知识产权巡回法庭）。

（六）探索公检法跨部门办案平台建设

深圳是全国跨部门大数据办案的试点城市，按照"电子卷宗制作＋业务协同平台＋智能辅助办案"的模式建设了政法系统跨部门大数据办案平台，并制定了相关配套制度和标准规范。南山区开展政法机关刑事案件网上办理的试点工作，配合市委政法委完成网上办案平台与全省法院综合业务系统的对接建设。目前南山区法院已实现刑事案件卷宗电子化生成和网上流转，公、检、法、司各部门可在平台上分段录入、各取所需，完成调取卷宗材料和电子档案管理等工作。与南山区检察院、看守所共同建立的"远程视频庭审系统"，在全国率先实现"三方远程庭审"，庭审效率明显提升。

（七）率先试点全覆盖全流程全要素无纸化办案

盐田区法院作为无纸化办公的试点，运用信息化技术，积极探索法院案件办理、诉讼服务和司法管理等各类业务的无纸化办公。目前，盐田区法院无纸化办案已经进入 2.0 时代，实现了案卷纸质材料的批量扫描上传和智能编目、案件证据材料的精准检索和快速比对、案件审判的网上留痕和数据可视化等，大大提升了办案智能化和办案效率，减少了纸张的使用。

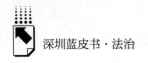

（八）律师自助立案平台建设

为有效利用信息化手段拓展司法服务新局面，加快智慧法院建设，缓解当事人立案等待时间长等难题，宝安区法院率先启动律师自助立案平台建设，指引当事人快速完成自助立案工作。自该平台投入使用以来，深受当事人特别是律师的欢迎。

第一，明确自助立案范围。通过出台《自助立案实施细则（试行）》等文件，明确自助立案的适用范围，主要包括事实清楚、证据充分简单的民商事案件、知识产权案件、执行案件等法律关系相对简单的案件。当事人认为其起诉符合自助立案条件的，经立案法官确认后亦可自助立案。

第二，设置自助立案专区。在律师等候区域设置"自助立案室"，立案管理人员负责审查立案材料，并指导使用自助立案系统等。立案材料经过审查确认后，符合立案条件要求并且立案材料齐全的，诉讼当事人可以在自助立案区域完成全部立案程序。

第三，实现快速立案登记。诉讼当事人完成立案信息录入和案卷材料扫描上传后，便已完成立案登记，相关信息会被快速导入"法院综合业务系统"，大大缩短了立案时间。完成一起案件的自助立案工作仅需20分钟，比正常立案等候时间少了近两个小时。

第四，明确自助立案法律后果。当事人应严格按照要求进行自助立案，不得擅自更改立案内容，对其自助立案所输入信息内容的准确性负责，并依法承担输入信息错误导致的法律后果。当事人在自助立案过程中有弄虚作假、故意毁坏设施设备等行为的，应依法承担相关法律责任。

二　深圳智慧法院建设面临的主要问题

深圳智慧法院建设虽然取得了一定成绩，但智慧法院建设依然处于探索阶段，还存在许多需要进一步解决的问题。

（一）智能化系统统筹管理体制机制不健全

当前，政法领域智能化建设统筹管理体制机制不健全，政法信息化的建设比较分散化、模块化，尚未形成顶层设计能力。

第一，法院、检察院、公安机关、司法机关等各部门的智能化建设都在各自系统内展开，整个政法系统的信息化建设尚未有统一的规划，各部门之间的信息互联互通尚未完全实现。

第二，法院、检察院等各部门内部的智能化建设也比较分散，各基层法院主要基于自身需求探索和建设智能化系统，多为各种智能化模块，各基层法院之间的智能化系统尚无法完全对接，难以形成统一完整的智能化系统。

（二）智能化基础设施建设相对滞后

虽然法院探索建设了一些智能信息系统并取得了良好的成效，但是在整体上，现有的智能化基础设施建设相对滞后，业务支撑能力较弱。一是法院现有的专网网络的宽带不能满足智慧法院建设的需要；二是法院现有设备的计算能力和存储空间无法满足案件快速增长的需求；三是法院现有的音频、视频系统建设无法满足互联互通及共享的要求；四是法院外部的专网与其他部门之间的网络连通不畅，网间信息交换效率较低；五是法院的涉密内网建设较为滞后，尚未形成规模。

（三）各政法部门之间尚未建立共享合作平台

目前各政法部门之间尚未建立统一的智能化办案系统平台，未实现各政法部门间的信息共享与案件办理的协同。此外，各基层法院智能化信息系统的建设标准不统一、信息化建设不平衡，导致业务系统间无法快速协同、信息无法共享，系统融合较难。

（四）数据深度应用系统建设有待提升

人工智能在中国法院系统的应用主要体现在智能辅助文书处理、智能转换庭审笔录、智能辅助案件审理、智能辅助司法服务四个方面。① 目前各级法院的数据集中范围并不统一，司法审判信息资源库的信息收集的自动化程度较低，在司法政务、司法研究、信息化管理、外部数据等方面尚处于起步阶段；人工智能技术在司法实务中的应用和开发程度较低，尚未实现为公民普法的功能；司法大数据的效用还不能完全发挥，尚不能为司法资源的调配、司法公共服务提供高质量的智能分析服务。

（五）信息安全保障系统建设有待加强

与传统司法信息化相比，司法大数据与人工智能技术的应用对法院的信息和数据安全形成一定挑战。② 当前，各级法院的网络信息安全保障机制和非涉密重要信息登记保护机制建设不完善，涉密信息系统的建设较为滞后，统一的身份认证机制和安全监管机制尚未建立；质效型运维体系建设还不规范，信息系统质效评估方法仍不健全，未能形成信息系统运行质效持续提升的机制，基础设施和应用运维还不完善，数据运维和安全运维仍未全面开展。

三 深圳全面提升智慧法院建设的发展策略

（一）制定、规划、完善政法智能化建设的顶层设计

1. 编制并逐年评估、修订五年发展规划

深圳市需要制定切实可行的五年发展规划，以统筹辖区法院、检察院、司法局和公安局等部门智能化建设，指导技术实现，保障各政法部之间的系统互联互通，实现各部门之间的信息共享和业务协同。同时，要对五年规划进行年度评估，结合最新建设现状、业务发展、技术方向等对规划进行优化调整；或者制定年度重点工作计划，以逐步推动各项工作的落地实施。

---

① 参见孔祥凤《司法实践中的人工智能》，《学习时报》2019 年 8 月 8 日。
② 参见王禄生《司法大数据与人工智能技术应用的风险及伦理规制》，《法商研究》2019 年第 2 期。

2. 设计智能化建设总体技术方案

各区政法部门应当在五年发展规划的基础上进行智能化建设的总体技术架构设计，明确智能化系统建设以及系统保障机制和效能提升方案。同时，尽可能整合各政法部门之间的技术标准，制定统一的信息化技术标准体系和标准管理工作机制；同时，要整合各方资源攻关制约审判管理和能力的核心技术，解决司法审判和管理中的人工智能关键技术难题，以快速推进法院的智能化系统建设。

（二）积极争取建立深圳互联网法院

目前全国范围内只有杭州、北京、广州试点建设互联网法院，并取得了初步成效。深圳应当在建设中国特色社会主义先行示范区的契机下，积极向最高人民法院争取，申请成为建设互联网法院的试点单位，以进一步推进法治城市示范建设进程。当前，深圳建设互联网法院的条件和时机已经成熟。

第一，深圳各级法院都在积极探索建设"互联网＋"网上法院、无纸化办案等智能化设施建设，并一直走在全国前列，已经为互联网法院的建设奠定了坚实的技术基础。

第二，杭州、北京、广州的互联网法院的建设已经取得良好成效，电子诉讼平台建设和司法区块链等技术运用较为成熟，为深圳建设互联网法院提供了经验借鉴。

第三，深圳本土科技企业众多，涉及科技和互联网的知识产权等法律纠纷较多，互联网法院的建设可以更快速便捷地解决法律纠纷，并在一定程度上分流一部分诉讼案件，以减少其他基层法院的诉讼案件数量。

第四，深圳地处粤港澳大湾区，通过互联网法院建设可探索搭建大湾区在线诉讼平台，进一步拓宽大湾区纠纷解决渠道。

深圳互联网法院的建设应当按照"系统化、信息化、标准化、社会化"的要求，围绕服务群众诉讼、服务审判执行、服务粤港澳大湾区的总体目标，探索线上线下同步推进的"双线"智慧诉服体系，提供"大普惠、高效能、集约化、定制式"的诉讼服务。诉讼平台的建设应当坚持"开放包容、中立共享、创新升级、安全可控"的理念，打造"多功能、全流程、

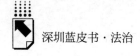

一体化"的电子诉讼平台，实现诉讼流程的立案、调解、缴费、开庭、送达、申请执行、归档、查阅卷宗全程在线，实现"一键提交、一键办理、一线联通、一网通办"的一站式服务。

（三）推进法院一体化信息基础设施建设

1. 升级法院专网的功能性能

各级法院要升级现有的专网宽带，进行专网宽带的扩容建设，对于核心网络设备要进行双设备冗余备份，以建成容量大、稳定性能高、持续运行的专网系统；还要优化网络信息基础设施的资源分配功能，不断增强服务提供能力，实现业务应用系统改造、迁移。同时，要大力推进法院移动应用支撑平台的建设，保证法院安全接入移动办公办案终端。

2. 加强音视频融合共享

各级法院要对法院音视频系统进行高清改造，通过图像、人脸、语音识别等人工智能方式，加快科技法庭系统建设和应用模式创新升级，提升远程提讯、庭审、接访的工作效率。

3. 建设统一标准的诉讼服务大厅

各级法院诉讼服务大厅的建设要按照《最高人民法院关于全面推进人民法院诉讼服务中心建设的指导意见》和《诉讼服务大厅信息化建设指南》，对现有的诉讼服务大厅进行改造建设，要装配信息化设备，实现线上线下一站式诉讼服务。

（四）进一步探索建设政法办案智能管理系统

虽然南山区政法委已经在探索建设政法办案智能管理系统，但是目前只是局部试验，尚未在深圳市层面推动建设这一办案系统。未来，深圳可借鉴上海的"206系统"建设经验①，结合深圳本地实际和南山区政法办案智能管理系统建设经验，推进建设全市统一的政法办案智能管理系统。在公、

---

① 参见崔亚东《人工智能与司法现代化》，上海人民出版社，2019，第106～120页。

检、法三机关之间搭建统一网络运行平台，实现公检法办理刑事案件网上运行、互联互通、数据共享；同时，该系统能够统一证据标准，实现标准化、规范化、数据化，有效防止冤假错案。总体上，该系统建设要涵盖从刑事立案、侦查、审查起诉、庭审、判决链接到刑罚执行、减刑假释、服刑人员刑满释放、回归社会等环节，以实现人机协同，线上线下跨界融合，实现从刑事办案单一系统向刑罚执行、社会治理领域综合系统的转变。

（五）创新完善司法外部服务平台

深圳应当在整合现有司法服务系统设备建设的基础上，构建开放透明、利民便民的司法机制，打造以当事人和律师为中心的融合司法公开、诉讼服务、法制宣传等各类应用系统的外部服务平台。

1. 改造完善司法公开平台

各级法院应当充分利用微信、手机 App、微博、网站等信息技术手段，进一步拓宽和深挖司法公开的广度和深度，将所有应当主动公开的信息及时准确地予以公开，并实现诉讼案件审理相关信息在平台内和平台间的自动关联，以及诉讼案件与相关联案件的信息查询。

2. 构建全流程电子诉讼服务平台

各级法院应当按照实际情况完善诉讼服务网络基础设施建设，整合网上咨询、网上诉讼、律师服务、申诉信访、人民陪审员服务等平台和功能，打造全流程和智能化的电子诉讼服务平台。电子诉讼服务平台的建设实现了诉讼服务从单纯的诉讼信息提供向诉讼业务全流程参与的重大转变，将线下资源与线上资源整合，全面推进诉讼案件的网上智能化审理。

3. 开发诉讼智能服务

对于公众而言，智慧法院建设的目标就是要实现诉讼程序更加便民、更快捷。[①] 各级法院应当积极面向公众、其他政府部门提供诉讼智能服务，开

---

① 参见李玉娟、杨帆《大数据和人工智能技术在"智慧法院"中的应用》，《通信与信息技术》2019 年第 2 期。

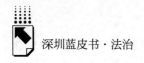

发司法大数据分析研判系统，拓展和深挖诉讼智能评估服务的广度和深度，不断提升诉讼服务的智能化水平。

（六）推进司法大数据开发管理平台建设

1. 完善数据共享交换系统

各级法院要在大数据管理平台的基础上，建设部门间的大数据交换和共享系统，构建以司法诉讼案件信息为核心的统一信息共享服务标准，支撑法院系统内部以及法院与外部应用系统之间的业务协同工作，提升共享交换在稳定性、交换容量、安全等方面的能力。

2. 建立大数据业务分析系统

人工智能在中国司法实践中还属于一种辅助性、参考性工具。① 各级法院要在大数据管理和服务平台的基础上，拓展建设大数据分析系统，构建司法审判业务大数据分析模型；提升即席分析工具性能，提供灵活、动态、可配置的自助式分析支持能力；对司法审判信息资源库中的数据进行深入地挖掘分析，提供智能分析服务。

3. 开发司法工作评估智能服务系统

人工智能未来可能会成为控制司法判决质量的重要手段，可以起到维护司法统一和司法公正的作用。② 各级法院要开发面向司法审判和管理实践需要的司法工作评估智能服务系统，包括对于审判资源配置、司法人员选拔管理、法官干警业绩档案、法官员额配比决策、信息化建设效能等事务的智能化评估；该评估系统还应当与管理决策和人事工作等应用系统实现无缝集成，提升司法管理的支持水平和工作评估服务的智能程度。

（七）健全信息系统运行维护和安全管理平台建设

1. 建设安全测评管理平台

各级法院要根据相关规定对非涉密重要信息进行安全等级保护的定级备

---

① 参见左卫民《司法人工智能尚需实践探索》，《中国司法》2018 年第 8 期。
② 参见左卫民《如何通过人工智能实现类案类判》，《中国法律评论》2018 年第 2 期。

案工作，同时要根据相关标准进行网络信息安全保障体系建设，建立安全测评管理平台，开展网络信息安全等级测评工作，发现问题应当及时整改完善。

2. 建设法院涉密内网

各级法院要在现有涉密内网的基础上按需建设，配备保障信息系统安全运行的网络信息基础设施；同时，根据国家内网建设的相关要求和建设标准，安全接入本地电子政务网络平台。另外，在网络信息安全保障允许的情况下，还要尝试建设涉密云。

3. 建设信息系统应急处理平台

各级法院根据应急管理效果要求，建设信息系统安全应急处理平台，实现网络安全监测预警、应急值守、应用数据备份、模拟训练等功能，并提供应急处理预案，以提升应对各类突发事件的响应处置能力。

参考文献

杨临萍：《司法体制改革与智慧法院的实践与探索》，法律出版社，2019。

马宏俊：《司法大数据与法律文书改革》，知识产权出版社，2019。

宋远升：《技术主义司法改革与法治现代化》，上海人民出版社，2017。

孙佑海：《司法体制改革创新研究》，中国法制出版社，2017。

中华人民共和国最高人民法院：《中国法院的互联网司法》，人民法院出版社，2019。

B.23
深圳区块链数字版权应用情况及展望

孟海　谭秀梅*

摘　要：　数字版权产业在快速发展的同时，数字版权盗版问题也愈加严重，而以区块链为代表的技术正逐步影响着数字版权产业体系。区块链技术具有去中心化、数据基本不可篡改、可还原、可溯源等特点，区块链的时间戳和哈希树根值能够帮助解决网络环境下作品确权难和维权取证难的问题。但是，区块链技术由于其技术特点，无法保证上区块链之前的数据的可信度，也无法进行实质侵权判定和实行有效监督，因此区块链技术对数字版权产业既是机遇又是挑战。基于区块链的数字版权交易有很大发展空间，深圳应当积极支持区块链技术在数字版权产业应用，密切关注技术的发展，解决区块链技术与版权相关理论的衔接问题，推动数字版权产业高速发展。

关键词：　区块链技术　版权保护　证据保全

一　深圳区块链数字版权应用情况

（一）深圳区块链版权探索情况

1. 数字创意创新发展中心

2018年9月，深圳文化产权交易所分别与国家战略性新兴产业专家咨

* 孟海，北京大成（深圳）律师事务所律师，深圳市版权协会副秘书长，深圳市知识产权专家委员会专家；谭秀梅，深圳市版权协会数字版权事业部实习生，深圳大学2018级知识产权专业硕士研究生。

询委员会秘书处、大数据系统计算技术国家工程实验室联合成立了数字创意创新发展中心、大数据国家工程实验室深圳文交所区块链应用中心，后者主要致力于解决文化艺术品版权溯源、鉴真、确权、确价和流通等问题。[①] 另外，深圳文化产权交易所基于国家信息中心信息化和产业发展部合作共识与发展战略，特别成立"文化艺术品版权区块链创意基地全国孵化中心"。创意中心、实验室和孵化所的成立旨在利用区块链技术，为文化版权产业解决确权难、销售难、融资难等问题，打造文化产品版权的溯源上链智能合约，推动文化版权产业优化和版权产业的高速发展。

2. "文版通"平台

为解决文化产业市场融资难、文化产业销售难、文化消费模式和文化资产征信难的问题，深圳文交所于 2018 年 11 月推出"文版通"平台，该平台运用区块链技术记录文化产品的流转信息，促进文化艺术品的金融化。下面以"文版通"的典型案例"艺玉紫砂－紫砂泥"（ARTYPT）产品为例进行说明。区块链为每一个参与拍卖的艺术品提供唯一的身份信息，创建无法修改的身份信息与产品信息并对应数据库。然后紫砂泥所有人采用高清拍照的方式，拍摄紫砂泥的整体和各个细节，将该紫砂泥的图片、产品详情和产品鉴定信息、交易信息等数据打包上链。再然后该紫砂泥会在"文版通"的链上商城认购，经深圳文化产权交易所文化艺术品版权区块链应用基地"文版通"供应商申请，"文化艺术品版权区块链应用基地"应用委员会审核通过，鉴定机构鉴定合格入库完毕，即完成确权上链。整个确权与交易过程公开、可溯源且不可篡改，投资者、艺术品所有人、拍卖人都可以在"文版通"平台查看艺术品的过往的所有信息。此举解决了交易双方的信息不对称问题和信任问题，也可以解决监管部门的举证质证问题，提高了艺术品交易的管理效率。由于利用区块链的智能合约技术实现了文化资产的信息全节点存储，所以每一次交易都会记录在区块链上，使艺术品得以锚定可标

---

① 《数字创意创新发展中心深圳挂牌——以区块链助力版权保护》，中国新闻网，http://www.chinanews.com/cj/2018/09－15/8628412.shtml，最后访问日期：2020 年 3 月 17 日。

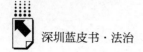

准化、可交割和可流通的比价物，实现金融转化，加速了艺术品交易的流通，推动了文化版权产业的高速发展。

3. 深圳市版权协会与迅雷链联合发布的"E 证链"

2019 年 11 月 23 日，深圳市版权协会与迅雷链联合发布了基于迅雷链开放平台的互联网知识产权电子证据存证平台"E 证链"。深圳市版权协会在已成熟运用多年的 TSA 可信时间戳电子证据固化平台的基础上，利用区块链技术的优势，将电子证据的数字指纹（又称 Hash 值或哈希树根值，一种单向散列函数值）和证据核心要素相关电子数据同步存储到区块链公链平台的多个节点，对证据进行固化，便于在诉讼活动中进行验证。包括中国版权保护中心、南方新媒体、壹基金、泰国那黎宣大学等在内的三十多家政企机构和高校都启用了迅雷链，迅雷链也在金融、版权保护、保险等十几个领域得到发展。借助迅雷链性能强大、安全可靠的底层区块链技术，"E 证链"可以有效校验电子证据是否被伪造、篡改，提升了验证机构的验证效率，为全方位、全链条的版权社会化服务奠定了基础，让版权保护更容易，让创作者更受益。"E 证链"具有以下特点。

第一，对电子数据的保密性较强，只将哈希树根值和证据要素默认存储到时间戳中心服务器和区块链公链节点，是否将证据文件本身存储到云端证据库由用户自行选择。

第二，证据验证快速便捷，在证据的举证和质证过程中用户可以自助在线快速在区块链公链提供的验证渠道和 TSA 可信时间戳服务中心提供的验证平台进行双重验证。

第三，证据取证过程完全再现，取证过程通过系统屏幕录像的方式全程录像，并对取证过程录像文件同步进行了提取哈希树根值、提取证据要素，并将哈希树根值和证据要素同步存储至区块链公链节点和时间戳服务中心服务器，便于未来验证。

第四，深圳市版权协会对取证过程进行详细描述，并出具加盖公章的纸质电子证据固化报告和证据光盘（或移动硬盘）。

第五，电子数据证据采集至固定的过程、取证过程是否再现、取证内容是否已被篡改的验证方法等技术手段完全符合《中华人民共和国电子签名法》《中华人民共和国民事诉讼法》《最高人民法院关于互联网法院审理案件若干问题的规定》等法律和司法解释的要求。

（二）政策背景

区块链的广泛运用离不开政策的支持与重视。2016年10月，工信部发布了《中国区块链技术和应用发展白皮书》，针对区块链如何作为电子证据应用于司法取证做出了说明。2017年10月，国务院办公厅发布了《关于积极推进供应链创新与应用的指导意见》，指出了区块链技术在供应链条上对于降低贷款企业的信用风险管理成本的价值。2018年9月，最高人民法院发布的《最高人民法院关于互联网法院审理案件若干问题的规定》中，确认了区块链的证据地位。[①]虽然该规定只适用于互联网法院，但是这也是立法在互联网知识产权保护方面迈出的重要一步，为今后区块链技术在知识产权领域的保护提供了极大空间。2019年2月，《最高人民法院关于深化人民法院司法体制综合配套改革的意见》的"科技驱动助改革"部分强调要将区块链技术运用到审判执行、司法改革工作中。尽管有以上的政策支持区块链的发展，但区块链的应用仍只是作为电子证据类型的一种。

（三）全国区块链版权应用情况

自区块链应用到数字版权领域以来，各方主体积极探索应用模式，目前已经投入应用的版权应用情况见表1。

表1　区块链数字版权应用情况

公司名称	平台名称	平台简介
北京百度网讯科技有限公司（百度）	百度图腾	基于区块链技术，为原创作者和机构提供一站式版权保护服务，提升各环节效率，重塑版权价值链

---

① 《最高人民法院关于互联网法院审理案件若干问题的规定》第11条规定：当事人提交的电子数据，通过电子签名、可信时间戳、哈希值校验、区块链等证据收集、固定和防篡改的技术手段或者通过电子取证存证平台认证，能够证明其真实性的，互联网法院应当确认。

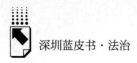

续表

公司名称	平台名称	平台简介
北京版全家科技发展有限公司(安妮股份)	版权家	区块链司法存证＋取证＋侵权监测＋法律维权
浙江爱立示信息科技有限公司(爱立示)	无钥签名	电信级服务、透明的验证体系、尊重用户对于数据的所有权和隐私、基于纯粹的数据公理、跨平台性、对量子计算免疫、独立验证、丰富的应用场景
北京众享比特科技有限公司(众享比特)	众享区块链存证平台	联合司法公证处、司法鉴定所、仲裁机构、法院等机构,建立联盟链,以电子数据为操作对象,将证据固化在众享区块链存证平台,实现电子数据的采集、存证、取证、公证、鉴定、调解、仲裁等全流程服务
浙江蚂蚁小微金融服务集团股份有限公司(蚂蚁金服)	蚂蚁金服	高效共识机制、密码学安全和隐私保障、跨链交互协议、可信执行环境、智能合约编程语言与安全分析
西安纸贵互联网科技有限公司(纸贵互联)	纸贵区块链版权业务	通过区块链存证平台将版权、合同、赛事记录、教育培训等记录存储在区块链网络中,同时在线生成具有法律效力和唯一哈希树根值标识的存证证书;记录和文件存证可以联网查询,永久有效,无法篡改
北京太一云科技有限公司(太一云)	中国版权链	中国版权链充分利用区块链技术去中心化特点,设计以联盟链的方式,将知识产权确权信息实时记录在区块链上,用户在微博发布内容即可免费完成确权,方便快捷,保证了知识产权不可篡改、永久保存、可追溯,具备法律意义
北京亿生生网络科技有限公司(亿生生科技)	亿书	内容挖矿、研发挖矿、广告挖矿、存储挖矿、企业用户、取证挖矿、运营挖矿
重庆易保全网络科技有限公司(数秦科技)	保全链	保全链是由易保全电子数据保全中心研发搭建的区块链基础设施,首批邀请公证、鉴定、法律平台等法务相关组织进入联盟链完成安全共识,目前已加入的组织覆盖西部地区金融、支付、保险、增信等多个行业
重庆小犀智能科技有限公司(重庆小犀)	小犀版权链	小犀版权链是网信首批备案通过的区块链服务之一,面向著作权与工业版权提供服务
湖南天河文链科技有限公司(湖南天河国云)	优版权	区块链存证＋DCI登记结合,双证护航,明晰版权所有权;从侵权监测到取证维权全流程贴心服务,维护作者版权价值
广州拓疆网络科技有限责任公司(广州科创)	飞豹链	IP整合共享、更新与共识、自动分账结算、IP评估、IP溯源、节点技术支持
广州博鳌纵横网络科技有限公司(汇桔)	汇桔数字知识产权应用平台	版权登记、版权监测、侵权取证、专家维权、版权交易

公司名称	平台名称	平台简介
北京邮电大学区块链实验室	区块链版权平台	版权登记、存证、侵权监测等服务
中国版权保护中心	DCI 体系	DCI 登记、版权费结算、监测取证与快速维权
北京爱奇艺科技有限公司	区块链平台	该功能基于区块链技术和领先的 AI 技术，用于对作品的作者、内容、创作时间等关键版权信息进行电子存证，具备不可篡改性和公信力，为原创作品提供安全可靠的版权保护服务
中国版权保护中心、华夏微影文化传媒中心	微电影微视频区块链版权（交易）服务平台	依托区块链信息技术打造，集版权登记、运营交易、数据监测、稳定安全存储、全网搜索、收益结算为一体
汉华易美（天津）图像技术有限公司（视觉中国）	区块链平台	数字版权确权

二 区块链技术价值及对版权产业带来的机遇

（一）数字版权产业发展存在的问题

数字版权产业的快速发展也使数字版权产业面临严峻挑战，以下三个问题更是突出。

第一，确权难。网络环境下，确认作品归属出现一定困难。作品自完成之日起自动取得保护，而确认作品归属的一般规则是署名，但在网络环境下，出现了大量的小微作品和碎片化作品，加上一些平台并没有采用实名登记制，作者维权想要提供权利证明和发表作品时间存在一定困难。

第二，侵权监控难。随着数字化技术的发展，使用人对作品的利用渐渐从间接占有载体到直接体验作品内容。网络信息可以随时修改而不留痕迹，信息的传播已经不再依赖物理载体，如果发现了侵权行为，若不及时通过截屏、录音录像等手段固定证据，侵权人如果及时删除侵权作品，权利人很难

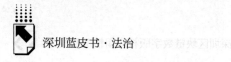

举证证明存在侵权行为。对于一些热点新闻、电影、体育赛事节目等作品，即使权利人能够固定证据，有些损失也难以挽回。

第三，维权取证难。根据民事诉讼法的"谁主张谁举证"原则，权利人除了要证明自己是权利人，还要证明侵权事实。目前较为权威的证明权属的方式为中国版权保护中心的 DCI 登记。很多作品的此类登记都会聘请第三方机构代办，但代办的费用不低，比如八戒知识产权，摄影作品登记 598 元/件，网站著作权登记 1600 元/件。一些小微作者很难负担这种费用。

（二）区块链价值及技术特征

工信部于 2016 年发布的白皮书将区块链定义为"分布式数据储存、点对点传输、共识机制、加密算法等计算机技术的新兴应用模式"。① 区块链一般有数据层、激励层、合约层、共识层、网络层和应用层，具有以下特点。

区块链技术具有去中心化的特点，其公信力不是由第三方组织建立的，而是依靠加密算法在交易双方中搭建信任桥梁。任意节点都可以参与管理和维护，任意单个节点丢失也不会影响其他的节点。但区块链系统发生的每一次变动都会向其他的节点公布交易信息，每一笔交易都需要经过交易双方的确认签名，这笔交易才会被写进区块链系统中，写入区块链系统后，这些信息不可否认、不可篡改，可追踪、可溯源、可还原。如果想要修改区块链系统上的数据，只能掌握全网 50% 以上的计算能力，而这种情况几乎不存在，因此区块链系统的数据与信息十分稳定可靠。

（三）区块链给版权产业带来的机遇

1. 数据真实可溯源

区块链是一种去中心化数据库，系统上的每一次作品数据的变动都会被

---

① 中国区块链技术和产业发展论坛：《中国区块链技术和应用发展白皮书 2016》，工业和信息化部，2016。

记录在数据块中，第一块与第二块相连，第二块与第三块相连，依此类推形成区块链条。而当数据链上的某一个节点发生变动时，这个数据块上的信息会被同步与公布到整个区块链上，同时链上的其他节点也会参与验证。时间越长，数据越多，想要修改区块链上的信息难度就会越大。具体到版权领域，因为区块链上的信息是不可篡改的，区块链能够为一个作品特定的时间点的状态提供证明，包括版权权属、交易情况等，相当于在全球范围内建立了一个公开的数据库，这个数据库不可篡改且可以溯源，而且单一节点的非法篡改不会影响系统中其他节点的数据。

2. 数据可明确数据权益归属

版权保护是数字经济产业的基础之一。应用区块链技术构建公开的分布式版权系统，版权人可以在系统上自行发布和交易作品，使文化作品在全球范围内的授权许可程序大为简化。① 每一位版权人都可以是该节链条的管理者，这样就将控制权转移到了用户侧，实现去中心化的效果。而且区块链上的每一个作者都可以被赋予数字版权人独特的时间戳与哈希树根值，获得数字版权生成全周期中任意时间点的创作证明和身份证明。② 该哈希树根值唯一且只对应一部作品，可以通过溯源发现是谁第一次上传此部作品，以此确定版权人。例如现在的"人民版权"平台，该平台将作者的作品、姓名、登记时间以及作品的具体情况在区块链上生成唯一且对应的数字指纹 DNA，相当于给每一部作品都办了一张身份证，在作品完成的一瞬间就可以进行版权确认并且公示，每一个节点都可以进行注册登记，提供不可篡改的跟踪记录。如此，只要在发生版权纠纷时进行溯源，便很容易找到真正的版权人。

3. 智能合约保障交易安全公平

区块链技术的公信力不是来源于第三方机构，而是技术本身。如上文所述，区块链技术可以确定系统中的作品的权利人，接着在系统中通过智能合

---

① 石丹：《论区块链技术对于数字版权治理的价值与风险》，《科技与出版》2019 年第 6 期，第 111 ~ 120 页。

② 华劼：《区块链技术与智能合约在知识产权确权和交易中的运用及其法律规制》，《知识产权》2018 年第 2 期，第 13 ~ 19 页。

约对每一笔交易进行追踪，交易双方在系统中完成确认签名，哈希算法对此项交易赋予唯一的哈希树根值然后在系统中公布，通过区块链技术解决了交易双方互不信任问题。授权条款的制定和授权流程的协商事项不是人人都精通的，且订立许可合同时间成本较高；而通过区块链上的智能合约，用户还可向作品的版权所有人进行自动支付，从而自动获得授权，[①] 再也不需要第三方以收取管理费的形式解决大量许可的问题。区块链可以对其中的版权作品的每一笔交易进行追踪，而用户可以通过区块链上的使用条款直接向作者付费，实现使用数量与许可费用挂钩，保障版权人的收益，这与版权法的激励目的相符。此外，还可以在区块链上为作品的使用者和作品的利用者制定差异化的版权许可协议，有效解决作品的合理使用问题，保障公众对作品的合理使用。

（四）目前的司法实践

中国成立了杭州互联网法院、北京互联网法院、广州互联网法院，以上三个法院都在实践中运用区块链技术作为电子证据。其中杭州互联网法院判决了国内首例区块链存证案："华泰公司诉深圳道同公司案"，这是目前涉及区块链证据认定的判例。案例虽然不多，但是每年都在递增，相关认定措施也在完善（见表2）。

表2　涉及区块链证据认定的案例

成立时间	法院名称	受理案件类型	案件名称
2018年9月9日	北京互联网法院	网络购物合同纠纷、金融借款合同纠纷、著作权或邻接权权属纠纷、互联网域名权属及侵权纠纷等11类	1. 北京全景视觉网络科技股份有限公司与深圳市康辉旅行社有限公司著作权权属、侵权纠纷【（2019）京0491民初805号】、2. 北京美好景象图片有限公司与北京绿京福商贸有限公司著作权权属、侵权纠纷【（2018）京0491民初1180号】、3. 蓝牛仔影像（北京）有限公司与华创汇才投资管理（北京）有限公司著作权权属、侵权纠纷【（2019）京0491民初724号】

① 聂静：《基于区块链的数字出版版权保护》，《出版发行研究》2017年第9期，第33~36页。

续表

成立时间	法院名称	受理案件类型	案件名称
2018 年 9 月 9 日	北京互联网法院	网络购物合同纠纷、金融借款合同纠纷、著作权或邻接权权属纠纷、互联网域名权属及侵权纠纷等 11 类	4. 北京全景视觉网络科技股份有限公司与深圳市康辉旅行社有限公司著作权权属、侵权纠纷【(2019) 京 0491 民初 798 号】 5. 上海映脉文化传播有限公司与千钧万博 (北京) 信息技术有限公司著作权权属、侵权纠纷【(2018) 京 0491 民初 964 号】 6. 北京微播视界科技有限公司诉百度在线网络技术(北京)有限公司等侵害作品信息网络传播权纠纷【(2018) 京 0491 民初 1 号】 7. 北京菲林律师事务所诉北京百度网讯科技有限公司侵害署名权、保护作品完整权、信息网络传播权纠纷案【(2018) 京 0491 民初 239 号】 8. 北京阅图科技有限公司与上海东方网股份有限公司著作权权属、侵权纠纷【(2019) 京 0491 民初 1212 号】 9. 北京全景视觉网络科技股份有限公司与深圳市康辉旅行社有限公司著作权权属、侵权纠纷【(2019) 京 0491 民初 797 号】 10. 上海映脉文化传播有限公司与千钧万博(北京)信息技术有限公司著作权权属、侵权纠纷【(2018) 京 0491 民初 963 号】
2017 年 8 月 18 日	杭州互联网法院	互联网购物纠纷、网络服务合同纠纷、侵权纠纷、人格权侵权等 6 类	杭州华泰一媒文化传媒有限公司诉深圳市道同科技发展有限公司侵害作品信息网络传播权纠纷案【(2018) 浙 0192 民初 81 号】
2018 年 9 月 28 日	广州互联网法院	网络购物合同纠纷、网络服务合同纠纷、金融借款合同纠纷、网络服务合同纠纷、著作权或邻接权权属纠纷等 11 类	暂无相关判决

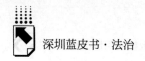
三　区块链数字版权面临的挑战

（一）无法真正解决版权归属问题

如上文所述，区块链可以实现多节点进入，换言之，区块链只能保证每一区块链上信息的真实性，无法保证上区块链之前的数据的可信度。如果被盗版者抢先在区块链上进行登记，而真正的版权人没有有力证据证明自己是真正的权利人，则会出现区块链指向的权利人与真正的权利人出现偏差，而上链数据又难以篡改，上链之前信息本身的真伪与归属这个结依然解不开。哈希算法赋予区块链上的每一部作品唯一的哈希树根值，而这些作品经过一定的改动（甚至是轻微改动）后便可以对应一个新的哈希树根值，成为所谓的"新作品"。而版权保护的是具有独创性的表达，即一个作品必须满足两个条件才能受到保护：第一，该作品是表达；第二，该表达具有独创性。而区块链只能解决作品数据安全问题，至于作品是否具有独创性的表达，显然不是技术能解决的问题。

（二）无法进行侵权判定

如上文所述，区块链技术可以对相似的作品进行技术对比，判定是否存在侵权行为。而判断相似的方式仅局限于对两部作品对应的哈希树根值进行对比。而作品只要经过稍微改变，就能获得一个新的哈希树根值，这样的判定方法其实只能判断完全相同情形的侵权，而对于那些实质性相似的侵权情形束手无策，如洗稿行为和一些高级的改编行为。因此区块链技术到目前为止无法解决侵权对比问题。加上中国也没有区块链注册登记版权所有权和交易电子证据的相关规定，区块链平台提供的版权登记不同于国家版权局签发的版权登记证书，提供的版权证明并不具有直接的法律效力，只能作为版权维权过程中的辅助证据使用。① 仅仅作为辅助证据使用，显然无法发挥区块链技术真正的作用。

---

① 贾引狮：《基于区块链技术的网络版权交易问题研究》，《科技与出版》2018 年第 7 期，第90~98 页。

（三）其他问题

如果每一个作者都能在区块链上进行创作，而没有平台的管控；如果有一些不法分子利用该技术发布一些不当言论——私钥是进行授权登录的唯一条件，信息一旦发布，除了作者外，其他人无法删除该信息，这对国家的信息管理非常不利。可能到最后还是要引进区块链数据管理平台，而目前的区块链数据平台有很多，该平台的性质是作为第三方机构还是政府委托的管理平台，其作用是在于管理监督还是登记，都需要在理论和实践层面明确。

因此，到目前为止，区块链仅仅作为电子证据的一种，其真实性、合法性、关联性还是要根据电子证据的相关规定来判断是否应当被采用，不能因为区块链技术本身具有可溯源和难以篡改的特点就特殊对待，直接采用。而区块链想要代替集体管理组织成为一个新的平台还有很多问题亟待解决。

四　展望

2017年1月，国家版权局制定了《版权工作"十三五"规划》，指出版权工作要树立面向全社会的新思路、新方法。区块链的去中心化、不可篡改等特点在开放创新环境下具有更广阔的应用前景。但区块链仍有许多技术方面、访问控制方面、公信力方面、并发处理方面以及与版权相关理论衔接等诸多问题需要进一步解决。除了以上问题之外，深圳经济特区作为中国改革开放的重要窗口，如果想要推动区块链的数字版权产业更好地运用，必须正视和解决以下问题。

第一，可以结合版权管理组织（音著协、文著协等）的数据库，将对应的作品信息登记在区块链上，解决线上线下登记信息不统一的问题。第二，目前区块链技术的运用仍旧较少，深圳文交所可以提供技术咨询，帮助区块链企业落实文化版权领域区块链的运用，加强对版权产业相关人员的宣传，提供区块链项目架构整体搭建、宣传、技术保障等一系列服务。第三，可将金融产业融入版权交易市场，借鉴比特币的无监管模式，建立文化产品电子商务，建立一个类似淘宝的去中心化平台，减少中间平台的参与和各种冗杂的平台。推动文化产业金融化，促进文化产业的发展。第四，在艺术品交易领域（例如各类艺术品的拍卖），可利用 P2P 交易模式，使各类市场价量结合，统一信息来源，解决艺术品线上线下交易价格差异的问题。第五，仍然不能放弃已经形成较大公信力的第三方平台，加强对区块链平台的监管，防止出现以炒作区块链概念之名，行非法集资、传销、诈骗之实的虚拟货币业务。

作为一种新兴技术，区块链对于数字版权产业来说既是机遇又是挑战。区块链技术是一场技术革命，更是一场经济革命。一方面，其技术特点符合版权激励论，有利于鼓励创新；另一方面，其安全性问题、统一认证问题值得被重视。因此要关注区块链技术的发展，根据技术发展情况做出回应。区块链技术实现点对点之间的交易，会给第三方机构带来巨大的冲击，共享经济的发展也给数字版权产业的发展带来更大的想象空间，版权法该如何应对技术的高速发展，值得各界持续地研究。

参考文献

穆向明：《基于区块链技术的数字版权保护新思路——〈2018 年中国网络版权保护年度报告〉评述》，《出版广角》2019 年第 19 期。

夏朝羡：《区块链技术视角下网络版权保护问题研究》，《电子知识产权》2018 年第 11 期。

马治国、刘慧：《区块链技术视角下的数字版权治理体系构建》，《科技与法律》2018 年第 2 期。

赵丰、周围：《基于区块链技术保护数字版权问题探析》，《科技与法律》2017 年第 1 期。

沈鑫、裴庆祺、刘雪峰：《区块链技术综述》，《网络与信息安全学报》2016 年第 2 (11) 期。

吴健、高力、朱静宁：《基于区块链技术的数字版权保护》，《广播电视信息》2016年第 7 期。

赵力：《区块链技术下的图书馆数字版权管理研究》，《图书馆学研究》2019 年第 5期。

孟奇勋、吴乙婕：《区块链视角下网络著作权交易的技术之道》，《出版科学》2017年第 25（06）期。

附　录
Appendices

B.24
2019年深圳法治大事记

1.全国第一家破产专业审判机构落户深圳

2019年1月14日，经最高人民法院同意，深圳破产法庭揭牌成立。这是全国第一家破产专业审判机构，负责办理深圳辖区内地（市）级以上（含本级）工商行政管理机关核准登记企业的强制清算和破产案件及其衍生诉讼案件、跨境破产案件和其他依法应当审理的案件。深圳中级人民法院在全国率先开展破产审判专业化改革已逾25年，是全国审理破产案件最多的法院。设立深圳破产法庭，是对标法治发达国家、融入国际破产治理规则的重要一环，有利于为全国法院破产审判机制的健全完善发挥先行先试、积累经验的作用。

2.深圳上线全国首家"民营企业法治体检自测系统"

2019年2月19日，深圳市司法局在全国率先推出普惠式、可选择、便捷化的"民营企业法治体检自测系统"。该系统是由深圳市司法局策划，深圳工商联、前海管理局支持，深圳市卓越律商法律文化传播有限公司具体承办建立的，融合人工智能、云计算、移动互联网等新技术，汇聚并优化配置法律服务资源，建设"法律服务云"，为民营企业精准提供免费的智能检测涉诉风险，帮助民营企业防范法律风险，促进民营企业依法决策、依法经营、依法管理、依法维权，为民营经济发展提供优质的法律服务和坚实的法治保障。

3.《粤港澳仲裁调解联盟争议解决规则》推出

2019年2月21日，《粤港澳仲裁调解联盟争议解决规则》推出。该规则融合粤港澳大湾区调解资源，确立开放合作式争议解决机制；建立粤港澳大湾区"调解＋仲裁"紧密对接制度，赋予调解协议全球强制执行力；建立联合调解员名册，实现粤港澳大湾区法律及争议解决专家资源互联互通。该规则的推出标志着粤港澳仲裁调解联盟合作机制升级，是服务大湾区法治融合和优化法治化营商环境的又一重要举措。

4. 深圳前海地方金融监督管理局揭牌

2019年2月26日，深圳市前海地方金融监督管理局揭牌。前海集聚了地方监管的"7＋4"类金融机构上万家，前海地方金融监管局的成立将进一步促进前海金融业服务实体经济、防控金融风险、深化金融改革，助推前海金融业提质增效。与前海地方金融监管局同步揭牌的有前海金融风险防控中心、互联网金融安全技术工业和信息化部重点实验室前海实验基地、深圳市公安局金融风险防控实战预警前海监测中心，形成以科技为载体，共享各部门系统资源，共建集成系统，形成"动态摸底、全面监测、及时预警、联动化解"的科技化风险防控闭环体系。

5. 全国首例通过比较试验促成企业召回缺陷产品

2019年2月26日，索尼公司日本总部与索尼（中国）有限公司代表一行十人到深圳市消委会就其产品质量问题当场致歉，并承诺公开召回在中国大陆销售的4000台缺陷移动电源产品。此前深圳市消费者委员会联合中消协、福田区消委会委托深圳市品质消费研究院开展了移动电源比较试验，结果显示索尼移动电源CP－V10B外壳不符合防火等级要求，为此敦促索尼公司查找并处理问题。这是全国首个通过比较试验促成缺陷产品召回的成功案例，深

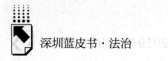

圳市消费者委员会发挥消费维权及社会监督职能，通过比较试验发现产品缺陷，进而促使国际知名公司主动公开召回缺陷产品，具有里程碑式的意义。

6. 全省首个"三审合一"环境资源法庭落户深圳龙岗

2019年2月，深圳市龙岗区人民法院大鹏法庭加挂"深圳市龙岗区人民法院环境资源法庭"牌子。12月24日，最高人民法院同意由深圳市龙岗区人民法院集中管辖深圳市应由基层人民法院受理的涉环境资源一审民事、刑事、行政案件和所产生的执行案件。对环境资源案件集中管辖和"三审合一"有利于破解环境资源案件区域管辖难题，统一裁判尺度，提升环境资源案件的执行效率。

7. 深圳率先全国破解商事主体虚假地址注册和监管难题

2019年3月6日起，深圳市全面推行《深圳市全面应用统一地址库加强商事主体登记与监管的工作方案》。统一地址库是原深圳市市场监管委和深圳市委政法委牵头整合规划国土、公安、住建、民政等管理部门地址数据，为每一栋建筑物房屋赋予25位的数字编码，作为建筑物房屋唯一的"身份号码"，形成标准地址信息的统一地址库。商事主体登记利用统一地址库破解了商事主体虚假地址历史顽疾，从登记源头杜绝虚假地址注册问题。同时开展"块数据+商事登记"模式以及"信用+服务""信用+监管"，加强对商事主体的事中事后监管，实现精准服务企业。

8. 美国最大知识产权律所落户深圳南山

2019年3月7日，美国最大知识产权律所——斐锐律师事务所在深圳湾举办开业典礼。南山区集聚了深圳80%的创新资源，是中国创新高科技产业发展的高地。随着粤港澳大湾区建设的不断深入推进，南山区在加强知识产权法律保护领域多点发力，不断加大优质、高端律所引进力度。此次引进居全美知识产权诉讼之首的斐锐律师事务所，进一步提高了南山区乃至深圳市的国际法律服务水平，为众多科技企业走出国门参与国际竞争保驾护航。

9. 深圳发布全国首部创客法务指引

2019年3月13日，《深圳创客法务指引》在深圳前海首发，这是全国

第一部专为创客量身定做的法务指引。该指引由深圳市司法局组织律师事务所、咨询管理机构共同编写完成，内容贯穿创客创新创业的全过程，针对创客最关心、最常见、最实际的问题进行研究分析，对深圳市创新创业的政策进行梳理和解读，对创客解决实际遇到的法律问题提供有针对性的建议和典型案例参考。

10. 深圳个体户微信办照"秒批"

2019年3月20日，深圳市个体工商户"秒批"改革启动。该项改革由深圳市市场监管局联合龙岗区委区政府共同推出，个体户商事登记的审批时间由原来的2个工作日大幅压缩至符合条件即时审批通过。个体工商户微信办照、个体工商户营业执照"秒批"服务的推出，极大地方便了个体工商户办照，提高了办照效率。

11. 深圳启动"深港通注册易"

2019年4月10日，"深港通注册易"启动。有意愿在深圳前海蛇口自贸区开办港资企业的香港投资者，可就地在香港"一站式"注册深圳企业，免去投资者两地奔波的时间和开办成本。启动"深港通注册易"，在香港也能注册深圳企业等创新举措，优化了营商环境，取得了良好的社会效应。

12. 深圳出台全国首个企业重整案件指引

2019年4月19日，深圳破产法庭向社会公开发布了《深圳市中级人民法院审理企业重整案件的工作指引》（以下简称《指引》），这是全国首个专门针对企业重整案件的工作规程。《指引》以加强权利监督为抓手，打通管理模式和重整投资人引进的两个转换通道，打通债务人自主经营和管理人经营管理的转换通道，将自主经营和动态监督结合起来，以债务人自行管理原则，打消困境企业申请重整的顾虑。《指引》立足发展需求，着眼优化营商环境、推动困境企业重整再生，对企业重整全流程作出了较为全面、系统的规范，为法院审判、管理人履职、社会投资主体参与重整提供了基本遵循。

13. 深圳首次实现网络侵权案量化定性

2019年4月19日，深圳市市场稽查局成功破获全国首宗利用"微信公众号＋云服务器"开展网络侵权案——"416'雷＊影院'涉嫌侵犯《流浪地

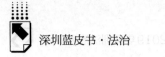
球》等影视作品著作权案"。该案是基于"云上稽查"数据固化见证技术和"网络云端数据证据在线提证通道",数据证据全程效力保证,首次实现了量化违法行为来定性违法情节,为全国网络知识产权保护工作提供了典型范例。

14. 深圳出台市场监管改革"41条"

2019年5月7日,深圳市市场监督管理局召开新闻发布会,发布优化营商环境改革的若干措施"41条",为全球客商来深投资营造稳定、公平、透明、可预期的营商环境。"41条"聚焦商事登记、食品药品管理、知识产权保护、质量技术服务能力提升、标准和信用建设等领域,包括不少首开先河的重要举措,比如将商事登记时限压缩到不超1个工作日,符合条件的企业和机构可申请简易注销,食品药品和特种设备许可全面实行"不见面审批"、全流程网上办理等。

15. 深圳建立"环保顾问"制度

2019年5月起,深圳市生态环境局光明管理局创新服务方式,引进专业环保机构作为环保顾问"下园区、进企业",为辖区个人、企业、工业园区、社区等环保主体免费提供项目选址、产业政策、环评类别、环保验收、环境安全、环境管理等各类环境问题提供咨询服务,并制定了《光明区环保顾问制度实施细则》等7个文件。"环保顾问"制度是一种事前、事中介入制度,从源头上管控不良行为和结果的发生,为企业降低运营成本、提高落地效率,为环保监管部门提供全过程管理依据。

16. 深圳警方彻底摧毁"5·10特大杀猪盘"诈骗窝点

2019年5月,在上级机关组织指挥下,深圳市公安局刑警支队带领宝安分局奋战缅甸北部山区,成功侦破部督"5·10特大杀猪盘"电信诈骗专案,成功地全链条摧毁这个盘踞缅甸、在深圳乃至全国行骗的特大"杀猪盘"电信诈骗犯罪集团,抓获犯罪嫌疑人123名。这是截至2019年跨出国门打击电信诈骗犯罪抓获人数最多、规模最大、犯罪链条最齐全的案件。

17. 宝安区被国家社会信用标准化技术委员会确定为全国首个社会信用标准化建设试点

2019年5月,宝安区被国家社会信用标准化技术委员会确定为全国首个社会信用标准化建设试点。宝安区通过覆盖全区的公共信用信息平台，建立了所有法人、自然人的信用档案，形成了每一个法人和自然人的信用画像，同步实现了自动推送信用信息、自动识别黑红名单、自动提示奖惩依据、自动实施限制处理、自动反馈处理结果等信用联合奖惩智能模式。

18. 深圳市场监管部门撤销健乐诊所恶意注销行为

2019年5月30日，针对深圳健乐诊所通过恶意注销以逃避行政处罚的现象，深圳市坪山区人民检察院向深圳市市场监督管理局发出检察建议：撤销深圳健乐诊所的注销登记，恢复其企业主体资格，并将其列入严重违法失信企业名单，通过企业信用信息系统公示。12月3日，深圳市市场监督管理局坪山监管局作出行政决定书，撤销深圳健乐诊所的注销登记。深圳检察机关通过此案促成市场监管部门加快出台配套的简易撤销程序，完善市场主体退出机制，维护公平竞争的市场秩序。

19. 深圳龙华区上线法院庭审综合管理平台

2019年6月5日，深圳市龙华区人民法院"庭审综合管理平台"正式上线运行。该平台是以数据为依托的信息化、科技化审判管理体系的重要组成部分。其中参审数据管理、在线阅卷、在线培训、线上评测、线下活动辅助、排期信息自动写入业务系统、书记员人事档案管理、书记员速录数据管理、书记员智能考核、合议庭跨时空合议、庭审数据管理等功能均为首创。

20. "以审判为中心"的刑事诉讼制度改革在深圳实质落地

2019年6月19日，深圳市人民法院与市人民检察院、市公安局、市司法局联合印发《深圳市办理刑事案件排除非法证据规程（试行）》《深圳市办理刑事案件庭前会议规程（试行）》《深圳市刑事案件第一审普通程序法庭调查实施规程（试行）》《深圳市刑事案件出庭作证工作规程（试行）》等刑事诉讼制度改革规范性文件，"以审判为中心"的刑事诉讼制度改革在深圳实质落地。

21. 深圳龙岗建立"龙岗公民警校"

2019年6月，依托龙岗区公安分局、25个派出所建成的"龙岗公民警校"向区内住民开放。"龙岗公民警校"由"1个总部主校区加上25个派出所分校及 2 个教学示范点"组成"龙岗公民警校"授课点教室体系，由 12 名反诈骗讲师团成员、523 名警种业务讲师、基层安全讲师组成教师体系，设立"防骗、防火、防恐、防毒、防盗"的"龙岗公民警校"五防安全课程体系。在线上、线下龙岗公民警校的共同推动下，反诈效果显著。

22. 深圳检察机关率先全国发布"涉罪未成年人精准帮教深圳标准"

2019 年 7 月 16 日，深圳全市开始按照"涉罪未成年人精准帮教深圳标准"统一要求对全市涉罪未成年人全覆盖开展精准帮教。"涉罪未成年人精准帮教深圳标准"包含深圳市人民检察院制定并发布的《未检工作规范》《精准帮教指引》《未检工作绩效考核办法》《社会服务绩效考核办法》4 个规范性文件，同步建立覆盖全市的智慧未检帮教云服平台系统。按该标准建立的深圳社会化精准帮教体系是全覆盖、全流程的帮教，对所有涉罪未成年人不挑不拣、不做预判分流，无论轻罪重罪、初犯累犯，均开展精准帮教，为全社会的未成年人提供平等帮助机会。

23. 深圳南山启用民商事速裁中心

2019 年 7 月 31 日，深圳市南山区人民法院正式启用民商事速裁中心。该中心设有诉讼服务、诉调对接、速裁审判三大功能区，实现了诉讼服务、庭审方式、审判流程、文书生成、无纸化办案等全流程五个智能化，在纵横两个维度上推进工作。纵向按诉前联调、诉讼服务、庭前准备、庭审裁判、结案事务划为五个单元，横向按小额审裁、知识产权、劳动争议、金融信贷、综合审判划为五个单元，构建分层递进、衔接配套纠纷解决体系，形成"简案快办 + 诉调对接 + 智慧审判"全新司法服务模式。

24. 深圳税务机关联合破获"合金电解铜"虚开增值税案

2019 年 8 月 5 日，深圳市税务局在广州特派办支持下，与深圳市公安局发起代号为"流金 1 号"收网行动，一举破获"合金电解铜"新型黄金票虚开专案。该案涉嫌虚开"合金电解铜"发票价税合计达 209.4 亿元，税款 35.6 亿元，发票税价合计达 245 亿元，为全国打击虚开骗税案件之最，有效挽回了国家损失，是维护公平公正税收法治环境的典型案例，为全国稽查部门击破类似案件提供了有益经验。

25. 深圳开出首张"秒批"有限公司营业执照

2019 年 9 月 19 日，深圳市企业"秒批"系统上线启用。这是继 3 月启动个体工商户设立、注销"秒批"后在商事登记制度改革方面的又一创新。该系统依托"一网四库"，打造全程无人干预自动审批。"一网"是指全流程网上商事登记系统，"四库"分别是企业名称库、统一地址编码库、实名核身数据库、失信人员名单库等基础数据库。"秒批"系统通过与多个政府部门的权威数据进行实时校验、多维度比对，将企业设立审批时限由一天大幅压缩至几十秒内，同步建立"秒批"质检系统和"登管联动"机制，实现企业开办效率和质量"双提升"。

26. 深圳龙岗区启用首个互联网无人律所

2019 年 9 月 23 日，龙岗区公共法律服务中心正式揭牌启用，首个"互联网·无人律所"在龙岗区公共法律服务中心面向市民开放使用。无人律所是基于互联网、大数据、云计算等技术而搭建的一个整合全国律师资源的互联网法律服务平台，其操作系统内置高清触摸终端机、身份证读卡器、文件上传设备、打印设备等综合配套设备，涵盖快速咨询、材料共享、文书服务、约见律师、视频咨询等功能，使法律咨询像 ATM 机取款一样便捷。目前每人每天都有一次免费咨询机会，每次可咨询半小时。

27. 阿里巴巴在深圳宣布向全社会开放打假技术

2019 年 10 月 17 日，2019 阿里巴巴打假联盟秋季会议在深圳举行。在此次会议上，阿里正式宣布向全社会开放打假技术。该技术核心被称为"知产保护科技大脑"，是阿里近 20 年间积累的由海量线上线下打假特征库、打假经验聚合而成的一套算法技术系统，样本数据总量相当于 186 个中国国家图书馆藏量。

28. 深圳出台全国首个全流程刑事涉财执行办案指引

2019 年 10 月 18 日，深圳中级人民法院出台全国首个全流程刑事涉财执行办案指引——《深圳市中级人民法院关于刑事裁判涉财产部分的执行指引（试行）》。该指引从审判阶段开始全流程精细规范刑事裁判涉财产部分的执行相关工作，规定了审判阶段被告人财产的申报和调查、刑事保全和裁判的具体要求，移送立案的标准和程序，以及具体执行流程和结案方式体系，具有规范内容专、流程节点全、创新机制多的特点，完善和规范了刑事裁判涉财产部分的执行，提高了刑事裁判涉财产部分的执行质效。

29. 国家版权创新发展基地落户深圳前海

2019 年 10 月 24 日，经国家版权局同意，国家版权创新发展基地在深圳市前海深港现代服务业合作区正式揭牌运作。前海科创投控股有限公司联合厦门安妮股份有限公司等 8 家企业机构签署国家版权创新发展基地合作备忘录，共同成立"深圳市前海版权创新发展研究院"作为基地运营主体，承担研究基地的发展规划及相关政策建议、牵头基地招商引资及项目对接工作、打造基地公共服务平台，为企业提供基础版权服务。

30. 打造行政复议的"深圳标准"

2019 年 10 月深圳市行政复议办案系统投入试运行，2019 年 12 月深圳市行政复议网上服务平台也开始试运行。在系统、平台试运行的同时，深圳实行行政复议案件立案阶段诉访分流、审理阶段繁简分流、决策阶段集体讨论、文书制作强调说理并实现统一编号、电子档案备份。文书送达采取"深圳行政复议专递"，投递记录可查询，文书公开注重网上可查询，行政复议全过程各环节均通过相应制度建立标准，形成行政复议制度的"深圳标准"。

31. 深圳探索建设"信用 + 执法监管"全过程社会信用制度体系

2019 年 11 月，深圳市坪山区"信用 + 执法监管"全过程社会信用制度体系正式投入使用。该体系是建立在标准化"一站式"执法信用数据库基础上，以"信用 + 执法监管"为核心抓手，以信用分类分级监管为基础的事前事中事后全过程社会信用监管新机制。通过建立政府、社会共同参与的跨部门、跨领域的联合奖惩机制，坪山区内 36 个职能部门联合签署安全生产、纳税信用 A 级纳税人以及失信被执行人等重点领域联合奖惩备忘录，涉及 32 类 67 项联合激励措施，44 类 84 项联合惩戒措施。

32. 深圳推广法律文书"E 网送达"解决"送达难"

2019 年 11 月 14 日，深圳法院系统推广法律文书"E 网送达"龙岗模式。"E网送达"平台以电子送达、网格化送达、EMS邮寄送达为基石,涵盖所有送达方式,对接网格、邮政等多个系统地址库,自动获取最优送达地址,规范生成送达材料,智能管理送达流程,减少人工干预,实时生成送达报告。"E网送达"大幅提高了法律文书送达成功率和效率,降低了送达成本,较好解决了法院法律文书"送达难"中"门难找、人难寻"的问题。2019年,龙岗法院"E网送达"平台接收送达任务125074件,完成送达任务123359件,司法辅助送达人员由原来的24人减少到4人,送达车辆由原来的21辆减少到2辆,对被告首次送达成功率由最初的15%提升到89%,平均送达时间由原来的10天缩短到4天。

33. 深圳率先成立地方金融行政处罚委员会

2019年11月20日,深圳市地方金融监管局行政处罚委员会正式成立。由于缺乏规范管理,部分新兴金融行业风险逐渐暴露,地方金融违法案件呈现高发态势,给地方金融监管工作带来了极大挑战。成立深圳市地方金融监管局行政处罚委员会,是针对地方金融违法案件查处工作制度化、规范化的需要而构建的"查处分离"工作机制,通过划分行政处罚案件的调查取证权、审核权和决定处理权,实现案件调查部门和审理部门各司其职、相互协调、相互制约,健全地方金融执法监督机制,规范行政处罚执法行为。

34. 深圳启动知识产权"一站式"协同保护平台

2019年11月26日,深圳市启动知识产权"一站式"协同保护平台,全市首批8家知识产权保护机构集中进驻保护中心并揭牌运行。该平台由深圳市市场监管局会同全市知识产权职能部门组建,集合了知识产权申请、预审、确权、维权、导航运营等全流程"一站式"的知识产权保护业务,为深圳市创新主体提供快捷、高效、低成本的维权渠道。

35. 深圳上线"i深圳"区块链电子证照应用平台

2019年12月9日,深圳市统一政务服务App"i深圳"正式上线发布区块链电子证照应用平台。该平台支持授权他人用证、线下大厅窗口授权用证办事等多种用证形式,市民和企业在办事时可以通过直接授权、扫码授权等形式,授权他人在特定时间、特定场合、特定业务调取电子证照,电子证照使用的每一步操作都有迹可循。该平台目前实现居民身份证等 24 类常用电子证照上链，在个人隐私得到最大限度保护的基础上，企业、市民携带纸质证明办事的不便将大大减少，办事有望消除复印件。

36. 深圳法治环境指数居全国第一

2019 年 12 月 23 日，中国社科院、中国社科院科研局、中国社科院社会学研究所、社科文献出版社联合发布的《中国营商环境与民营企业家评价调查报告》显示，深圳法治环境指数得分为 81.49，位居全国第一，深圳营商环境综合评分居全国第二。深圳一直坚持法治国家、法治政府、法治社会一体建设，全面推进对标国际标准、体现中国特色、符合深圳发展定位的法治建设，全面推进科学立法、严格执法、公正司法、全民守法，用一流的法治环境助力营造稳定、公平、透明、可预期的国际一流营商环境。

37. 深圳参与打造"环大湾区司法服务圈"

2019 年 12 月 24 日，深圳前海合作区人民法院与广东自由贸易区南沙片区人民法院、珠海横琴新区人民法院正式签订《关于构建跨域立案、跨域调解、跨域庭审和共享司法资源等诉讼服务机制的协议》《关于中国香港地区、中国澳门地区特邀调解员资源共享和调解互认工作协议》《关于共享中国香港地区、中国澳门地区特邀调解员的工作规程》，实现诉讼服务跨域联动，推动诉讼服务事项"一站式"联动办理，方便诉讼当事人"一网解纷"，打造"环大湾区司法服务圈"。

38. 深圳出台措施严控道路反复开挖

2019 年 12 月 25 日，深圳市住房和建设局、深圳市交通运输局正式出台《关于加强道路挖掘管理提升市政工程安全文明标准化施工水平的若干措施（试行）》。道路反复开挖已经成为诟病，该措施就全市道路挖掘管理加强统筹、合力推进、统一规划、严控计划、提升标准、文明施工、保障安全、严格执法、智慧监管等方面作出了明确规定，有助于减少市政道路工程无序开挖和施工扰民事件，提升深圳市市政工程建设水平。

B.25
2019年深圳新法规规章述要

一 2019年深圳制定、修改和废止的法规

1. 修订《深圳市生态公益林条例》

2018 年 12 月 27 日深圳市第六届人民代表大会常务委员会第二十九次会议通过《深圳市人民代表大会常务委员会关于修改〈深圳市生态公益林条例〉的决定》，于 2019 年 3 月 28 日经广东省第十三届人民代表大会常务委员会第十一次会议批准，2019 年 4 月 12 日公布施行。《条例》规定每年10 月 1 日至次年 4 月 30 日为森林特别防护期。此外，法定节假日和民间传统节日均视为森林特别防护期。

2. 修订《深圳经济特区创业投资条例》

2019 年 4 月 24 日深圳市第六届人民代表大会常务委员会第三十三次会议通过《深圳市人民代表大会常务委员会关于修改〈深圳经济特区医疗条例〉等二十七项法规的决定》，自 2019 年 4 月 24 日起施行。明确禁止创投机构从事担保和房地产业务，并规定创投机构资本不低于 3000 万元人民币。

3. 对《深圳经济特区医疗条例》等二十七项法规进行技术性修改

2019 年 4 月 24 日深圳市第六届人民代表大会常务委员会第三十三次会议通过《关于修改〈深圳经济特区医疗条例〉等二十七项法规的决定》，对《深圳经济特区医疗条例》《深圳经济特区医疗急救条例》《深圳经济特区警务辅助人员条例》《深圳经济特区居住证条例》《深圳经济特区无偿献血条例》等二十七项特区立法中关于机构名称及部分职能的规定进行修改，并按照《深圳市人民代表大会常务委员会立法技术规范》的要求对部分文字表述以及条款顺序进行了相应的修改和调整，2019 年 4 月 26 日公布施行。

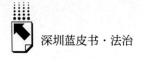

4. 修订《深圳经济特区控制吸烟条例》

2019 年 6 月 26 日深圳市第六届人民代表大会常务委员会第三十四次会议通过《关于修改〈深圳经济特区控制吸烟条例〉的决定》，自 2019年 10 月 1 日起施行。通过修订，该条例首次将电子烟纳入控烟管理，公共交通工具室外站台和等候队伍所在区域也被列入"禁烟区"，违反者最高可罚 500 元。

5. 制定《深圳经济特区科学技术普及条例》

2019 年 6 月 26 日深圳市第六届人民代表大会常务委员会第三十四次会议通过《深圳经济特区科学技术普及条例》，自 2020 年 1 月 1 日起施行。从建立科普人才队伍建设和管理体系、科普基地管理体系、监测评估制度等方面创建一套完善的科普标准体系，为科普工作提供指引服务。

6. 对《深圳市制定法规条例》等十三项法规进行技术性修改

2019 年 4 月 24 日深圳市第六届人民代表大会常务委员会第三十三次会议通过《关于修改〈深圳市制定法规条例〉等十三项法规的决定》，对《深圳市制定法规条例》《深圳市人民代表大会审查和批准国民经济和社会发展计划及预算规定》《深圳市停车场规划建设和机动车停放管理条例》《深圳市法律援助条例》等 13 项地方性法规中有关机构名称进行修改，删除部分条款，并按照《深圳市人民代表大会常务委员会立法技术规范》的要求，对法规部分文字表述以及条款顺序进行了相应的修改和调整。该项修改决定2019 年 7 月 25 日经广东省第十三届人民代表大会常务委员会第十三次会议批准，于 2019 年 8 月 28 日公布施行。

7. 修订《深圳市人民代表大会常务委员会任免国家机关工作人员条例》

2018 年 12 月 27 日深圳市第六届人民代表大会常务委员会第二十九次会议通过《深圳市人民代表大会常务委员会任免国家机关工作人员条例》，于 2019 年 7 月 25 日经广东省第十三届人民代表大会常务委员会第十三次会议批准，自 2019 年 8 月 28 日起施行。该条例修订主要是为适应监察法等法规的制定和修改对国家机关工作人员任免提出的新要求，增加了有关监察委员会人员任免的规定，将市监察委员会副主任、委员纳入市人大常委会任免范围。对政府部门的任免范围修改为市人民政府秘书长、局长、委员会主任和其他需要提请任命的政府部门领导。

8. 修订《深圳经济特区物业管理条例》

2019年8月29日深圳市第六届人民代表大会常务委员会第三十五次会议修订通过《深圳经济特区物业管理条例》，自2020年3月1日起施行。新条例最受关注的是明确了小区共有物业收益归全体业主所有，保护业主合法权益，从源头上减少物业纠纷。

9. 修订《深圳经济特区道路交通安全违法行为处罚条例》

2019年8月29日深圳市第六届人民代表大会常务委员会第三十五次会议通过《关于修改〈深圳经济特区道路交通安全违法行为处罚条例〉的决定》，2019年9月4日公布，自2019年11月1日起施行。这是《条例》自2009年制定以来的第四次修改，本次修订进一步厘清了交通安全违法行为处罚对象，进一步明确了电动自行车驾驶人、行人、乘客的处罚标准，加大了对各种交通安全违法行为处罚的力度。

10. 修订《深圳经济特区股份合作公司条例》

2019年8月29日深圳市第六届人民代表大会常务委员会第三十五次会议通过《关于修改〈深圳经济特区股份合作公司条例〉的决定》，2019年9月4日公布，自公布之日起施行。该条例赋予监管部门依法监管职权，促进公司股权改革实现有序流转，通过章程规范强化自主管理。

11. 对《深圳经济特区人才工作条例》等二十九项法规进行技术性修改

2019年8月29日深圳市第六届人民代表大会常务委员会第三十五次会议通过《关于修改〈深圳经济特区人才工作条例〉等二十九项法规的决定》，对《深圳经济特区人才工作条例》《深圳经济特区公共图书馆条例》《深圳经济特区行业协会条例》《深圳经济特区沙头角边境特别管理区管理条例》等二十九项法规中涉及的机构名称及职责变化作相应修改，并按照《深圳市人民代表大会常务委员会立法技术规范》的要求对法规作技术性修改，于2019年9月5日公布施行。

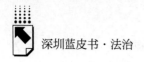

12. 对《深圳市市、区人民代表大会常务委员会执法检查条例》等六项法规进行技术性修改

因应《中华人民共和国立法法》的修改和机构改革，2019 年 8 月 29 日，深圳市第六届人民代表大会常务委员会第三十五次会议通过《关于修改〈深圳市市、区人民代表大会常务委员会执法检查条例〉等六项法规的决定》，对《深圳市市、区人民代表大会常务委员会执法检查条例》《深圳市人民代表大会常务委员会联系代表和保障代表执行职务的规定》《深圳市节约用水条例》《深圳市排水条例》《深圳市人民代表大会代表建议、批评和意见办理规定》等地方性法规中的法规类型、机构名称及职能作相应修改，并按照《深圳市人民代表大会常务委员会立法技术规范》的要求对法规作技术性修改，于 2019 年 9 月 25 日经广东省第十三届人民代表大会常务委员会第十四次会议批准，2019 年 10 月 14 日公布施行。

13. 对《深圳经济特区人体器官捐献移植条例》等四十五项法规进行技术性修改

因应机构改革和职能调整，2019 年 10 月 31 日，深圳市第六届人民代表大会常务委员会第三十六次会议通过《关于修改〈深圳经济特区人体器官捐献移植条例〉等四十五项法规的决定》，对《深圳经济特区人体器官捐献移植条例》《深圳经济特区产品质量管理条例》《深圳经济特区港口管理条例》《深圳经济特区计量条例》《深圳经济特区建设工程施工招标投标条例》《深圳经济特区律师条例》等四十五项特区法规中涉及的机构名称及部分职能的规定作相应修改，并按照《深圳市人民代表大会常务委员会立法技术规范》的要求对法规作技术性修改，于 2019 年 11 月 13 日公布施行。

14. 修订《深圳经济特区注册会计师条例》

2019 年 12 月 31 日，深圳市第六届人民代表大会常务委员会第三十七次会议通过《关于修改〈深圳经济特区注册会计师条例〉的决定》，2020 年 1 月 6 日公布施行。条例聚焦行业突出问题，为治理"有照无证"事务所等乱象提供了法律依据，并落实国务院"放管服"改革要求，降低准入门槛，创新港澳执业注册会计师准入制度。

15. 制定《深圳经济特区文明行为条例》

2019年12月31日，深圳市第六届人民代表大会常务委员会第三十七次会议审议通过《深圳经济特区文明行为条例》（以下简称《文明行为条例》），自2020年3月1日起施行。《深圳经济特区文明行为促进条例》同时废止。《文明行为条例》对市民文明行为做了十四条共七十七项相关规定，同时对监管措施和法律责任进行了优化，保障《文明行为条例》落到实处。

16. 制定《深圳经济特区海域使用管理条例》

2019年12月31日，深圳市第六届人民代表大会常务委员会第三十七次会议审议通过《深圳经济特区海域使用管理条例》，自2020年5月1日起施行。该条例按照"保护优先、合理开发、陆海统筹、规划先行和节约集约利用"的基本原则，将具体要求落实到海域使用规划、海岸线保护管理、海域使用权取得、海域使用管理等各个环节。

二 2019年深圳制定、修改和废止的政府规章

1. 制定《深圳市民用微轻型无人机管理暂行办法》

2019年1月2日，深圳市人民政府六届一百五十六次常务会议通过《深圳市民用微轻型无人机管理暂行办法》，2019年1月29日发布，自2019年3月1日起施行。该办法旨在加强民用无人机安全管理，维护公共安全和飞行安全，规定无人机生产企业应当采取措施，确保微轻型无人机飞行时能有效接入无人机飞行综合监管平台，禁飞数据设置实时、有效。该办法还对无人机使用管理作了详细规定，划定了民用微轻型无人机禁飞区域等。

2. 制定《深圳市房屋安全管理办法》

2019年2月14日，深圳市人民政府六届一百五十九次常务会议审议通过《深圳市房屋安全管理办法》，2019年3月24日发布，自2019年5月1日起施行。该办法适用范围为深圳市辖区范围内建成并投入使用的房屋安全和建筑幕墙安全的管理活动，同时将历史遗留违法建筑也纳入管理范围。

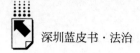

3. 废止《深圳市城市建设档案管理规定》

因部分内容不符合上位法的有关规定，深圳市人民政府于 2019 年 3 月 8 日发布了 2019 年 2 月 14 日深圳市人民政府六届一百五十九次常务会议审议通过的《深圳市人民政府关于废止〈深圳市城市建设档案管理规定〉的决定》，废止《深圳市城市建设档案管理规定》，自 2019 年 3 月 8 日起生效。

4. 制定《深圳市人民政府立法工作规程（试行）》

2019 年 2 月 14 日，深圳市人民政府六届一百五十九次常务会议审议通过《深圳市人民政府立法工作规程（试行）》，2019 年 4 月 13 日发布，自 2019 年 6 月 1 日起施行。本办法为适应新形势和新要求，对相关立法程序重新设计并细化。

5. 修订《深圳国际仲裁院管理规定》

2019 年 1 月 7 日，深圳市人民政府六届一百五十七次常务会议审议通过，对《深圳国际仲裁院管理规定（试行）》进行修订，2019 年 4 月 23 日发布，自 2019 年 6 月 1 日起施行。《深圳仲裁委员会管理办法》（2017 年 8 月 4 日深圳市人民政府令第 295 号发布）同时废止。本次修订适应了机构合并等新形势的现实需要。

6. 制定《深圳市校外托管机构管理办法》

2019 年 8 月 8 日，深圳市人民政府六届一百七十九次常务会议审议通过《深圳市校外托管机构管理办法》，2019 年 8 月 20 日发布，自 2019 年 9 月 1 日起施行。对原《办法》进行全面修改，完善及明确相关管理规范，建立长效机制，并采取废旧立新模式，2008 年 12 月 31 日发布的《深圳市校外午托机构管理办法》（市政府令第 199 号）同时废止。

7. 修订《深圳市网络预约出租汽车经营服务管理暂行办法》

2019 年 9 月 16 日，深圳市人民政府六届一百八十五次常务会议审议通过，对《深圳市网络预约出租汽车经营服务管理暂行办法》进行修订，2019 年 10 月 26 日发布，自 2019 年 12 月 1 日起施行。明确了新注册的网约车须为纯电动汽车，确保网约车条件不低于巡游车，同时加强了对行业的监督和执法管理。

8. 修订《深圳市出租屋管理若干规定》

2019 年 9 月 2 日，深圳市政府六届一百八十四次常务会议审议通过，对《深圳市出租屋管理若干规定》进行修订，2019 年 11 月 13 日发布，自 2020 年 1 月 1 日起施行。本次修订主要为适应新形势的发展，保持立法统一性的需要，明确了人口和房屋综合管理机构职责，完善了房屋编码信息制度，建立了出租信息申报和安全隐患信息排查制度。

Abstract

Report on Development of Rule of Law in Shenzhen (*2020*) is jointly edited by Shenzhen Academy of Social Sciences and Shenzhen Law Association. Under the background of constructing pioneering demonstration zone in Shenzhen for modernization of socialism with Chinese Characteristics, the book not only makes analysis and concludes the development and main characteristics in the areas of legislation, law-governing government, judicature, law-governing society, law-governing in the greater bay and free trade zone, law governing with intelligent technologies etc. , but also makes outlook and provides suggestions for future development of law-governing in 2020.

Opinions of the CPC Central Committee and the State Council on Supporting Shenzhen in Building a Pioneering Demonstration Zone for Socialism with Chinese Characteristics was published in 2019, which put forward the strategy of Demonstration City for Law-Governing and inspired the enthusiasm of Shenzhen all circles in research and exploring in construction of Demonstration City for Law-Governing. As a special economic zone, Shenzhen was seeking to take the advantage of legislation right to improve the legislation system and strengthen the legislation in city governance and business environment by making legislative procedures, legislative assessment, etc. In the perspective of specification of government law-governing construction, Shenzhen standardized its administrative approval and services, strengthened administrative enforcement supervision with information technologies, improved the administrative procedure system, and new explorations have also been made in government information disclosure and commercial credit supervision. With the deepening of judicial reform, the quality and efficiency of judicial works was in constantly improvement, and new results have been achieved in judicial protection of trade secrets, judicial suggestion works and public litigation in procuratorial organs. And

Shenzhen has made progress in the construction of law-governing society. While accelerating the development of the legal service industry and improving the capacity of public legal service, the NGO participating in the law construction, public security, housing system, industrial land policy and other aspects of the development and improvement of the rule of law has attracted much attention. Lastly, the development of the law-governing in The Greater Bay and Free Trade Zone, in the law-governing with Intelligent Technologies has become hot spots and priorities.

Shenzhen will accelerate the construction of Demonstration City for Law-Governing. It will pioneer in the construction of law governing implementation and try to generate some replicated experiences and guidelines, so that it can contribute intelligence, plans and experiences in the constructions of law-governing country, law-governing government and law-governing society of the whole country.

Keywords: Law-Governing; Law-governing Government; Law-governing Society; Law Governing with Intelligent Technologies; Pioneering Demonstration Zone

Contents

I General Report

Abstract: In 2019, the opinions of the CPC central committee and the state council on supporting Shenzhen in building a pioneering demonstration zone for socialist modernization with Chinese characteristics give Shenzhen rule of law city demonstration positioning, and accelerate the development of the rule of law in Shenzhen. We improved the legal system by fully exercising the legislative power of the special economic zone, refined the rule of law of the government, deepened the judicial reform, fully expanded the building of the wisdom of law, and made new progress in a law-based society. In 2020, Shenzhen will accelerate the establishment of a "demonstration city under the rule of law", take the lead in the construction of the rule of law, and strive to develop replicable experiences, so as to contribute Shenzhen's wisdom, plan and experience to the construction of a law-based country.

Keywords: Law-Governing; Law-Governing Government; Law-governing Society; Wisdom Justice; City Under the Rule of Law

II Legislation

B. 2   The Exploration, Practice and Prospect of Improving
the Legislation Mechanism in Shenzhen

Zhang Jing / 029

Abstract: How to implement the spirit of President Xi Jinping's important speeches and instructions is the critical mission for promoting the rule of law in Shenzhen. At present and in the future, the Shenzhen Municipal People's Congress and its Standing Committee should firmly grasp the key to improve the quality and efficiency of legislation, adhere to the leadership of the CPC in the legislative work, adhere to scientific, democratic and legal legislation, play the leading role of the people's Congress and its standing Committee in the legislative work, actively explore and further improve the legislative mechanism in Shenzhen, and provides strong legal guarantee for the building of the pilot demonstration area of socialism with Chinese characteristics.

Keywords: Legislation; Legal Construction; Legislative Power of SEZ

B. 3   The Evolution and Optimization of Legislation Assessment
Mechanism in Shenzhen

Zhang Tao, Xu Jiaojiao / 040

Abstract: Legislative assessment is the exploration, extension and continuation of legislative work. Shenzhen has innovated the types of legislative assessment, clarified the specific indicators of legislative assessment, and strengthened the valuable transformation of legislative assessment results. According to the actual situation and needs, the subject of legislative assessment can start the corresponding legislative assessment procedures in different stages of legislative work, which

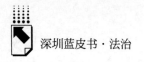
provides useful reference for the formulation, interpretation, modification and repeal of legal norms.

Shenzhen's legislative assessment mechanism can also be continuously deepened in terms of operational guarantee, implementation and application, and rich participation, so as to provide legal support for Shenzhen to build the demonstration area of socialism with Chinese characteristics.

Keywords: Legislative Assessment; Project Approval Assessment; Review Assessment; Post Legislative Assessment; Special Assessment

B. 4 Comment on Innovation Legislation of Shenzhen Commercial Registration System

—Based on the Withdrawal of Commercial Subject

Huang Xiangzhao / 051

Abstract: The innovation of commercial registration system is an important measure to further improve the market supervision system in Shenzhen. In view of the problems existing in the withdrawal mechanism of commercial subjects, it is necessary for Shenzhen to make institutional innovation by using the legislative power of the special zone, including the establishment of de-listing system, compulsory cancellation system and simple cancellation system, the cancellation of pre-approval of enterprise names, the reduction of registration filing items and registration materials, the establishment of commercial registration contact person system, the clarification of legal liability for false registration, and so on, to promote the improvement of the commercial registration system.

Keywords: Commercial Subject; Commercial Registration; Withdrawal Mechanism

Abstract: Property management, with the dual attributes of marketability and sociality, is a key component of urban management and community grassroots governance. With the continued progress of society, China's property management has entered a new historic period, ushering in new problems as well as new opportunities. Resting upon the new normal of property management development, Shenzhen proceeds to actively explore ways to establish a system of property management that is in line with the local reality. Taking property management as the starting point, Shenzhen actively explores and improves the social governance system of co-construction, co-governance and sharing, effecting a constructive interaction between government management, social adjustment and residents' autonomy, hence taking property management to a more law-based, scientific and refined level.

Keywords: Legislation; Owner Service; Property Management

III   Government Ruling by Law

Abstract: Construction of a government ruled by law is vital to realize the rule of law. Measures are taken in Shenzhen to enhance the construction of government under the rule of law and optimizing business environment, which including angles from administrative system, government duties, administrative power's restriction and supervision. Some achievements have been made, but there are still some weak points. In order to promote the construction of rule-of-law government, we must make efforts from several aspects, What's more, it can

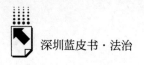

provide experience for promoting China's governance system and capacity for governance in Shenzhen.

Keywords: Rule-of-Law Government; Business Environment; Shenzhen

B. 7 The Characteristics and Recommendations on the Disclosure of Government Information of Shenzhen during 2019

Li Zhaohui / 096

Abstract: In 2019, Shenzhen strengthened the construction of information disclosure platform and system, improved the level of government information disclosure, took the initiative to disclose the content of the basic "should be disclosed as publicly as possible", according to the application for disclosure were handled in a timely manner, government information disclosure administratived reconsideration, administrative litigation cases decreased. However, there are still some problems in the information disclosure work. Governments should take the initiative to improve the working mechanism and process in details, and continuously improve the quality of government information disclosure work by using information technology.

Keywords: Information Disclosure; Right to Know; Information Technology

B. 8 Shenzhen Urban Renewal Policy and Its Legalization from the Perspective of the Relationship between the Government and the Market

Deng Daqi, Zhang Boning / 112

Abstract: As two major parties in urban renewal activities, The government is the defender of the public interest, the market is the pursuer of the private interest, The different interests and roles determine the inevitable conflict and dislocation of the relationship between them. By coordinating the relationship between the government and the market, and by realizing the balance of interests of both sides, The urban renewal policy of Shenzhen city has enlarged its own value, which reflected that the government's intervention changed from "inactive to modest" in order to solve the market failure. Considering the urban renewal policies of Shenzhen in the scope of rule of law, it should be transformed to legal. On the one hand, the existing policies should be integrated and typified so that it will lay a foundation for the legalization of policies; On the other hand, we must speed up the promulgation of the basic law to guide the two parties to participate in urban renewal activities. Of course, as the government becomes more and more involved, We should beware of the government's excessive intervention which might restrict the enthusiasm of market's participation, and regulate the operation of government power through laws.

Keywords: Urban Renewal; Government and Market; Rule of Law; Shenzhen

Ⅳ   Judicature

B. 9   Comprehensive Analysis and Prospect of Shenzhen's
Trade Secret Judicial Protection
—*Taking the* 2019 *judgements as samples*

Gao Jinghe, Liu Guoliang / 124

Abstract: As a part of the intellectual property protection system, trade secrets play an important role in business management and market competition. However, judicial protection of trade secrets has many problems. On the basis of sorting out cases involving infringement of trade secrets in Shenzhen in 2019, this article summarizes the basic characteristics and legal difficulties of cases of infringement of trade secrets through case studies, data statistics, and data analysis. There are many types of business information involved in trade secret cases, the type of infringement is complex, and the procedural issues cover multiple aspects.

345

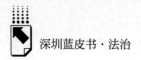
This article analyzes and summarizes the seven common business information judicial judgments on whether they constitute trade secrets based on specific case conditions, and four common market behaviors, whether it constitutes a judgment on the infringement of trade secrets, as well as some difficult and procedural issues in some criminal-civil cross cases, emerging the "Shenzhen sample" in the practice of trade secret trials.

Keywords: Trade Secrets; Constituent Elements; Judgment of Infringement; Trial Procedure

B. 10   The Practice and Improvement of Judicial Suggestion
Works in Shenzhen
—*Based on the Data of Judicial Suggestions of Shenzhen*
Court from 2017 to 2019

Hu Shao / 146

Abstract: Judicial advice is an important way for people's courts to actively extend trial functions and participate in social governance. By arranging the data sent by the judicial advice of the two levels of courts in Shenzhen from 2017 – 2019, it is found that the courts are paying more and more efforts to judicial advice, the organization and management of judicial advice is gradually standardized, and the quality of judicial advice is also significantly improved. The procedures are becoming more standardized and their functions are better demonstrated in Shenzhen. However, there are also some problems and bottlenecks in the judicial advisory work. It is necessary to work together internally and externally to deepen and improve the judicial advice work of the Shenzhen courts.

Keywords: Judicial Suggestion; Social Governance; Management of the Organization

B. 11 The Study on the Civil Evidence Loss of Right in China

—*Based on the Practice of Shenzhen District Court*

Hao Jingjing, Tang Shidan / 159

Abstract: Evidence loss of right is the negative consequence of failing to cross-examine the evidence submitted by the parties on time. At present, in the practice of civil justice in our country, due to the consequences of the court's selective granting of overdue evidence's disqualification, the system of civil evidence Loss of right has failed to effectively curb the bad litigation phenomena such as litigation delay and evidence raid. The principle of good faith and procedural justice concept constitute the basis for the application of the system of evidence loss of power. The three elements of subjective imputation form of intentional or gross negligence, failure to prove evidence on time and overdue evidence is not related to the basic facts of the case together constitute the premise of the application of the wrong right of evidence. It is an effective way to promote the system of evidential disqualification by introducing the elements of delay in litigation, emphasizing the interpretation function of judges and unifying the applicable standard of evidence exchange.

Keywords: Evidence Loss of Right; Exchange of Evidence; Time Limit System of Evidence; Procedural Justice

B. 12 Practice and Reflections on the Environmental Public Litigation in Shenzhen Procuratorial Organs

Huang Haibo / 170

Abstract: Based on the legal position of the procuratorial organization and the professional attribute of the procurator, the procuratorial organization is the best subject to initiate environmental public interest litigation, which can better protect environmental resources and public interests. Shenzhen procuratorial organization

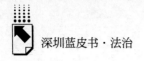
have the courage to take responsibility and handle cases, and have accumulated rich experience in environmental public interest litigation. In view of the deficiencies and deficiencies in the handling of environmental public interest litigation cases, the procuratorial organization will constantly standardize the litigation procedures, improve the quality of case handling, and protect the environmental public interest in Shenzhen.

Keywords: Public Interest Litigation; Environment; Procuratorial Organization; Public Interest

V Law-Governed Society

B. 13 NGO Participating in the Law Construction:
the Practice of Shenzhen

Xu Yushan, Li Yifei / 182

Abstract: NGO is one of the important subjects in the law construction. Shenzhen Municipal Committee and government actively support NGOs to participate in the law construction and provide necessary conditions. At present, NGOs in Shenzhen have become the contact points of legislative work, involved in the field of juvenile justice and environmental lawsuits, carried out legal publicity activities to different groups, cooperated with professionals to serve the public, participated in dispute mediation、employment and resettlement of released prisoners、community correction and other social legal work, and actively promoted the implementation of the law, which has become the important participants to the legal construction in Shenzhen.

Keywords: NGO; Law Construction; Legal Publicity

B. 14　Research on the Development of Shenzhen Public

Security Related Laws and Regulations

Tong Han , Xu Jiao / 196

Abstract: A series of safety accidents that occurred in recent years, such as Guangming landslide and Longgang tire shop fire, have highlighted the blanks and omissions in the formulation and implementation of urban public safety laws and regulations in Shenzhen. By studying the "growth history" of Shenzhen's urban public security laws and regulations, it could be found that there are still some problems in Shenzhen's urban public security laws and regulations. For example, the diversified co-governance system has not been established; the general legislation of public security is yet to be strengthened. In the context, it is urgent to solve the problems through the following measures: to formulate unified urban public safety management regulations; to establish a diversified co-governance legal system; to set up high-quality professional administrative teams.

Keywords: Urban Public Safety; Diversified Co-governance System; Security Enforcement

B. 15　Practice and Development of Shenzhen Commercial

Credit Supervision System

Shi Zhen , Yang Haijun / 206

Abstract: With the continuous improvement of the system and mechanism, the continuous consolidation of the system foundation, the continuous strengthening of information construction, and the continuous deepening of credit rewards and punishments, Shenzhen commercial credit supervision system has basically formed, and has formed a demonstration leading effect in many fields. However, as far as the current situation is concerned, the foundation of Shenzhen's commercial credit supervision system needs to be strengthened, the credit rating

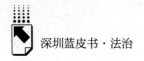
evaluation needs to be standardized, the comprehensive use of commercial credit information has just started, it still cannot effectively adapt to the development trend of smart city construction, and it still cannot objectively meet the needs of the modern era of governance system and governance capacity. Therefore, we need to focus on the top-level design, effectively strengthen the system support of the government leading the rule of law first, adhere to the information leading, fully consolidate the data base of the credit supervision of commercial subjects, based on the data driving, continue to improve the prevention and control mechanism of classification and classification risk early warning, highlight the intelligent matching, effectively improve the rigid constraints of dishonesty, punishment and hard work, focus on process reengineering, and innovate to build Intelligent, coordinated and efficient governance network promotes the construction of commercial credit supervision system in an all-round, all-around, all business, all chain and whole process.

Keywords: Credit Supervision; National Governance; Reform of Commercial System; Supervision during and after the Event; Joint Rewards and Punishments

B. 16   A Study on the Current Status and Sustainable Development
on the Beach Management in Shenzhen
—*Based on the View of Public Trust*

Wang Wei / 219

Abstract: The practice of beach management in Shenzhen is mainly based on territorial management. Restrictions on the use of the right to use the sea area may cause ecological damage to the beach, is rarely or limited. Based on this, we can use the public trust doctrine in for ways: Firstly, to give the coastal district government Environmental damages litigation qualification. Secondly, to make the public's rights on the beach can be prosecuted and concrete. Thirdly, clarify the trust obligations of the owner of the beach. Fourth, to strengthen the public participation in beach development and disposition. Through the improvement of the management system of beach resources, this passage can provide a path reference for the realization of beach value.

Keywords: Beach Management; Right to Use the Sea Area; Public Trust Doctrine

B. 17 Historical Evolution and Development Trend of Housing System in Shenzhen *Yin Hao* / 230

Abstract: The housing system aims to solve the housing problems of people with housing difficulties, but due to the limitations of economic development, social system level, land supply capacity and other factors, the function and effect of the housing system need to be improved . Through the study of the 40 −year history of the development of the housing system in Shenzhen, focusing on the "1 +3 +N" public housing system with the core content of the housing security and supply system of multi-subject supply, multi-channel security, and rent-purchase simultaneously. Analyze and sort out the basic logic of the development of the housing system, and believe that the acceleration of the legalization of housing, the outstanding livelihood of housing, and the growth of the housing rental market will be important trends for the development of the Shenzhen housing system in the future.

Keywords: Housing Issue; People with Housing Difficulties; Public Housing System

B. 18 Research on the Status Quo and Legislation of Shenzhen's House Leasing Market *Zheng Kena* / 241

Abstract: Cultivating and developing the house leasing market is an inevitable requirement to implement the housing system of both renting and purchasing and to solve the problem of the net inflow of population into the cities. However, the legal system of house lease in Shenzhen is incomplete. It is difficult to solve problems such as high rents, lack of supervision of urban village leasing and so on. Based on this reality, Shenzhen should promote a stable and healthy development of the house leasing market and provide "Shenzhen sample" for the regulation of national house leasing market, establish and improve the legal system of house lease, protect interests of tenants, building a rent supervision system, as well as regulating house lease in urban village.

Keywords: House Lease; Leasing Market Supervision; Rent Management

B. 19 A Research on Some Practical Issues in the Area of Shenzhen Industrial Land Supply *Wang Wei* / 254

Abstract: "Making the most of the land" is the prerequisites of optimizing the allocation of land and space resources. "How to use" is the core of industrial land supply policies. Due to the scarcity of land resources, for the needs of the strict land use control, the government, as the land owner, supervisor, and parties to the contract, on one hand, cannot do whatever that not authorized by laws, to avoid the improper intervention to exercise land user's rights which belong to market behavior. On the other hand, the government should beware what is not prohibited by laws is permitted, preventing abuse of rights by land user. As a result, the government should take measures including both administrative and civil methods to the acquisition, the exercise, and the extinction of land user's rights , the restriction, the supervision. By excavating and analyzing the land user's rights, we can explore the administrative elements and legal effects in the restriction of rights, in order to improve the industrial land supply policies in accordance with market rules at the institutional level.

Keywords: Industrial Land; Usufructuary Rights; Industry Supervision; Exit Mechanism

VI Law-Governing in The Greater Bay and Free Trade Zone

Abstract: With the construction of Guangdong-Hong Kong-Macao Greater Bay Area advancing in an all-round way, economic and trade cooperation and personnel exchanges among the three regions will become increasingly frequent, cross-border disputes and legal conflicts will be unavoidable, and higher requirements and challenges will be put forward for deepening judicial cooperation. We should take the construction and development of Guangdong-Hong Kong-Macao Greater Bay Area as an opportunity to further strengthen the judicial exchanges between Guangdong, Hong Kong and Macao, improve the judicial assistance system, speed up the cooperation in the legal service industry, create an marketize, legal and international business environment, and provide legal guarantee for enriching the practical connotation of " the "one country, two system" policy and comprehensively promoting the construction of Guangdong, Hong Kong and Macao.

Keywords: the Guangdong-Hong Kong-Macao Greater Bay Area; Judicial Assistance; Judicial Exchanges

Abstract: In order to build a high standard and high quality free trade zone, Shenzhen Qianhai Shekou Free Trade Zone must carry out legislative regulation

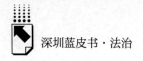

from the aspects of management system, investment opening, trade liberalization, financial opening innovation, comprehensive supervision service, demonstration construction of rule of law, etc.

Keywords: Qianhai; FTAZ; Trade Liberalization; Internationalized Business Environment

VII   Law Governing with Intelligent Technologies

B. 22   The Explore Innovation and Development Strategies of Shenzhen Wisdom Court
Li Mingchao / 291

Abstract: The construction of Shenzhen Wisdom Court has always been at the forefront of the country. With the help of Internet, big data, artificial intelligence and other information technologies, many judicial trial, management and service platforms have been created. However, the construction of the Shenzhen Wisdom Court is facing problems such as the unsound integrated management mechanism of the intelligent system, the relatively lagging construction of the intelligent infrastructure, the failure to establish a data sharing platform, the in-depth data application system to be improved, and the information security assurance system to be strengthened. To comprehensively improve the construction of Wisdom Court, we should improve the top-level design of the intelligent construction of politics and law, actively strive for the establishment of the Shenzhen Internet Court, promote the construction of the court's integrated information infrastructure, in-depth exploration of the intelligent management system for handling cases in politics, innovate external service platforms for justice, promote the construction of big data management and development and application system platforms, and improve the operation and maintenance of information systems and security management platforms building.

Keywords: Wisdom Court; Artificial Intelligence; Big Data Applications; Information Security

B. 23   The Condition and Outlook for the Digital Copyright
Application in Blockchain of Shenzhen

Meng Hai, Tan Xiumei / 306

Abstract: With the rapid development of the digital copyright industry, the problem of digital copyright piracy has become increasingly serious. The technology represented by the blockchain is gradually affecting the digital copyright industry system. Blockchain technology has the characteristics of decentralization, data can not be tampered with, and detrusted. The blockchain's time stamp and the root value of the hash tree can help solve the problem of difficulty in confirming the rights of works and defending rights in the network environment. The irreversible hash assignment of each transaction data can effectively solve the trust problem of copyright owners and users of works. Smart contracts on the blockchain help solve the distribution problem in digital rights transactions. However, due to its technical characteristics, blockchain technology cannot guarantee the credibility of the data before the blockchain, nor can it make a judgment of substantial infringement. Blockchain technology is both an opportunity and a challenge to the copyright industry, and there is a lot of room for development of digital copyright transactions based on the blockchain. Shenzhen should actively support the application of blockchain technology in the digital copyright industry, pay close attention to technological changes, and promote the better development of the digital copyright industry.

Keywords: Blockchain Technology; Copyright Protection; Evidence Preservation

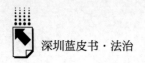
Ⅷ　Appendices

社会科学文献出版社

皮 书

智库报告的主要形式
同一主题智库报告的聚合

❖ 皮书定义 ❖

皮书是对中国与世界发展状况和热点问题进行年度监测，以专业的角度、专家的视野和实证研究方法，针对某一领域或区域现状与发展态势展开分析和预测，具备前沿性、原创性、实证性、连续性、时效性等特点的公开出版物，由一系列权威研究报告组成。

❖ 皮书作者 ❖

皮书系列报告作者以国内外一流研究机构、知名高校等重点智库的研究人员为主，多为相关领域一流专家学者，他们的观点代表了当下学界对中国与世界的现实和未来最高水平的解读与分析。截至 2020 年，皮书研创机构有近千家，报告作者累计超过 7 万人。

❖ 皮书荣誉 ❖

皮书系列已成为社会科学文献出版社的著名图书品牌和中国社会科学院的知名学术品牌。2016 年皮书系列正式列入“十三五”国家重点出版规划项目；2013~2020 年，重点皮书列入中国社会科学院承担的国家哲学社会科学创新工程项目。

中国皮书网

（网址：www.pishu.cn）

发布皮书研创资讯，传播皮书精彩内容
引领皮书出版潮流，打造皮书服务平台

栏目设置

◆ **关于皮书**

何谓皮书、皮书分类、皮书大事记、
皮书荣誉、皮书出版第一人、皮书编辑部

◆ **最新资讯**

通知公告、新闻动态、媒体聚焦、
网站专题、视频直播、下载专区

◆ **皮书研创**

皮书规范、皮书选题、皮书出版、
皮书研究、研创团队

◆ **皮书评奖评价**

指标体系、皮书评价、皮书评奖

◆ **互动专区**

皮书说、社科数托邦、皮书微博、留言板

所获荣誉

◆ 2008 年、2011 年、2014 年，中国皮书
网均在全国新闻出版业网站荣誉评选中
获得"最具商业价值网站"称号；
◆ 2012 年，获得"出版业网站百强"称号。

网库合一

2014年，中国皮书网与皮书数据库端口
合一，实现资源共享。

权威报告·一手数据·特色资源

皮书数据库
ANNUAL REPORT(YEARBOOK)
DATABASE

分析解读当下中国发展变迁的高端智库平台

所获荣誉

- 2019年，入围国家新闻出版署数字出版精品遴选推荐计划项目
- 2016年，入选"'十三五'国家重点电子出版物出版规划骨干工程"
- 2015年，荣获"搜索中国正能量 点赞2015""创新中国科技创新奖"
- 2013年，荣获"中国出版政府奖·网络出版物奖"提名奖
- 连续多年荣获中国数字出版博览会"数字出版·优秀品牌"奖

成为会员

通过网址www.pishu.com.cn访问皮书数据库网站或下载皮书数据库APP，进行手机号码验证或邮箱验证即可成为皮书数据库会员。

会员福利

- 已注册用户购书后可免费获赠100元皮书数据库充值卡。刮开充值卡涂层获取充值密码，登录并进入"会员中心"—"在线充值"—"充值卡充值"，充值成功即可购买和查看数据库内容。
- 会员福利最终解释权归社会科学文献出版社所有。

数据库服务热线：400-008-6695
数据库服务QQ：2475522410
数据库服务邮箱：database@ssap.cn
图书销售热线：010-59367070/7028
图书服务QQ：1265056568
图书服务邮箱：duzhe@ssap.cn

社会科学文献出版社 皮书系列
SOCIAL SCIENCES ACADEMIC PRESS (CHINA)
卡号：733187781817
密码：

S 基本子库
SUB DATABASE

中国社会发展数据库（下设 12 个子库）

整合国内外中国社会发展研究成果，汇聚独家统计数据、深度分析报告，涉及社会、人口、政治、教育、法律等 12 个领域，为了解中国社会发展动态、跟踪社会核心热点、分析社会发展趋势提供一站式资源搜索和数据服务。

中国经济发展数据库（下设 12 个子库）

围绕国内外中国经济发展主题研究报告、学术资讯、基础数据等资料构建，内容涵盖宏观经济、农业经济、工业经济、产业经济等 12 个重点经济领域，为实时掌控经济运行态势、把握经济发展规律、洞察经济形势、进行经济决策提供参考和依据。

中国行业发展数据库（下设 17 个子库）

以中国国民经济行业分类为依据，覆盖金融业、旅游、医疗卫生、交通运输、能源矿产等 100 多个行业，跟踪分析国民经济相关行业市场运行状况和政策导向，汇集行业发展前沿资讯，为投资、从业及各种经济决策提供理论基础和实践指导。

中国区域发展数据库（下设 6 个子库）

对中国特定区域内的经济、社会、文化等领域现状与发展情况进行深度分析和预测，研究层级至县及县以下行政区，涉及地区、区域经济体、城市、农村等不同维度，为地方经济社会宏观态势研究、发展经验研究、案例分析提供数据服务。

中国文化传媒数据库（下设 18 个子库）

汇聚文化传媒领域专家观点、热点资讯，梳理国内外中国文化发展相关学术研究成果、一手统计数据，涵盖文化产业、新闻传播、电影娱乐、文学艺术、群众文化等 18 个重点研究领域。为文化传媒研究提供相关数据、研究报告和综合分析服务。

世界经济与国际关系数据库（下设 6 个子库）

立足"皮书系列"世界经济、国际关系相关学术资源，整合世界经济、国际政治、世界文化与科技、全球性问题、国际组织与国际法、区域研究 6 大领域研究成果，为世界经济与国际关系研究提供全方位数据分析，为决策和形势研判提供参考。

法律声明